Die Länderkonferenzen 1945

STUDIEN UND FORSCHUNGEN AUS DEM NIEDERÖSTERREICHISCHEN INSTITUT FÜR LANDESKUNDE

Herausgegeben von
Silvia Petrin und Willibald Rosner

Sonderband 1995

DIE LÄNDER-KONFERENZEN 1945

Dokumente und Materialien

Mit Beiträgen von
Ernst Bezemek
Leopold Kammerhofer
Klaus–Dieter Mulley
Josef Prinz
Wolfgang Weber

Wien 1995

Herausgegeben vom
NÖ INSTITUT FÜR LANDESKUNDE
und von der
KULTURABTEILUNG DES AMTES DER NÖ LANDESREGIE-
RUNG

Redigiert von Willibald Rosner

Satz und Layout: C. König, Mödling

Titelbild:
Staatskanzler Dr. Karl Renner eröffnet am 24. September 1945 die erste Länderkonferenz. Vor ihm die Mitglieder der provisorischen Staatsregierung (v. l. n. r.) Julius Raab (ÖVP, Öffentliche Bauten), Eduard Heinl (ÖVP, Industrie, Handel, Verkehr), Josef Kraus (ÖVP, Land- und Forstwirtschaft), Franz Honner (KPÖ, Inneres), Georg Zimmermann (ÖVP, Finanzen), Josef Gerö (Parteilos, Justiz) und Johann Böhm (SPÖ, Soziale Veraltung). Staatskanzler Renner hatte das Außen- und Heeresressort inne.

Medieninhaber (Verleger):
Amt der NÖ Landesregierung, Kulturabteilung
Amt der NÖ Landesregierung, NÖ Institut für Landeskunde
Hersteller (Druck): F. Berger & Söhne, Horn

ISBN 3-901635-00-9

Inhalt

Zum Geleit

Meilensteine der Geschichte werden von den Zeitzeugen oft erst später als solche erkannt. Der erste niederösterreichische Nachkriegs-Landesamtsdirektor, Dr. Hans Vanura, schrieb in seinen Lebenserinnerungen: „Ich war an der Vorbereitung der drei Länderkonferenzen im September und Oktober 1945 im NÖ Landhaus wesentlich beteiligt, gestehe aber offen, daß wir die historische Tragweite damals nicht ganz erkannt haben." Schon bald aber wurde klar: Vor allem die erste Länderkonferenz vom 24. bis 26. September bedeutete in der „Stunde Null" eine der wichtigsten Weichenstellungen für die Zukunft Österreichs. Die Einheit des Staates wurde gewahrt, was damals keine Selbstverständlichkeit war. Ein Schicksal, wie es später die DDR erlitten hat, war für Ost-Österreich durchaus möglich.

Als Landeshauptmann bin ich stolz darauf, daß diese Weichenstellung in unserem Landhaus, also sozusagen auf niederösterreichischem Boden in Wien erfolgte. Vor allem aber fühle ich eine tiefe Bewunderung. Die Länderkonferenzen fanden unter heute unvorstellbaren Bedingungen statt. Bei den chaotischen Verhältnissen dauerte für manche Vertreter der westlichen Bundesländer die Anreise länger als die Konferenz selbst. Im historischen Sitzungssaal des Landhauses mußte immer wieder bei Kerzenlicht verhandelt werden, weil der Strom ausfiel. Und vor allem muß man sich vor Augen halten: Zum erstenmal seit 1933 redeten christliche, sozialistische und kommunistische Politiker aus den östlichen und aus den westlichen Bundesländern wieder miteinander. Trotz der ideologischen Gegensätze und trotz des Widerstandes der westlichen Besatzungsmächte, die eine Anerkennung der Regierung Renner ablehnten und entsprechenden Druck auf die Delegierten ihrer Zonen ausübten, wurde in weniger als drei Tagen eine Einigung über alle entscheidenden Fragen gefunden. Und Staatskanzler Dr. Karl Renner konnte die Schlußworte sprechen: „Das schwöre sich jeder einzelne zu: Arbeiten und arbeiten und wieder arbeiten für unser gemeinsames Vaterland! Es lebe Österreich!"

Mit ihrem Mut, ihrem Optimismus, ihrer Liebe und Treue zu Österreich und ihrem festen Willen, das Gemeinsame über das Trennende zu stellen, haben uns die Teilnehmer an den Länderkonferenzen des Jahres 1945 ein Beispiel gegeben, das heute noch genauso aktuell ist wie vor 50 Jahren.

Erwin Pröll

Dr. Erwin Pröll
Landeshauptmann
von Niederösterreich

Vorbemerkungen

von

Ernst *Bezemek*

Im April 1945, zu einem Zeitpunkt als weite Teile des Landes noch Kriegsgebiet waren, hatten sich im östlichen Österreich auf Regierungs- und Verwaltungsebene drittelparitätisch besetzte provisorische Institutionen mit maßgeblichem kommunistischen Einfluß - so waren in der Provisorischen Staatsregierung die Kommunisten Franz Honner und Ernst Fischer mit der Legitimierung, den österreichischen Freiheitskampf entscheidend mitgetragen zu haben, in Schlüsselpositionen - konstituiert. Gemäß den Anweisungen Marschall Tolbuchins die Verwaltung in zivile Hände zu legen, waren die Initiativen im Osten Österreichs vorwiegend von der sowjetischen Besatzungsmacht ausgegangen. Die so entstandenen „Rumpfverwaltungen" waren jedoch nicht Ausdruck einer „selbstbestimmten" Politik, fehlte diesen doch jede demokratische Legitimierung. Für die westlichen Alliierten, vor allem die Briten, und wesentliche Teile der politischen Elite West- und Südösterreichs stellte die unilateral gebildete Provisorische Staatsregierung mit dem letzten Nationalratspräsidenten und Gründer der Ersten Republik Dr. Karl Renner an der Spitze nicht mehr als eine sowjetische „Marionettenregierung" dar.

Die Wiedererrichtung eines föderalistischen Bundestaates - im Jahre 1945 wären auch andere Systeme möglich gewesen - war daher weitgehend von einem tragfähigen Konsens zwischen den Vertretern der politischen Institutionen der österreichischen Bundesländer abhängig. Neben der Entscheidung der SPÖ, keine Aktionsgemeinschaft mit der KPÖ einzugehen, und den historischen Novemberwahlen 1945 waren es vor allem die im niederösterreichischen Landhaus in der Herrengasse, das zum zweiten Mal Ausgangspunkt eines demokratischen Staates wurde, abgehaltenen Länderkonferenzen, die die Weichen für eine Orientierung nach dem westlichen Staatensystem und die Erlangung der Freiheit stellten. Mit den Länderkonferenzen und der bei diesen erfolgten personellen Erweiterung der Regierung Renner gelang es dieser, ihre Autorität gesamtstaatlich zu etablieren (Ernst Hanisch).

Die drei Länderkonferenzen in Wien, die man auch als das „Rütli in der Herrengasse" bezeichnete[1]), fanden am und 24. und 25. September 1945 , am 9. und 10. und schließlich am

---

[1]) *Rudolf Neck, Innenpolitische Entwicklung. In: Erika Weinzierl, Kurt Skalnik (Hg.), Österreich. Die Zweite Republik 149-168 (Wien 1975) S. 155.*

25. Oktober statt. Welch gewaltige Strecken mit Zonenübertritten und Kontrollen die Delegationen damals zu überwinden hatten, zeigt allein die Tatsache, daß die Tiroler und Vorarlberger Delegationen verspätet in Wien eintrafen. Die Ergebnisse der Länderkonferenzen sind aus der Literatur weitgehend bekannt[2]). Die erste Länderkonferenz brachte die Erweiterung der Regierung durch ein Staatssekretariat für Vermögenssicherung (Ing. Vinzenz Schumy), dem zwei Unterstaatssekretäre beigegeben wurden. Die Kompentenzen des kommunistischen Innenminsters Honner hinsichtlich der bevorstehenden Wahlen wurden eingeschränkt. Mit Josef Sommer wurde ein Mann der ÖVP, deren Einfluß durch die Länderkonferenzen wesentlich gestärkt wurde, mit der Wahlvorbereitung beauftragt. Mit dem Tiroler Dr. Karl Gruber, dem bei den Verhandlung eine zentrale Rolle zukam, rückte ein Vertrauensmann des Westens (im doppelten Sinn von Westöstereich und den Westalliierten) als Unterstaatssekretär für Äußeres in die Regierung[3]). Auf Grund des Ergebnisses der ersten Länderkonferenz konnte nun die Anerkennung der Regierung Renner durch die westlichen Alliierten, ein wesentlicher Schritt auf dem Weg zur Eigenstaatlichkeit, erreicht werden. Die zweite und dritte Länderkonferenz waren der Vorbereitung der Wahlen und der Frage der Behandlung der ehemaligen Nationalsozialisten gewidmet.

Die vorliegende Broschüre bietet erstmals Einblick in Kommissionsberatungen, wobei Leopold Kammerhofer (Österreichisches Staatsarchiv) neue Dokumente aus dem Archiv der Republik präsentiert. Klaus Mulley (Arbeiterkammer Wien) setzt sich mit der Gründungsgeschichte der Zweiten Republik und den vielfältigen Optionen auseinander, die 1945 möglich waren. Josef Prinz, ein bewährter freier Mitarbeiter des NÖ Instituts für Landeskunde, gibt ein Gespräch mit Fritz Molden, dem Sekretär Karl Grubers wieder. Wolfgang Weber (Vorarlberger Landesarchiv) führte ein Gespräch mit einem weiteren Zeitzeugen, dem Mitglied des provisorischen Vorarlberger Landesausschusses, Eugen Leissing, das einen exemplarischen Einblick in die damals herrschende Stimmung erlaubt. Ein biographischer Anhang unterstreicht den Dokumentarcharakter dieser Veröffentlichung.

---

[2]) *Vgl. u. a. Manfried Rauchensteiner, Der Sonderfall (Wien 1979), Franz Josef Feichtenberger, Die Länderkonferenzen. Die Wiedererrichtung der Republik Österreich. Phil. Diss. (Wien 1965) sowie Wilfried Aichinger, Sowjetische Österreichpolitik 1943-1945 (Wien1978).*

[3]) *Ernst Hanisch, Der lange Schatten des Staates. Österreichische Gesellschaftsgeschichte im 20. Jahrhundert (Wien 1994) S. 404.*

Staatsgründung 1945

Bemerkungen zur personellen und föderalen Rekonstruktion der Republik Österreich im Jahre 1945

von

Klaus-Dieter *Mulley*

Vielfach wird die Rekonstruktion der Republik Österreich im Jahre 1945 als etwas gleichsam Selbstverständliches, in einer – wie immer definierten – „logischen" Entwicklung, allenfalls behindert durch bestimmte Interessen der Alliierten und vielleicht gefährdet durch eine „Bolschewisierung" des Landes, gesehen. Indes waren in der Zeit zwischen der Bildung der politischen Parteien, der Proklamation der Republik Österreich und den ersten Wahlen, also zwischen April und November 1945, prinzipiell alle Optionen offen. Die Erringung von „Herrschaft" (hier im Sinne Max Webers gemeint), die Restauration von Teilen der alten Elite und die Wiedererrichtung eines föderalistischen Bundesstaates, waren keine Einbahnstraße. Die vorliegende kurz gefaßte und nur wenige Aspekte der Entwicklung behandelnde Darstellung wird in bewußter Abkehrung vom Mythos der „Stunde Null", unter Betonung der Kontinuitäten, die Bedeutung der personellen Rekonstrution für die föderale Staatsbildung bis zur Anerkennung der Regierung Renner behandeln. Gerade in einer Zeit schwindender Solidaritäten und Gemeinsamkeiten erscheint es durchaus zulässig, sich jener Monate des Jahres 1945 zu erinnern, die konstitutiv für den heutigen Staat Österreich und seine Bewohner waren.

Am Gründonnerstag, dem 29. März 1945, überschritt die 3. Ukrainische Front unter Marschall Tolbuchin bei Klostermarienberg im Burgenland die österreichische Grenze. Trotz zum Teil heftiger Gegenwehr der Deutschen, denen sich in einigen Orten auch der 1944 aufgestellte „Volkssturm" anschloß, eroberte die Rote Armee bis zum 6. April das Wiener Becken und war westlich der Stadt Wien bis an die Donau vorgestoßen. Am 13. April 1945 fiel Wien, zwei Tage später St. Pölten. An der Traisenlinie, die von St. Pölten quer durch das östliche Niederösterreich bis zum Semmering reichte, stoppten die Sowjets ihren Vormarsch. Sie wollten die durch die Einstellung der Angriffsoperationen freiwerdenden Kräfte zur Unterstützung der nördlich der Donau vorstoßenden 2. Ukrainischen Front Marschall Malinovskys einsetzen, da diese noch nicht aufgeschlossen hatte. Am 23. April 1945 stellte auch die 2. Ukrainische Front auf der Linie Laa an der Thaya–Stockerau die Kämpfe weitgehend ein und verlegte ihr Schwergewicht in die Tschechoslowakei, um dieses ihrer zukünftigen Einflußzone zugesprochene Gebiet noch vor den von Westen her bereits weit vorgedrungenen Amerikanern zu besetzen. Erst am Tag der deutschen Kapitulation, dem 8. Mai, rückten die Sowjets bis zum Kamptal und Manhartsberg vor und besetzten einen Tag später auch das Waldviertel. Südlich der Donau gelang es kleinen amerikanischen Einheiten bis zur Erlauf vorzustoßen, wo am 8. Mai 1945 die bekannte sowjetisch-amerikanische Siegesfeier stattfand.

Bereits vor dem Überschreiten der burgenländischen Grenze hatte Marschall Tolbuchin eine „Provisorische Verordnung über Kriegskommandanturen auf den durch sowjetische Truppen eingenommenen Territorien Österreichs" erlassen.[1]) Demnach sollten sich diese „in ihrer Arbeit von der Deklaration der Moskauer Konferenz der Alliierten" leiten lassen. Den Kommandanten wurde befohlen, ihnen vertrauenswürdig erscheinende Personen mit der Führung der Verwaltung beauftragen. Die Aufhebung der NS-Gesetze, die Auflösung der NSDAP und ihrer Organisationen, weiters die Fortführung „der normalen Tätigkeit von Handels- und Industrieunternehmen", die Förderung der Landwirtschaft sowie die Ermöglichung des Schulbetriebes und der Krankenbetreuung wurde in diesem ersten Grundsatzbefehl ausdrücklich angeordnet. Im großen und ganzen ging es den Sowjets somit um eine Weiterführung der bisherigen Verwaltung unter Ausschaltung nationalsozialistischer Einflüsse. Die im Truppenbereich der Marschälle Tolbuchin und Malinovsky von den lokalen Kommandanturen erlassenen Befehle 1 und 2 waren mit dem Inhalt der genannten „Provisorischen Erklärung" nahezu ident. Wenn es auch in den weiteren Anordnungen der sowjetischen Lokalbehörden geringfügige Unterschiede zwischen den beiden Marschällen gegeben hat[2]), so waren doch bereits die Grundzüge der Konzeption der sowjetischen Besatzungspolitik erkennbar: Die Zivilverwaltung sollte so rasch wie möglich von Österreichern ausgeübt werden, die sowjetische Militärverwaltung hatte sich auf eine kontrollierende Position zu beschränken.

So wie die Sowjets in den eroberten Gemeinden Personen, zumal Antifaschisten, zu Bürgermeistern machten, denen aufgrund ihres Einflusses und ihrer Erfahrung die Weiterführung der örtlichen Verwaltung zuzutrauen war, so handelten sie auch auf Bundesebene. Es ging ihnen dabei vor allem um die

---

[1]) *Das Folgende nach Wilfried Aichinger, Sowjetische Österreichpolitik 1943–1945 (Wien 1978) S. 239ff.*

[2]) *Aichinger, Sowjetische Österreichpolitik S. 242.*

Herstellung einer verwaltungstechnischen und -organisatorischen Kontinuität zu den Jahren vor 1938. Erfahrene und von der Basis akzeptierte Politiker sollten die Grundlagen für die Wiedererrichtung der Republik Österreich schaffen und insbesonders der damals allgegenwärtigen, Land und Region lähmenden Verunsicherung entgegenwirken sowie durch rasches Handeln helfen, die ärgsten Nöte der Bevölkerung zu lindern. Wahrscheinlich ging diese Konzeption von der durchaus richtigen Einschätzung aus, daß die Kommandostäbe der „Roten Armee", einschließlich der politischen Einheiten, abgesehen vom unvermeidlichen Akzeptanzproblem, nicht in der Lage waren, dies selbst zu gewährleisten. Betrachtet man die Suche nach Karl Renner, der als erster Staatskanzler der Republik Ansehen weit über Österreich hinaus genoß, unter diesem Gesichtspunkt, dann kann jenen Spekulationen, die unter der „Sowjetisierungsthese" die Erpreßbarkeit des immerhin bereits 70jährigen infolge seiner früheren deutschnationalen und anschlußfreundlichen Haltung zu bedenken geben, nicht gefolgt werden.

Als die „Rote Armee" am 1. April 1945 in Gloggnitz einrückte, war Renner bereits von sich aus bemüht, mit den sowjetischen Führungsstäben in Kontakt zu kommen. Renner, dessen Suche Stalin angeblich persönlich befohlen haben soll, wurde von einem Politoffizier der 103. Garde-Schützendivision erkannt und sofort über Köttlach in das Hauptquartier der sowjetischen 9. Garde-Armee nach Hochwolkersdorf gebracht. Der alte Mann, immerhin letzter Präsident eines frei gewählten österreichischen Nationalrates und als solcher zweithöchster Repräsentant der 1933 zu Ende gegangenen demokratischen Republik, tat im übrigen alles, um den Sowjets seine politischen Leistungen in der Ersten Republik vor Augen zu führen. Wahrscheinlich hätte es dessen gar nicht bedurft, denn die Befragungen durch die sowjetischen Offiziere dürften vielmehr einer Überprüfung der Rüstigkeit und Leistungsfähigkeit des sozialdemokratischen Altpolitikers gedient haben, also eine Art Test im Hinblick auf seine künftige Aufgabe. In der Tat konnten die Sowjets wohl kaum einen geeigneteren Mann finden: Seine Popularität in der Bevölkerung nicht zuletzt als „Gründer der Ersten Republik" war trotz seiner „Anschlußerklärung" ungetrübt, und er hatte gute Kontakte zu allen politischen Lagern. Sollte Stalin geplant haben, Renner als „Gallionsfigur" einer sukzessive kommunistisch zu durchsetzenden Regierung einzusetzen, also den Plan einer schrittweisen Sowjetisierung des Landes verfolgt haben – für die es bisher entgegen den Aussagen mancher Autobiographien von Politikern keine konkreten historischen Ansatzpunkte gibt –, so hatte er sich bei dem geviften politischen Taktiker gewaltig getäuscht. Abgesehen davon hätte ein derartige Absicht Renners den sowjetischen Offizieren bereits zu einem frühen Zeitpunkt auffallen müssen, hatte doch der Altpräsident in Hochwolkersdorf das Ansinnen der Sowjets abgelehnt, ein Memorandum an die „Rote Armee“ zu richten. Renner erarbeitete in den folgenden Tagen auf Schloß Eichbüchl einen ersten Verfassungsentwurf und stellte Überlegungen zur Restauration der Republik an, wobei er sich von den Erfahrungen der Jahre 1918 bis 1920 leiten ließ.

Was vielfach als ereignisgeschichtliches Detail am Rande der Wiedererrichtung der Republik Österreich erzählt wird, gewinnt strategischen Charakter, wenn man der „Rennerepisode“ die sogenannte „Figl-Legende“ gegenüberstellt. Denn auch Leopold Figl, der ehemalige Direktor des niederösterreichischen Bauernbundes, wurde von den Sowjets gesucht und am 12. April im Keller seines Hauses in der Wiener Kundmanngasse entdeckt. Er wurde von den Sowjets in das Hauptquartier der österreichischen Widerstandsbewegung 05 gebracht, wo er zahlreiche Leidensgefährten aus dem KZ Dachau traf.[3]) Wie viele Episoden aus jener Zeit ist auch das Zusammentreffen zwischen Figl und Tolbuchin von Mythen umrankt. Nach Figl soll der sowjetische Marschall ihm mit den Worten begegnet sein: „Wenn sie der Figl sind, der den Bauernbund im Geheimen schon wieder organisiert hat, dann schauen Sie dazu, daß die Bevölkerung Wiens etwas zu essen bekommt.“[4]) Tatsache scheint zu sein, daß Figl, wie zuvor schon Renner, von den Sowjets in das politische Geschehen dieser Tage geholt und somit von der Besatzungsmacht legitimiert wurde, sich in den politischen und wirtschaftlichen Wiederaufbau einzuschalten. Die „Übernahme“ des Landhauses, der ehemaligen Büros der niederösterreichischen Landes-Landwirtschaftskammer und des Niederösterreichischen Bauernbundes mit dem damit verbundenen Aufbau der Verwaltungen und Organisationen waren die unmittelbare Konsequenz.

Karl Renner als populärer Sozialdemokrat, „Staatsgründer von 1918“ und exzellenter Verwaltungsfachmann und Leopold Figl als Experte in landwirtschaftlichen Fragen, prädestiniert zur Förderung der Akzeptanz in der bäuerlichen Bevölkerung und somit Schlüsselfigur für die zur Ernährungssicherung notwendigen Wiedererrichtung der Landwirtschaft, boten den Sowjets die Gewähr für einen gesicherten Wiederaufbau des Landes.

---

[3]) *Robert Kriechbaumer, Von der Illegalität zur Legalität. Gründungsgeschichte der ÖVP (Wien 1985) S. 136.*

[4]) *Zit. n. Kriechbaumer, Illegalität S. 136.*

Während solcherart Moskau die Restauration von Teilen der alten politischen Eliten vorbereitete, gab die Besatzungsmacht der seit 1944/45 durch eine „Zentralkomitee Österreichs" unter dem Tarnnamen 05 zusammengeschlossenen, bisher nur in eher losen Kontakt stehenden, österreichischen Widerstandsgruppen kaum Chancen, ihre Vorstellungen zielgerichtet zu verwirklichen. Raoul Bumballa, der 1938 ob seiner Kontakte mit antinazionalsozialistischen Kreisen in der Vaterländischen Front um Hans Becker von den Nationalsozialisten in das Konzentrationslager Dachau deportiert worden war, war zusammen mit seinem Freund Becker der „Spiritus rector" der O5.[5]) Bumballa und Becker hatten die Verbindung zu den Gruppen um die Ex-Dachauer Eduard Seitz, Georg Fraser, Viktor Müllner sowie zu Chlodhilde Hrdlicka hergestellt. Bumballa wurde – wie Rathkolb notiert – „immer mehr zu einer Art Kommunikations- und Propagandazentrum für Widerstandsaktivitäten in Ostösterreich, [...] sogar die westösterreichischen Widerstandsbewegungen operieren schließlich unter dem Namen 05, ohne ständigen Kontakt zu haben."[6]) Im Februar 1945 rückte, nach der Verhaftung Hans Beckers durch die GESTAPO, Franz Sobek als direkter Vertrauensmann Leopold Figls in den „Siebener-Ausschuß" der 05 nach. Obwohl man sich bemühte das gesamte ideologische Spektrum der Ersten Republik zu umfassen, war die Gruppe wohl eher als konservativ-bürgerlich-liberal anzusprechen, zumal die ihr angehörenden KP und SP-Repräsentanten im linken Lager kaum Rückhalt hatten.

Auf verschiedenen Wegen suchten einzelne Mitglieder der Widerstandsbewegung im Frühjahr Kontakte zu den Alliierten. Insbesondere den Sowjets schienen die Aktivitäten der 05 jedoch nicht ganz geheuer. Nicht nur, daß die ihre Aktivisten kaum Kontakte zur Bevölkerung vorweisen konnten und nur einen geringen Bekanntheitsgrad hatten, fehlte es ihnen vor allem an Organisations- und Politikerfahrung. Obendrein war Moskau die Verbindungen der 05 zu den westlichen Alliierten mehr als suspekt. Rauchensteiner vermutet – mit Recht, wie es scheint –, daß Stalin am 30. oder 31. März, als er die Frage einer zukünftigen österreichischen Zentralverwaltung in der Stavka aufwarf, über die Aktivitäten der 05 informiert war und bewußt davon Abstand nahm, diese Gruppierung in seine Überlegungen miteinzubeziehen.[7]) Die Protagonisten der Wider-

---

[5]) *Diese und die folgenden Informationen nach: Oliver Rathkolb, Raoul Bumballa, ein politischer Nonkonformist 1945. Fallstudie zur Funktion der 0-5 im Widerstand und in der Parteienrestauration. In: Unterdrückung und Emanzipation. FS für Erika Weinzierl zum 60. Geburtstag. Hrsg. Rudolf G. Ardet u.a. (Wien/Salzburg 1985) S. 295-320.*

[6]) *Rathkolb, Bumballa S. 300.*

[7]) *Manfried Rauchensteiner, Der Sonderfall (Wien 1979) S. 66*

standsbewegung hingegen gaben sich der – wie sich herausstellen sollte – falschen Illusion hin, künftig als „Österreichisches Dach“ gleichsam den Aufbau eines demokratischen Österreich zu managen.[8]) Es dürfte jedoch weniger der dominante bürgerlich-konservative Einfluß in der 05, als vielmehr deren schon erwähnte politische, administrative und organisatorische Unerfahrenheit gewesen sein, welche die Sowjets und vor allem die mit ihnen aus dem Moskauer Exil zurückgekehrten KP-Aktivisten abschreckte, O5-Mitglieder mit dem Aufbau und der Durchführung der österreichischen Zivilverwaltung zu betrauen bzw. sie als politisch gewichtigen Faktor anzuerkennen. Ernst Fischer gehörte sicherlich nicht zu jenen Kommunisten, die unüberlegt und leichtfertig Urteile über politische Gegner fällten, die im Palais Auersperg versammelten 05-Aktivisten bezeichnete er jedoch abschätzig als eine „Bande von Gaunern, Schwindlern und naiven Leuten“.[9]) In der Diskussion um die Besetzung der Wiener Stadtverwaltung am 13. April 1945 konnte sich die 05 mit ihren Vorschlägen nicht durchsetzen und erlitt eine politische Niederlage, von der sie sich nicht mehr erholen sollte.

Dennoch pilgerten in den nächsten Wochen nahezu alle Repräsentanten der in (Wieder-)Gründung befindlichen Parteien in das Palais Auersperg, welches somit „als das politische Kommuniktionszentrum Wiens“ fungierte.[10]) Allein das Urteil der Politprofis von ÖVP, SPÖ und KPÖ über die 05-Aktivisten war gleichlautend negativ: Alois Weinberger sprach von „sehr zweifelhaften Gestalten“, und Adolf Schärf meinte, daß „die dort an der Spitze stehenden Leute nicht das staatsmännische Format gehabt hätten, um in kurzer Zeit Ordnung in das Chaos zu bringen.“[11]) Die Ablehnung der – wie Helmer[12]) in seinen Erinnerungen schreibt – „sogenannten Widerstandsbewegung 05“, die „sich im Landhaus breit machte(n) und große Worte sprach(en)“, wobei ihm Bumballa „großsprecherisch von seinen Beziehungen zu den Russen erzählte“, entsprach dem Bewußtsein einer politischen Elite, die sich durch die Signale der Sowjets wieder zunehmend in den Mittelpunkt des innenpolitischen Geschehens gerückt sah und erfolgreich die Restauration der Parteiendemokratie in personeller Konti-

---

[8]) *So trug es Bumballa in der Nacht vom 13. und 14. April 1945 im Hauptquartier der "Roten Armee" vor: Rathkolb, Bumballa. S. 301.*

[9]) *Diese Worte Fischers wurden erstmals von Aichinger, Österreichpolitik S. 163 ,zitiert, und seither in der Literatur immer wieder als Beleg angeführt. Vgl. Rathkolb, Bumballa.S 302; Rauchensteiner, Sonderfall S. 69.*

[10]) *Rathkolb, Bumballa S. 302.*

[11]) *Jeweils zitiert nach Rathkolb, Bumballa S. 302f.*

[12]) *Oskar Helmer: 50 Jahre erlebte Geschichte (Wien 1957) S. 200.*

nuität und ideologisch-politischer Antithese zur Ersten Republik betrieb. Die 05 wurde in Ausführug des Befehls Nr. 4 des sowjetischen Stadtkommandanten, der am 21. April 1945 die Registrierung „öffentlicher und politischer Organisationen“ anordnete, sukzessive liquidiert, Bumballa schloß sich der ÖVP an und nahm an allen vertraulichen Sitzungen der Partei teil.[13])

Die Gründung der politischen Parteien vollzog sich unspektakulär und den gegebenen äußeren Umständen angepaßt. Kontakte zwischen Einzelnen und Gruppen von im inneren Umfeld der jeweiligen Partei in der Zeit der Ersten Republik tätigen Personen gab es bereits seit Jahren, in einigen Fällen über die gesamte NS-Herrschaft hinweg. Im Prinzip wußten sowohl die im Lande befindlichen alten Christlichsozialen als auch die Sozialdemokraten, wer wo arbeitete, erreichbar war, wohnte. Es war ein loses, aber insgesamt gesehen durchaus effizientes Netzwerk, welches die – mit wenigen Ausnahmen – „zweite Garnitur“ der Parteipolitiker miteinander verband und auch interfraktionelle Kontakte ermöglichte. Es war denn auch weniger der Geist der vielbeschworenen „Lagerstraße“, der die Rekonstruktion der Republik als ideologisch-politische „Antithese zur Ersten Republik“ ermöglichte, als die teils zufälligen, teils regelmäßigen, jedenfalls verstohlenen Zusammentreffen und Konsultationen von bereits in früheren Jahren konsensbereiten Politikern der Ersten Republik. Das Fehlen leidgeprüfter „KZ-ler“ im Gegensatz zu jenen, denen es gelungen war, sich weitgehend unbehelligt über die NS-Herrschaft hinwegzuretten, wurde von Leopold Figl vor allem bei den Sozialdemokraten bedauert. Amerikanischen Repräsentanten gegenüber stellte er fest, daß „not a single one of der Social-Democrats in the Renner goverment ever was sent to concentration camp.“[14])

Bereits in den letzten Tagen der Befreiung Wiens durch die „Rote Armee“ trafen sich denn auch – vielfach bewußt den Kontakt suchend – die in der Stadt gebliebenen ehemaligen Politiker und Parteifunktionäre der Sozialdemokraten und Christlichsozialen. Schärf etwa wurde vom früheren sozialdemokratischen Stadtrat Anton Weber am 12. April verständigt, daß er von der 05 als Wiener Bürgermeister vorgesehen sei und seine Parteifreunde konsultieren wollte.[15]) Gemeinsam wurde dann jedoch beschlossen, den Sowjets den 75jährigen General Theo-

[13]) *Rathkolb, Bumballa S. 305ff.*

[14]) *Bericht über eine Befragung Figls durch OSS-Beamte am 10.9.1945. In: Gesellschaft und Politik am Beginn der Zweiten Republik. Vertrauliche Berichte der US-Militäradministration aus Österreich 1945. Hrsg. Oliver Rathkolb (Wien 1985) S. 143.*

[15]) *Karl R. Stadler: Adolf Schärf. Mensch, Politiker, Staatsmann (Wien 1982) S. 189f.*

dor Körner als Bürgermeister vorzuschlagen. Der „Rote Salon“ im Rathaus diente in den folgenden Tagen den Sozialdemokraten für ihre Besprechungen zur Gründung der SPÖ, welche offiziell am 14. April 1945 unter dem Namen „Sozialistische Partei Österreichs (Sozialdemokraten und Revolutionäre Sozialisten)“ mit der Bildung eines provisorischen Parteivorstandes dem für die Revolutionären Sozialisten Karl Pfeffer, Josef Afritsch, Hilde Krones und Felix Slavik und für die Sozialdemokraten Oskar Helmer, Theodor Körner, Adolf Schärf, Heinrich Schneidmadl und Paul Speiser angehören sollten, vorgenommen wurde. In Vertretung des ehemaligen Bürgermeisters Seitz wurde in einer späteren Sitzung Adolf Schärf zu provisorischen Vorsitzenden bestimmt.

Ähnlich vollzog sich auch die Gründung der ÖVP, die offiziell am 17. April 1945 im Schottenstift erfolgte. Bereits am 10. April hatten Alois Weinberger und Felix Hurdes die 05 im Palais Auersperg aufgesucht. Der ehemalige Bauernbunddirektor Leopold Figl wurde – wie bereits erwähnt – von den Sowjets am 12. April in das politische Geschehen eingeschaltet, was nicht nur eine Stärkung der Position des ehemaligen Bauernbundes bedeutete, sondern auch den Aufbau der niederösterreichischen Landesverwaltung entscheidend beschleunigte. Denn bereits am 16. April vereinbarte Figl, der sich – übrigens ähnlich wie Adolf Schärf für Karl Seitz – als „Platzhalter“ für den ehemaligen Landeshauptmann von Niederösterreich, Josef Reither, fühlte, mit Oskar Helmer die Bildung eines Landesausschusses und übersiedelte in die Räumlichkeiten des geflohenen Gauleiters und Reichsstatthalters von Niederdonau, Dr. Hugo Jury. Zwei Tage später wurde Figl als provisorischer Landeshauptmann von Niederösterreich bestätigt. Innerhalb einer Woche hatten die Sowjets somit die politischen Spitzenpositionen in den von ihnen besetzten Bundesländern Wien und Niederösterreich mit Teilen des unter NS-Herrschaft eingegliederten Burgenlandes mit erfahrenen österreichischen Politprofis so besetzt, daß die Akteure weder „als verlängerter Arm Moskaus“ angesehen wurden, noch sich der „Roten Armee“ verpflichtet fühlten. Obendrein wurde der KPÖ als dritten antifaschistischen Partei vorderhand ein ihrer Leistung im Widerstand gegen den Nationalsozialismus durchaus gerechtfertigter politischer Einfluß eingeräumt.

Wenn auch nichts auf einen vorformulierten Plan hindeutet und die Entscheidungen vielfach unter dem Druck der unmittelbaren Notwendigkeiten wie der Ernährungssicherung etc. fielen, so darf den Sowjets dennoch eine bestimmte Programmatik nicht abgesprochen werden. Die Konzeption der sowjetischen Politik lag in der raschen Übergabe der Verwaltung an funktionierende Behörden, die von erfahrenen und von der Bevölkerung akzeptierten Politikern geleitet werden sollten, um die sowjetischen Militärbehörden von diesen Aufgaben freizuspielen. Die sowjetische Politk unterschied sich somit grundegend von der Besatzungspolitik der übrigen drei Mächte.

In der Steiermark ließ sich, nachdem Gauleiter Siegfried Uiberreither geflohen war, ein neunköpfiger Landesausschuß, dessen Zusammensetzung bereits vorher zwischen ehemaligen Sozialdemokraten und Christlichsozialen vereinbart worden war, am 8. Mai 1945 die Amtsgeschäfte vom Grazer Oberbürgermeister und vom Gauhauptmann Dadieu übergeben. Mit Reinhard Machold stand auch in der Steiermark ein Politiprofi der Ersten Republik an der Spitze des Landesausschusses. Der Sozialdemokrat Machold war von 1919 bis 1930 Landesrat und von 1930 bis 1934 stellvertretender Landeshauptmann gewesen. Als die Sowjets den östlichen Teil der Steiermark besetzten, lösten sie den amtierenden Landesausschuß auf und anerkannten erst nach langwierigen Verhandlungen, die sich eine Woche hinzogen, die Bildung eines neuen Landesausschusses, der gegenüber der bisherigen parteipolitischen Verteilung – 5 SPÖ : 2 ÖVP : 2 KPÖ – eine drittelparitätische Besetzung aufwies. Im Prinzip ist hierbei kein Gegensatz zum Verhalten der Sowjets in Wien oder Niederösterreich festzustellen – wie Rauchensteiner meint.[16]) Ähnlich wie im April in Wien, wollte die Sowjetunion nicht vor vollendete Tatsachen gestellt werden, sondern zumindest am Rande an der Bildung der politischen Verwaltung beteiligt sein.

Ähnlich wie in der Steiermark fand auch in Kärnten eine geordnete Übergabe der nationalsozialistischen Verwaltung an einen nach eingehenden Parteienverhandlungen gebildeten Vollzugsausschuß unter Hans Piesch statt. Die Verhandlungen zur Übergabe wurden mit Gauleiter Rainer, der nur widerwillig die Macht aus der Hand gab, persönlich geführt und konnten erst am 7. Mai zum Abschluß gebracht werden. Nachdem an der Besetzung durch britische Truppen kein Zweifel bestand, waren die Kärntner bestrebt möglichst rasch die Besatzungsmacht im Lande zu haben, um territorialen Ansprüchen seitens der jugoslawischen Partisanenarmee zuvorzukommen. Tatsächlich besetzten Titos Truppen Teile Kärntens und konnten erst nach diversen diplomatischen Interventionen und durch das Einlenken der Sowjets zum Abmarsch bewegt werden. Die Briten überließen die Verwaltung des Landes nicht a priori den Kärntnern, sondern bauten selbst von den Gemeinden her die Verwaltungsorganisation wieder auf. Die Militärregierung löste am 4. Juni die Landesregierung auf und erlaubte nur einen „konsultativen Landesausschuß“ ohne exekutive Befugnisse,

---

[16]) *Rauchensteiner, Sonderfall S. 84.*

dem allerdings mit Ausnahme von zwei Personen die bisherigen Mitglieder der Landesregierung unter Hans Piesch angehörten. Ein von der Besatzungsmacht ausgearbeitetes detailliertes Ernennungsverfahren regelte die Besetzung der Bürgermeister und Bezirkshauptleute. Von den Befugnissen der ostösterreichischen Stadt- und Landesverwaltungen konnten die Kärntner vorerst nur träumen.

Die am 3. Mai 1945 in Innsbruck einmarschierenden amerikanischen Soldaten wähnten sich in einem „drittklassigen Hollywood-Streifen“:[17]) Die Stadt war bereits rot-weiß-rot beflaggt, jubelnde Menschenmassen umsäumten die Straßen und Plätze. Der Gruppe um Karl Gruber war es nach der Erreichung der Hegemonie innerhalb der Tiroler Widerstandsbewegung gelungen, die Verwaltung der Stadt und des Landes an sich zu reißen. Im Landhaus wurden die Amerikaner von einer bereits als Landesregierung tätigen Gruppe – es waren dies Karl Gruber, Hans Gamper und Eduard Reut-Nicolussi – mit allen Ehren empfangen. Die Amerikaner waren – nicht zuletzt, da Tirol im Februar 1945 zur französischen Besatzungszone bestimmt worden war – nicht darauf vorbereitet, mehr als nur eine lokale Zivilverwaltung aufzubauen. Es gelang daher weder dem Tiroler Exekutivkomitee im Landhaus noch dem Stab der 103. US-Infanterie-Division ihren Verwaltungs- und Einflußbereich über die Divisionsgrenzen hinaus auszudehnen. Erst als mit Ende Mai ein von Oberleutnant Gordon J. Watts geleitetes Kommando eintraf, glückte es, das gesamte Bundesland unter Kontrolle zu bekommen und die österreichische Lokalverwaltung sukzessive wiederaufzubauen. Gruber war einigermaßen überrascht, als er von der Zonenvereinbarung der Alliierten erfuhr, und versuchte erfolglos, die Amerikaner zur Weiterführung ihrer Militärverwaltung zu bewegen.

Ing. Dr. Karl Gruber war der einzige Landeshauptmann, der auf keine politische Karriere vor 1938 zurückblicken konnte. Da er und seine Umgebung nichts von einer Wiederbelebung der „alten“ Parteien der Ersten Republik hielten, gründeten sie eine „Österreichische Staatspartei“, in politische Gemeinsamkeiten vorherrschen sollten. Nach den Ausführungen Grubers gehörten dieser neuen Partei, „Liberale ... , Monarchisten und alle Junggebliebenen, alle so zwischen zwanzig und dreißig, die von dem alten christlichsozialen System nichts mehr wissen wollten“ an.[18]) Die „Staatspartei“ wurde – nachdem Kontakte

---

[17]) *So einem amerikanischen Bericht über den US-Einmarsch in Innsbruck; zit. n. Rauchensteiner, Sonderfall S. 93.*

[18]) *Karl Gruber, Ein politisches Leben. Österreichs Weg zwischen den Diktaturen (Wien u.a. o. J.) S. 54.*

über die Zonengrenzen hinweg möglich wurden – in die ÖVP überführt und wurde dort lange Zeit als „Gruppe D“ bezeichnet.[19]) Adolf Schärf soll zu Gruber gesagt haben, daß seine „Staatspartei“ daran „schuld“ gewesen sei, daß in Westösterreich die Liberalen bei der ÖVP geblieben seien.[20]) Grubers begeisterte Westorientierung gepaart mit dem Stolz, in Tirol die Nationalsozialisten selbst verjagt zu haben, sein Mißtrauen gegenüber der nach seiner Meinung von den Sowjets eingesetzten Regierung Renner und sein über das traditionelle Maß hinausgehender Länderpartikularismus, ließen bald ihn zum Wortführer der westlichen Bundesländer werden.

Der größere Teil Vorarlbergs war wenig zuvor – Ende April – von den Franzosen besetzt worden. Auch sie begannen die Verwaltung des Landes von unten her aufzubauen, d. h. zu allererst Bürgermeister einzusetzen. Erst nach Ersuchen einiger Gemeindevorsteher wurde nach Parteiengesprächen und langen Beratungen mit den französischen Militärbehörden, die sich zunächst nicht kompetent erklärten, der frühere Landesrat Ulrich Ilg als Landeshauptmann, korrekt: als Präsident eines Landesausschusses, bestätigt. Dessen Arbeit wurde bis zum Sommerbeginn nicht nur von den Besatzungsbehörden behindert, sondern gestaltete sich auch dadurch schwierig, daß die entsprechenden Aktenbestände in Innsbruck lagen und vorderhand nicht zu bekommen waren. In Vorarlberg spielte auch noch eine Zeitlang die Widerstandsbewegung, die hier nicht in der Landesverwaltung aufging und 50% ÖVP- sowie 50% SPÖ- und KPÖ-Anteile besaß, eine bestimmende Rolle.[21])

Auch in Salzburg[22]) wurden nach Parteienverhandlungen bei Kriegsende eine provisorische Landesregierung gebildet. Die Salzburg befreienden Amerikaner nahmen jedoch von dieser Gruppe getreu ihren Konzept die österreichische Verwaltung von unten her aufzubauen, keine Notiz, sodaß die Vertreter der alten Politikerelite gezwungen wurden, gleichsam im Untergrund ihre Konsultationen fortzusetzen. In Salzburg wurde von Amerikanern der ehemalige austrofaschistische Stadtchef Richard Hildmann zum Bürgermeister gemacht und ein Vertreter der Widerstandsbewegung zum Polizeichef bestellt. Erst nach langen Verhandlungen mit Adolf Schemel und Anton Neumayer akzeptierten die Amerikaner am 23. Mai eine Landesregierung. Adolf Schemel wurde erster Landeshauptmann, doch erst nach der Vereinheitlichung der amerikanischen Be-

---

[19]) *Gruber, Leben S. 55.*

[20]) *Gruber, Leben S. 55.*

[21]) *Rauchensteiner, Sonderfall. S. 95.*

[22]) *Das Folgende weitgehend nach Rauchensteiner, Sonderfall. S. 96.*

satzungszonen Salzburg, Oberösterreich und damals noch Tirol erfolgte am 11. Juni die Zulassung der politischen Parteien.

In Linz übernahm am 7. Mai 1945 Ernst Koref auf Vorschlag von Vertretern der alten politischen Parteien vom nationalsozialistischen Bürgermeister Ernst Langoth die Stadtverwaltung. Rauchensteiner stellt fest, daß auch in Linz „was wir ja bereits aus Salzburg kennen, ... die erste euphorische Stimmung sehr rasch umschlug und man verwundert registrierte, wie sich die Amerikaner als Sieger gebärdeten, Freundschaftsäußerungen der Bevölkerung infolge des Verbrüderungsverbotes ignorierten, gutgemeinten Ratschlägen mit Mißtrauen begegneten, kurzum das Zusammenleben der ersten Tage auch nicht gerade leicht machten.“[23]) Im Gegensatz zu Tirol und Salzburg wurde in Oberösterreich rasch eine amerikanische Militärverwaltung für das ganze Bundesland installiert, wodurch auch der operettenhafte Versuch des SS-Führers Ernst Kaltenbrunner vereitelt wurde, eine Gegenregierung zum Wiener Rennerkabinett unter Beteiligung alter sozialdemokratischer und christlichsozialer Eliten im Salzkammergut zu installieren. Die Amerikaner verboten auch die sich bereits konstituierende provisorische Landesregierung unter Alois Oberhammer und Josef Zehetner und installierten ihrerseits eine Beamtenregierung mit dem ehemaligen nationalsozialistischen Regierungsdirektor Adolf Eigl als Landeshauptmann, der dann allerdings im August wegen seiner Funktion während der NS-Herrschaft verhaftet wurde.[24])

Wie in kurzen Umrissen – nach Rauchensteiner – gezeigt werden konnte, etablierten sich in nahezu allen Ländern die alten Parteieliten bei Kriegsende wieder, fraternisierten sich mit ihren ehemaligen politischen Konterpart und suchten unter der Bedrängnis durch die aktuellen Probleme neue Formen der Zusammenarbeit. Mit Ausnahme von Wien und Niederösterreich gelang es ihnen meist erst nach eingehenden Beratungen mit der jeweiligen Besatzungsmacht, eine von dieser abhängige verwaltungspolitische Kontrolle über ihr Bundesland zu erringen. Der von den westlichen Alliierten als Bestandteil einer Entnazifizierung des Landes konzeptiv vorbereitete Aufbau der politischen Verwaltung von unten her verhinderte klare und rasche Entscheidungsstrukturen und hätte im Osten Österreichs, bedingt durch die dort umfangreichen Zerstörungen und Kriegsschäden sowie die dadurch bedingte Ernährungsknappheit in den Ballungszentren, wohl zur Katastrophe geführt. So gesehen war die sowjetische Besatzungspolitik, nahezu gleichzeitig entscheidungsbefugte Zentral-, Regional- und Lokalkörperschaften aus Vertretern aller drei Parteien zu in-

---

[23]) *Rauchensteiner, Sonderfall S. 99.*

[24]) *Rauchensteiner, Sonderfall S. 100f.*

stallieren bzw. zuzulassen, auch auf dem Hintergrund aller verwirrenden und unberechenbaren Entscheidungen, die sie als Besatzungsmacht oft traf, die für die Linderung der Nöte der Bevölkerung wohl erfolgversprechendere Vorgangsweise.

Die Sowjets stellten Karl Renner in der Hietzinger Wenzgasse (Wien XIII.) eine Wohnung zur Verfügung, in der die erste Besprechung zur Bildung einer Regierung zwischen Renner, Theodor Körner, Alois Mentasti, Leopold Kunschak, Josef Kollmann, Johann Koplenig und Ernst Fischer stattfand. Nach eingehenden Beratungen, in welchen die KPÖ nicht nur den Posten eines stellvertretenden Regierungschefs, sondern auch die Ressorts Inneres und Unterricht forderte, gelang es den Beteiligten, vor allem aber Renner, eine Lösung zu finden, in der ausgedehnte Mitsprache-, Entscheidungs- und Kontrollrechte für alle Parteien gegeben waren: Oberstes Entscheidungsgremium war ein politischer Kabinettsrat, dem außer Renner Schärf, Figl und Koplenig angehörten. Die Ressorts wurden von Staatssekretären verwaltet, welchen Unterstaatssekretäre von einer anderen Partei zur Seite gestellt wurden. Die Regierung setzte sich aus 10 Vertretern der SPÖ, 9 der ÖVP, 7 Kommunisten und 3 parteilosen Fachleuten zusammen. Bereits am 27. April wurde sie von Marshall Tolbuchin de facto anerkannt. Mit der Unabhängigkeitserklärung vom 27. April 1945 erklärte sie den Anschluß für „null und nichtig“ und Österreich, welches im Geiste der Verfassung von 1920 neueinzurichten sei, als demokratische Republik wiederhergestellt. Der erste Schritt zur Staatsbildung war damit zwar getan, allerdings bestand dieses wiederhergestellte demokratische Österreich zunächst nur auf dem Papier und hatte realpolitisch nicht viel mehr Gewicht als eine Absichtserklärung. Denn zum einen gab es weder eine Verbindung zu den Bundesländern, in welchen überdies noch die Nationalsozialisten ihre letzten Rückkzugsgefechte lieferten, zum anderen fehlte jegliche Anerkennung dieses Staates und seiner Regierung – von Unterstützung ganz zu schweigen – durch die restlichen drei Alliierten. Und diese standen der Regierung Renner vorerst mehr als skeptisch gegenüber und ließen sich Zeit. Allerdings hatte die Regierung in Wien vorerst genug zu tun, um den ordnungspolitischen Rahmen für ihre Tätigkeit zu schaffen und die beiden dringensten Probleme, die Sicherung der Ernährung und die Entnazifizierung, in den Griff zu bekommen.

Die Alliierten selbst brauchten bis Anfang Juli 1945 um ihre Besatzungsverwaltung mit dem 1. Kontrollabkommen zu ordnen und ein entsprechendes Zonenabkommen zu vereinbaren. Mit der Installierung des „Alliierten Rates“ und dem Abschluß der Besetzung Wiens durch die vier Mächte wurde eine Struktur geschaffen, die nicht nur zehn Jahre lang andauern sollte, sondern sich auch fähig erwies, zahlreiche größere und kleinere Krisen zu meistern. In der ersten Sitzung des Alliierten Rates am 11. September wurde mit der Zulassung der politischen Parteien – gleichsam die Restauration der politischen Eliten der Ersten Republik – bestätigt. Allerdings konnte die Regierung Renner ihren Einflußbereich auch jetzt noch nicht auf ganz Österreich ausdehnen: Ein entsprechender Antrag der Sowjets wurde von den Briten abgelehnt. Da im Alliierten Rat das Prinzip der Einstimmigkeit herrschte, bedeutete dies, daß der Machtbereich der Regierung nach wie vor nur auf die sowjetisch besetzte Zone beschränkt war. Wie Erika Weinzierl ausführt, suchten die Amerikaner und Franzosen jedoch sehr bald nach einen Kompromiß, „was zweifellos eine Folge des Gesprächs war, das Renner unmittelbar vor der Sitzung mit General Mark W. Clark über seine weiteren Pläne führen konnte: So wie schon nach dem Ersten Welkrieg schlug er die Einberufung von Länderkonferenzen für die Verhandlungen mit den Bundesländern, danach Erweiterung der Regierung auch zur Verringerung des kommunistischen Einflusses und spätestens bis Ende November die Abhaltung von Wahlen vor, da diese infolge der klimatischen Bedingungen erst wieder im März möglich seien. Clark war durch dieses Gespräch für Renner und dessen Politik gewonnen."[25]) Möglicherweise war General Clark in diesem Gespräch zum erstenmal persönlich dem Ansinnen, eine Länderkonferenz durchzuführen, konfrontiert, wenn auch den Alliierten dieser von der Renner-Regierung bereits seit längerem verfolgte Plan schon bekannt gewesen sein dürfte.

Im Einvernehmen mit Vertretern von ÖVP und KPÖ hatte hatte sich Renner im Rahmen seiner Verfassungs- und Verwaltungspläne schon zu einem sehr frühen Zeitpunkt für die Abhaltung von Länderkonferenzen ausgesprochen. Im Memorandum vom 15. September 1945, anläßlich der Einberufung der 1. Länderkonferenz, wird nämlich behauptet, daß die Provisorische Regierung bereits „am Tage der Übernahme ihrer Geschäfte" beschlossen hätte, „sofort nachdem der Verkehr mit den übrigen Ländern möglich sein würde, eine sogenannte Länderkonferenz einzuberufen ... ."[26]) Wenn auch, wie Leopold Kammerhofer in seinen Anmerkungen im Dokumententeil dieses Bandes feststellt, von einer „Länderkonferenz" in den ersten Sitzungen des Kabinettsrates keine Rede ist, so erscheint es bei Betrachtung der Vorarbeiten Renners nur folgerichtig, daß der designierte Republikgründer an dieses Instrumentarium

---

[25]) *Erika Weinzierl, Die Vor- und Frühgeschichte der Zweiten Republik. In: Politik in Österreich. Wien. Hrsg. Wolfgang Mantl u.a. (Wien 1992) S. 103.*

[26]) *Vgl. Dok 3 in diesem Band.*

dachte, zumal, wie er auch ausführte, durchaus die Gefahr bestand, daß in den Ländern „Widerstandsbewegungen gegen die Zentralstaatsgewalt" enstehen"[27]). Sowohl ÖVP wie auch SPÖ versuchten daher folgerichtig, möglichst rasch in Verbindung mit ihren Parteifreunden im Westen zu zu treten.

Die ÖVP beauftragte Mitte Mai Herbert Braunsteiner, einen enger Mitarbeiter des Generalsekretärs Felix Hurdes, die Lage in den westlichen Bundesländern zu erkunden. Geschickt begegnete er den Separationstendenzen Karl Grubers in Tirol mit dem Hinweis darauf, daß die Partei zusammenstehen müsse, um die „bolschewistische Angriffswelle" (Gruber) abzuwehren. Eine Spaltung der konservativen Kräfte im Lande würde nur den Sowjets nützen.[28])

Auch Renner und Schärf waren über die politische Situation in den Bundesländern zumindest informell durch die Reisen Ernst Lembergers seit langem im Bilde. Während Lemberger bereits im Mai 1945 die Loyalitätserklärungen mehrerer Bundesländer überbringen konnten, notierte er über Tirol den Intentionen der Wiener Regierung Entgegengesetztes: „Dr. Gruber beabsichtigt eine die ganzen westlichen Provinzen umfassende Widerstandsbewegung aufzubauen. Die Sozialdemokraten und Kommunisten haben dagegen Einspruch erhoben, um die Bildung eines Westblockes zu verhindern. Von Dr. Gruber und seinen Leuten konnte eine direkte Anerkennung der österreichischen Zentralregierung nicht erreicht werden. Sie begründen ihre ablehnende Haltung damit, daß sie den Grad der Selbständigkeit der Wiener Zentralregierung nicht feststellen könnten und daß die westlichen Provinzen bisher keinen Vertreter in diese Regierung senden könnten. Hingegen waren die Führer der Kommunisten und Sozialdemokraten ohne weiters bereit, zu erklären, daß sie voll und ganz hinter der Wiener Zentralregierung stünden."[29])

Demgegenüber sandte die Salzburger Landesregierung, in der angeblich bereits anfangs Mai eine entsprechende Resolution verfaßt worden war, am 24. Mai 1945 als erstes Bundesland außerhalb der sowjetisch besetzten Zone – einschließlich eines Teiles der Steiermark – an die provisorische Staatsregierung eine Grußbotschaft, in der sie die österreichische Bundesregierung auf „das herzlichste begrüßt und hofft, mit ihr und allen alliierten Mächten gemeinsam am Wiederaufbau Österreichs arbeiten zu können."[30])

---

[27]) *Anmerkung Kammerhofers zu Dok 3 in diesem Band.*

[28]) *Kriechbaumer, Illegalität S. 145.*

[29]) *Zit. n. Stadler, Schärf S. 210.*

[30]) *Adolf Schärf, Zwischen Demokratie und Volksdemokratie. Österreichs Einigung und Wiederaufrichtung im Jahr 1945 (Wien 1950) S. 16.*

Für Renner wurde im Lauf des Sommers, als sich die Reisemöglichkeiten über die Zonengrenzen hinweg verbesserten, die Notwendigkeit einer Länderkonferenz immer dringender, wobei es wohl nicht so sehr um die staatliche Einheit – diese schien trotz Grubers Tiroler Alleingang kaum gefährdet –, als vielmehr um die Lösung von Versorgungs- und Ernährungsfragen ging. Am 3. Juli 1945 berichtete er im Kabinettsrat ausführlich über die politische und wirtschaftliche Situation in den einzelnen Bundesländern. Abschließend brachte er die Vorbereitung einer Länderkonferenz erstmals offiziell im Kabinettsrat zur Sprache. „Wir wissen also aus den ganzen Berichten", führte der Staatskanzler aus, „daß überall guter Wille herrscht und daß man im Westen natürlich darauf bedacht ist mitzutun. Wenn einmal die Grenzen geöffnet werden und die Einheit des Staatsgebietes hergestellt ist, werden wir von den Parteien aus verhandeln müssen, um eine Rekonstruktion des Kabinetts in dem Sinne vorzunehmen, daß auch die Länder zufrieden sind. Dann werden wir eine Reihe von Ausdehnungsgesetzen erlassen müssen. Der Modus wird wohl der sein, daß wir eine große mehrtägige Länderkonferenz der Landeshauptmänner und ihrer Fachreferenten in Wien einberufen werden. Diese Länderkonferenz kann nur in der Weise vorbereitet werden, daß die Länder vorher alle unsere Gesetze bekommen und ihre Wünsche vorbringen."[31])

Renner nahm hier zum einen Bezug auf ein Schreiben des Landeshauptmannes von Oberösterreich, in dem dieser um Übersendung der Staatsgesetzblätter und allgemeinen Erlässe ersuchte, um diese für sein Land zu adaptieren bzw. durchzuführen, „sodaß später die Vereinheitlichung ohne größere Umstellungen oder Änderungen vorgenommen werden kann."[32])

Zum anderen war Renner zu diesem Zeitpunkt bereits bekannt, daß Gruber die anderen westlichen Bundesländer auf das Ziel eingeschworen hatte, eine Änderung der Zusammensetzung der Regierung zu Gunsten der ÖVP und der westlichen Bundesländer zu erreichen. Am 14. Juli gab Gruber gegenüber einem Informaten Renners folgendes Statement ab: „Die westlichen Bundesländer der Republik Österreich erklären sich mit der zur Zeit in Wien aufgestellten provisorischen Regierung nicht einverstanden. Es wurde mir [dem Informaten Renners; Anm. d. Verf.] versichert, und dies sehr betont, daß man den Staatskanzler Dr. Renner sehr schätze und ihn unbedingt weiter als Staatskanzler der Republik Österreich an der Spitze

---

[31]) *Gertrude Endere-Burcel, Rudolf Jerabek u. Leopold Kammerhofer, Protokolle des Kabinettsrates der Provisorischen Regierung Karl Renner 1945. Band 1 (Wien 1995) S. 326.*

[32]) *Von Renner verlesenes Schreiben Dr. Eigls vom 27. Juni 1945. In: Protokolle des Kabinettsrates S. 322.*

der österreichischen Regierung sehen möchte, aber mit den derzeitigen in Wien stehenden Regierungsmitgliedern nicht einverstanden sei. Die Regierungszusammensetzung soll ferner aus 50% konservativen Gruppen und 50% Links- und Rechtsparteien bestehen. Es wird daher am 29. Juli 1945 in Salzburg eine Konferenz der westlichen Bundesländer stattfinden, die das Ziel hat ein Verhandlungskomitee zu gründen, welches dann über die erwähnten Punkte mit der Wiener Regierung in Verhandlung treten soll."[33])

In der Tat nahmen – soweit man dies aus dem Protokoll schließen kann – an der als Parteikonfrenz der ÖVP durchgeführten Veranstaltung Vertreter aus Wien, Niederösterreich, Kärnten und Steiermark nicht teil.[34]) In der Konferenz ging es denn auch um das Verhältnis zur Regierung in Wien, jedoch mehr um die Anerkennung der ÖVP durch die Alliierten und um die Festlegung der programmatischen Ziele sowie um den Aufbau der Parteiorganisation. Damit verbunden war der Wille der Vertreter der Volkspartei der westlichen Bundesländer den Wienern Mitsprache und Mitentscheidung beim Aufbau der Gesamtpartei zu signalisieren. Gruber steckte einleitend diese Fragenkomplexe ab, indem er es als Aufgabe der Konferenz ansah:
„1. den politischen Boden zu bestimmen, auf dem die Volkspartei stehen wird,
2. die Stellungnahme zum Problem der österreichischen Zentralgewalt, Rückkehr zum einheitlichen Wirtschaftsgebiet und zur einheitlichen Verwaltung,
3. einen Ausschuß zu schaffen, der diese Fragen weitgehendst behandelt."[35])

Nach Berichten aus den Ländern und Überlegungen zur programmatischen Ausrichtung und zu anstehenden politischen Problemen, beschloß die Konferenz ein Verhandlungskomitee zwecks Verhandlungen mit den Alliierten einzusetzen. Sie gab – wie erwartet – in einer Schlußresolution der Hoffnung Ausdruck, daß die Staatsregierung „durch Vertreter der in ihr nicht vertretenen Ländern entsprechend deren politischer, sozialer und wirtschaftlicher Struktur ergänzt [wird], um das Vertrauen in sie in allen Ländern zu festigen."[36])

In der zweiten am 19. August wiederum in Salzburg abgehaltenen Länderkonferenz der Volkspartei waren nicht nur alle Bundesländer vertreten, sondern mit Hans Perntner auch der geschäftsführende Obmann der ÖVP anwesend. Organisatori-

---

[33]) *Stadler, Schärf. S. 214.*

[34]) *Dok 1 in diesem Band.*

[35]) *Dok 1 in diesem Band.*

[36]) *Dok 1 in diesem Band.*

sche Fragen standen im Mittelpunkt der Konferenz, in der Salzburg eine „Verbindungsstelle der Bundesländer“, somit kein politisches Generalsekretariat, zuerkannt wurde.[37])

Am 23. September 1945 fand schließlich wieder in Salzburg eine dritte Bundesländerkonferenz der ÖVP statt, die von den in Wien tätigen VP-Politikern durch Reisen in die einzelnen Länder vorbereitet worden war. Figl unterstrich die Bedeutung dieser „goodwill–Touren“, vor denen es offenbar immer noch Differenzen innerhalb der Partei gegeben hatte: „Vor dieser entscheidenden Länderkonferenz reiste ein VP-Politikerteam durch die westlichen und südlichen Bundesländer, um den dortigen Gesinnungsgenossen darzulegen, was die im Osten gegründete ÖVP eigentlich sei. Es solle keine konfessionelle Partei (christliche Demokraten), sondern eine mit Breitenwirkung für alle Bevölkerungskreise gebildet werden. Raab, Graf, Weber, Schumy, Buchinger und Figl waren die Reisenden. Die VP-Politiker aus der russischen Zone hatten die große Sorge um die Einheitlichkeit der Partei und um das geschlossene Auftreten, da die Sozialisten und Kommunisten vor allen Beratungen der Provisorischen Regierung regelrechte Fraktionssitzungen abhielten und oft geschlossen gegen die Volkspartei Front machten.“[38]) Offenbar war bis dahin der letztlich unberechtigte, aber im Westen dennoch immer wieder kolportierte Vorwurf der „Linkslastigkeit“ der ÖVP-Regierungsmitglieder noch nicht gänzlich ausgeräumt.

Im Zuge dieser dritten Konferenz wurden die Forderungen der ÖVP an Renner konkretisiert: „Weiters verlangte der Westen die Auswechselung des kommunistischen Innenministers, die Neugründung eines Staatsamtes für Vermögenssicherung und eine Reaktivierung des Außenamtes. Die Tiroler forderten das Staatssekretariat für Äußeres für sich, wegen Südtirol, die Kärntner wegen der Draugrenze und die Wiener wollten es nicht hergeben. Als endlich Tirol den Staatssekretär zugesprochen erhält, ist die Einheit gesichert.“[39]) In den Beschlüssen forderte die Konferenz nun ähnlich wie die Sozialisten einige Tage vorher, die Aufhebung der Demarkationslinien, die Wiederherstellung der Bundesverfassung von 1929/30, die Aufnahme Österreichs in die Vereinten Nationen, eine sofortige Abhaltung von Neuwahlen und bis dahin eine Trennung von Gesetzgebung und Verwaltung durch die Errichtung eines Länderrates und eine entsprechende Vertretung der Bun-

---

[37]) *Vgl Dok 2 in diesem Band.*

[38]) *Zit. n. Feichtenberger, Länderkonferenzen, S. 31, der Figl interviewte.*

[39]) *Figl im Interview mit Feichtenberger. Zit.n.Feichtenberger, Länderkonferenzen. S. 32.*

desländer in der Regierung.[40]) Die ÖVP ging somit mit klaren politischen Vorgaben in die von der Regierung für den nächsten Tag einberufenen Länderkonferenz. Insbesonders die Errichtung eines Länderrates, vom föderalen Standpunkt her durchaus verständlich, schien geeignet die Handlungsfähigkeit der Staatsregierung einzuengen. Insgesamt jedoch gelang es den alten christlichsozialen Politikern mit Fingerspitzengefühl und politischer Routine vorzüglich zum einen die Rekonstruktion der alten christlichsozialen Partei mit neuen Inhalten, einer neuen Programmatik und Bündeorganisation unter einem neuen Namen in Gemeinsamkeit mit allen Ländervertretern durchzuführen[41]) und zum anderen das Mißtrauen gegen die bisherige Zentralregierung abzubauen.

Gleichsam als Reaktion auf die ersten beiden Bundesländerkonferenzen der ÖVP und wohl auch als Vorbereitung auf die von Renner avisierte Länderkonferenz lud auch die SPÖ am 13. und 14. September zu einer entsprechenden Veranstaltung nach Salzburg ein; Vertreter der Landesorganisationen Steiermark, Kärnten, Oberösterreich, Salzburg, Tirol und Vorarlberg nahmen daran teil. Nach ausführlichen Berichten aus den Ländern, wurden folgende Problembereiche eingehend erörtert: „Die Grundsätze der Partei, ihre Stellung gegenüber der Kommunistischen Partei, der österreichischen Volkspartei und anderen Richtungen; die Frage der Liquidation des Nationalsozialismus, die Naziregistrierung; das Verhältnis der Partei zu den Gewerkschaften, die Wiedererrichtung der Arbeiterkammer; das Verhältnis zu den Genossenschaften.“[42]) In vier Resolutionen wurde die Aufhebung der Demarkationslinien, Verhandlungen über die Eingliederung Südtirols, die Abwehr reaktionär-faschistischer Bestrebungen in Tirol und die Verstaatlichung der Großindustrie und der Kreditinstitute gefordert. Dem Staatskanzler wurde das „vollste Vertrauen“ ausgesprochen.[43]) Damit waren auch die zu besprechenden Themen und die Positionen von SPÖ und ÖVP bereits vor der für 24. und 25. September nach Wien einberufenen ersten Länderkonferenz abgesteckt.

War – wie gezeigt – die politische Vorbereitung der von Renner geplanten Länderkonferenz in Wien in Hinblick auf ein geschlossenes Vorgehen der beiden großen Parteien unter Hintanhaltung länderpartikularischer Tendenzen schon nicht einfach gewesen, so bereitete nun auch die organisatorische

---

[40]) *Franz Josef Feichtenberger, Die Länderkonferenzen 1945. Die Wiedererrichtung der Republik Österreich (Phil .Diss. Wien 1965) S. 33.*

[41]) *Vgl dazu im Detail Kriechbaumer, Illegalität S. XX?.*

[42]) *Feichtenberger, Länderkonferenzen S. 29.*

[43]) *Feichtenberger, Länderkonferenzen S. 30.*

Planung Schwierigkeiten, zumal die westlichen Alliierten vorderhand nicht bereit waren, die Konferenz zu ermöglichen. Darüberhinaus ergaben sich Schwierigkeiten bei der staatsrechtlichen Beurteilung der Konferenz, zumal von Seiten der Sozialisten nicht beabsichtigt war, einen Parlamentsersatz zu installieren. Nachdem der Alliierte Rat am 20. September 1945 die Zustimmung zur Abhaltung der Länderkonferenz gegeben hatte, blieb es der geschickten Verhandlungsführung Renners überlassen, jene Akzeptanz seiner „Vereinbarungsregierung"[44]) zu erreichen, die für einen geordneten föderalen Aufbau des Staates notwendig war. Renner warnte dann auch seine Regierungskollegen, sich weder in die „Rolle eines Ratsuchenden" noch in die eines „Usurpators der Macht" zu begeben, sondern sich ohne Schwäche und übertriebene Bescheidenheit die Wünsche der Länder anzuhören.[45]) Die Legitimation der Regierung kam nach Renner von den drei Parteien, somit hätten nur diese das Recht die Regierung abzuberufen. Eine Demission der Regierung und die Übertragung von Befugnissen eines Parlaments auf die Länderkonferenz – wie sie offenbar von den Briten ventiliert wurde – kam für Renner nicht in Betracht. Somit trifft auch die Einschätzung Feichtenbergers nicht zu, der den Hauptzweck der Länderkonferenz im „Ersatz des Parlamentes" sieht. Renner gab in der 1. Länderkonferenz unmißverständlich zu Protokoll: „Was die Länderkonferenz beschlossen hat, ist nicht Gesetz, das ist Wohlmeinung, gerichtet an die Staatsregierung, und die Staatsregierung kann nicht anderes tun, als diese Wohlmeinung den Mächten vorzutragen und zu sagen, auf Grund dieser Wohlmeinung erwarten wir die Anerkennung der Staatsregierung und damit die Ausdehnung der Verwaltung und Gesetzgebung auf das ganze Staatsgebiet."[46]) Politisch war für die Regierung Renner somit die Länderkonferenz ein Instrumentarium um 1. die Anerkennung der Regierung für ganz Österreich vom Alliierten Rat zu erreichen, 2. den Ländern gegenüber den föderalen Aufbau nach der Verfassung gleichsam zu bestätigen, 3. den verwaltungstechnischen Ablauf zum Aufbau eines einheitlichen Bundesstaates zu konkretisieren und 4. die Länder gleichsam informell in die Lösung bundesstaatlicher Probleme wie Ernährung und Versorgung, Entnazifizierung und Wahlorganisation einzubinden.[47])

---

[44]) *Vgl .dazu Renner im Neuen Österreich v. 23. 9. 1945; zit. n. Feichtenberger, Länderkonferenzen S. 37.*

[45]) *Vgl zum Folgenden Dok 4 in diesem Band.*

[46]) *Feichtenberger, Länderkonferenzen S. 51.*

[47]) *Am 19. September präzisierte Renner im Kabinettsrat die Aufgaben der Länderkonferenz und die politische Ziele der Regierung auf der Konferenz: Dok 4 in diesem Band.*

Die 1. Länderkonferenz vom 24. bis 26. Sepember, deren Debatten hier nicht im einzelnen referiert werden können, brachte den von Renner und von der ÖVP gewünschten Erfolg: Einerseits wurde die Regierung von allen Bundesländern anerkannt, andererseits bekam die ÖVP die von ihr gewünschten Regierungsposten und die Länder fühlten sich in die Bundesregierung entsprechend vertreten.[48])

In der 2. Länderkonferenz vom 9.-10. Oktober 1945 – es darf wieder auf die Dokumente in diesem Band verwiesen werden – stand die Organisierung der Wahlen im Vordergund, wobei den Nationalsozialisten kein Wahlrecht zugebilligt wurde.[49]) Wie bereits in der 1. Länderkonferenz wurde in drei Kommissionen, einer politischen, einer juridischen und einer ökonomischen beraten und entsprechende gemeinsame Beschlüsse gefaßt.

Die 3. Länderkonferenz am 25. Oktober 1945 befaßte sich mit der Novellierung des Verbotsgesetzes und des Wirtschaftssäuberungsgesetzes. Ernährungsprobleme standen – wie bereits bei den ersten beiden Konferenzen – auch diesmal im Mittelpunkt der Beratungen der ökonomischen Kommission. Mit der Anerkennung der Notwendigkeit einer Wirtschaftsplanung wurde einer der wirtschaftspolitischen Hauptforderungen der Gewerkschaften und Arbeiterkammern entsprochen.[50])

Die Ziele, die durch die Länderkonferenzen nach Willen des Staatskanzlers und seiner Regierung realisiert werden sollten, wurden erreicht: Bereits am 1. Oktober 1945 beschloß der Alliierte Rat seinen Regierungen die Anerkennung der Regierung Renner vorzuschlagen. Bereits am 20. Oktober erhielt der Staatskanzler formell die Zustimmung zur Ausdehnung der Kompetenz seiner Regierung auf ganz Österreich. Die Abhaltung der für 25. November 1945 vorgesehenen Nationalratswahlen wurde vom Alliierten Rat unter Anerkennung seines Kontrollrechtes erlaubt.

Die Bedeutung der drei Länderkonferenzen, die in der zeitgeschichtlichen Literatur oft nur am Rande erwähnt werden, als Grundlage für die politische Vertrauensbildung zwischen Ländern und Bundesstaat, wie auch zwischen Bundesstaat und Alliierten, kann nicht hoch genug eingeschätzt werden. Sicherlich bot die vorangegangene personale Restauration bereits Elemente einer föderalen Neuerrichtung in sich, dennoch wären die Konsequenzen eines Negierens der Wünsche und Forderungen der Länder durch das nur von den Sowjets anerkannte Kabinett in Wien nicht abzusehen gewesen.

---

[48]) *Vgl. dazu die Anmerkung Kammerhofers zu Dok. 7 in diesem Band.*

[49]) *Vgl Dok. 9 in diesem Band.*

[50]) *Dok 11 in diesem Band.*

Die Worte Leopolds Kunschak, der aus dem Zuammentreffen und der Verständigung von Sozialisten und Christlichsozialen „die Zuversicht geschöpft [hatte], daß die Zusammenarbeit dieser zwei Parteien und auch aller anderen demokratischen Parteien das Fundament eines neuen, glücklicheren Österreich legen wird“ sind somit mit den Worten Karl Renners zu ergänzen, daß die Länderkonferenzen bewirkt haben, „daß neun Bundesländer eins geworden sind.“

Dokumente zu den Länderkonferenzen 1945

von

Leopold *Kammerhofer*

Vorbemerkung

Die Texte wurden buchstabengetreu (mit Ausnahme der Personennamen, die trotz unterschiedlicher Schreibweise in den Vorlagen vereinheitlicht worden sind) gemäß Vorlage wiedergegeben; bei den Dokumenten Nr. 1 und Nr. 2 wurden auch die Anmerkungen (Nr. 2-5) aus der Vorlage übernommen. Offensichtliche Schreib- bzw. Tippfehler wurden stillschweigend richtiggestellt, stilistische Unebenheiten mit [sic!] vermerkt; Hervorhebungen im Original wurden einheitlich durch Sperrung gekennzeichnet. Der Textkommentar wurde bewußt sehr kurz gehalten, maschinschriftliche Text-Vorlagen mit handschriftlichen Korrekturen wurden gemäß diesen Korrekturen bzw. Ergänzungen wiedergegeben. Die Kursivsetzungen oder Passagen in eckiger Klammer sind Zusätze des Herausgebers ebenso wie die Titel der einzelnen Dokumente. Nicht alle Dokumente werden ohne Kürzung im vollen Wortlaut ediert, Auslassungen sind mit [...] ausgewiesen.

Dokumente:

Nr. 1	Protokoll über die Bundesländerkonferenz der Vertreter der ÖVP in Salzburg am 29. Juli 1945
Nr. 2	Protokoll über die zweite Bundesländerkonferenz der ÖVP in Salzburg am 19. August 1945
Nr. 3	Einberufung der ersten Länderkonferenz, 24. - 26. September 1945
Nr. 4	Sitzungsprotokoll des Kabinettsrates der Provisorischen Regierung Nr. 31 vom 19. September 1945 (Auszug)
Nr. 5	Beschlüsse der Konferenz der Österreichischen Volkspartei in Salzburg am 23. September 1945
Nr. 6	Einberufung der ersten Länderkonferenz, 24. - 26. September 1945, Programm der Tagung
Nr. 7	Bemerkungen über die erste Länderkonferenz, 24. - 26 September 1945
Nr. 8	Memorandum von Staatskanzler Dr. Renner an den Alliierten Rat, betreffend die Beschlüsse der ersten Länderkonferenz, Wien, 28. September 1945
Nr. 9	Resolutionen der zweiten Länderkonferenz, 9. bis 10. Oktober 1945
Nr. 10	Kosten der Länderkonferenzen 1945 (Unterbringung, Bereitstellung von Tabakwaren und Treibstoff)

Nr. 11 Resolutionen der dritten Länderkonferenz, 25. Oktober 1945

Nr. 12 Schlußrede des Staatskanzlers bei der dritten Länderkonferenz am 25. Oktober 1945

Nr. 1
Protokoll über die Bundesländerkonferenz der Vertreter der ÖVP in Salzburg am 29. Juli 1945

Quelle: *Karl-Gruber-Archiv, Institut für Zeitgeschichte der Universität Innsbruck, Karton 1; gedruckt nach Michael Gehler (Hrsg.), Karl Gruber. Reden und Dokumente 1945-1953 (= Institut für Zeitgeschichte der Universität Innsbruck. Arbeitskreis Europäische Integration. Historische Forschungen. Veröffentlichungen 2, Wien-Köln-Weimar 1994) S. 60-67*

Tagesordnung:

1. Eröffnung und Begrüßung durch den Landeshauptmann von Salzburg, Hofrat Dr. Adolf Schemel
2. Feststellung über das Stimmrecht der Delegierten und Wahl des Vorsitzenden
3. Bildung eines Programmausschusses für die Erstellung eines einheitlichen Parteiprogramms für die Österreichische Volkspartei
4. Bildung eines Verhandlungsausschusses
5. Bericht der Ländervertreter
6. Die Organisationsform der ÖVP,
   Referent Landessekretär [August] Trummer
7. Anträge und Beschlüsse
8. Errichtung eines provisorischen Generalsekretariates

Verlauf:

Zu 1.: Landeshauptmann Dr. Adolf Schemel begrüßt die anwesenden Vertreter der Länder sowie die anwesenden Vertreter der Amerikanischen Militärregierung und teilt in seiner Eingangsrede den Zweck dieser Konferenz kurz mit. Er stellt ferner fest, daß wir mit den anwesenden Ländervertretern die Gelegenheit wahrnehmen wollen, in Gegenwart der Vertreter der amerikanischen Militärregierung unsere Wünsche offen zu besprechen. Er ist der Meinung, daß nach der kurzen Zeit der Beendigung des Krieges es noch viele Schwierigkeiten gibt, die bewältigt werden müssen, ist aber davon überzeugt, daß die alliierte Militärregierung uns auf diesem Gebiete weitgehendst unterstützt. Er dankt den Vertretern der Militärregierung für ihre bisherige wertvolle Unterstützung.

Zu 2.: Landeshauptmann Dr. Schemel ersucht um die Wahl eines Vorsitzenden und eines Stellvertreters. Landeshauptmann Dr. Gruber, Tirol, stellt den Antrag, Landeshauptmann Dr. Schemel als Vorsitzenden und Staatssekretär [Bartholomäus] Hasenauer als seinen Stellvertreter zu wählen. Der Antrag wird einstimmig angenommen. Hinsichtlich der Abstimmung bei der Konferenz wird einstimmig festgelegt, daß von Salzburg als stimmberechtigter Landeshauptmann Hofrat Dr. Adolf Schemel, Staatsrat [Bartholomäus] Hasenauer und Obmann Hermann Rainer vorgeschlagen wurden. Für die übrigen Länder stimmen ebenfalls je drei Vertreter.

Zu 3.: In den Programmausschuß für die Österreichische Volkspartei der Bundesländer wurden einstimmig gewählt:

Für Salzburg:	Regierungsrat Josef Rehrl
Für Tirol/Vorarlberg:	Dr. [Franz] Jenewein
Für Oberösterreich:	Dr. [Josef] Zehetner
Für die Wirtschaftskammern:	Dr. [Anton] Widmann (auch für Wien)

Hinsichtlich des Programms wird beschlossen, daß der Programmausschuß das Programm ehebaldigst durcharbeiten soll, um dieses bei der nächsten Konferenz zur Beschlußfassung vorzulegen.

Zu 4.: Zwecks Verhandlung mit der alliierten Militärregierung wird folgendes Verhandlungskomitee einstimmig beschlossen:

		Vertreter:
Für Oberösterreich:	Dr. Gleissner	
Für Tirol:	Dr. Gruber	Muigg
Für Vorarlberg:	Landeshauptmann Ilg	
Für Salzburg:	Reg.-Rat [Josef] Rehrl	[Bartholomäus] Hasenauer
Für Kärnten:	Staatssekretär a. D. Grossauer	
Für Steiermark:	Landesrat a. D. [Franz] Thoma	
Für Niederösterreich:	Bauernführer Figl	Dr. [Anton] Widmann
Für Wien:	Generalsekretär Dr. Hurdes	
Für Burgenland:	Dr. Mohr	
Für die Städtische Wirtschaft:	Dr. [Anton] Widmann	
Für die Landwirtschaft:	Staatsrat [Bartholomäus] Hasenauer	

Dieses Verhandlungskomitee wird vom provisorischen Generalsekretariat zur Konstituierung knapp vor der nächsten Bundesländerkonferenz einberufen und bildet dann gleichzeitig den Bundesausschuß. Die Einberufung erfolgte bereits für Sonntag, den 19. August, 9 Uhr, in das provisorische Generalsekretariat, derzeit Chiemseehof.

Zu 5.: Landeshauptmann Dr. Gruber, Tirol, schildert die Gründe dieser Konferenz und teilt mit, daß es schwer war, diese Besprechung zustande zu bringen. Er berichtet über den Einspruch des alliierten Militärkommandanten Oberst Norcross und berichtet, daß es ihm im Beisein des Landessekretärs [August] Trummer gelungen ist, die Bewilligung für diese Konferenz zu erhalten. Es steht ferner fest, die Verhältnisse in unserem Vaterland sind traurige. Für uns ergibt sich die Frage, was können wir Österreicher dazu beitragen, diesen Zustand zu überwinden. Es ist unsere Pflicht, durch Verhandlungen mit der Militärregierung diesen desolaten Zustand zu überbrücken und die Stimmung in jenen Teilen Österreichs, die wir hier zu vertreten haben, festzustellen. Wir haben drei wesentliche Aufgaben, führt er weiter aus,

1) den politischen Boden zu bestimmen, auf dem die Volkspartei stehen wird,

2) die Stellungnahme zum Problem der österreichischen Zentralgewalt, Rückkehr zum einheitlichen Wirtschaftsgebiet und zur einheitlichen Verwaltung,
3) einen Ausschuß zu schaffen, der diese Fragen weitgehendst behandelt. Dieser soll befugt sein, in Salzburg errichtet zu werden.

Zuerst sollen die verschiedenen Vertreter der Bundesländer zur politischen Lage Stellung nehmen, ein Elaborat soll den Landesparteileitungen zur Stellungnahme zugesandt werden. Landespräsident Ilg, Vorarlberg, führt aus, daß in Vorarlberg nicht ein Landeshauptmann an der Spitze steht, sondern ein Landesausschuß mit einem Landespräsidenten. Die Verhältnisse in Vorarlberg, soweit es sich um die politische Zusammenarbeit handelt, sind gute. Wir haben im Landesausschuß fünf Vertreter der Rechten und drei Vertreter der Linken. Von beiden Parteien wird anerkannt, daß diese Zusammensetzung sehr zugunsten der Sozialdemokraten spricht. Das frühere Verhältnis war 4 : 1. Das Einvernehmen zwischen ziviler und Besatzungsbehörde muß hergestellt werden, ebenso umgekehrt, das Einvernehmen zwischen den einzelnen Bundesländern mit der Staatsregierung. Die Organisierung des Parteiwesens ist im Land Vorarlberg nicht weit fortgeschritten. Es gibt noch kein Parteisekretariat; in Vorarlberg gibt es nur zwei politische Richtungen. Österreichische Volkspartei und Sozialdemokratische Partei. Er führt weiter aus, daß wir uns dagegen verwehren, daß Österreich mitschuldig erklärt wird an der Machtergreifung der Nationalsozialisten und dem darauffolgenden Krieg. Wir legen Wert darauf, daß festgestellt wird, daß uns damals niemand gegen die stark bewaffnete Macht des Nationalsozialismus in Schutz genommen hat. Wir wollen Österreich als freien Staat aufbauen. Eine Aktivierung der österreichischen Regierung sollte möglichst bald erreicht werden, wobei die Bundesländer entsprechend berücksichtigt werden müssen. Bezüglich des Parteiprogramms sollen wir uns heute auf eine einheitliche Linie einigen.

Dr. [Josef] Zehetner, Landesparteiobmann der ÖVP aus Oberösterreich, stellt fest, daß Oberösterreich bis jetzt von Amerikanern und Russen besetzt wird. Es besteht leider die bittere Situation, daß mit einer weiteren Besetzung von Teilen Oberösterreichs durch die Russen gerechnet werden muß. So werden diese das ganze Mühlviertel nördlich der Donau besetzen. Dadurch wird das oberösterreichische Wirtschaftsgebiet wesentlich geschädigt werden. In Oberösterreich haben wir keine politische Regierung, sondern einen Landeshauptmann, der 1938 unter den Nazis Regierungsdirektor wurde und das Parteiabzeichen getragen hat.[1]) In der Regierung hatten wir bis vor kurzem noch drei Parteigenossen an führender Stelle, Industrie, Handel und Medizin. Der Mediziner ist noch in Amt und Würden. Mit den Sozialdemokraten besteht ein ausgezeichnetes Verhältnis, allwöchentliche Aussprachen zwischen Sozialisten und Volkspartei bringen uns immer auf eine gemeinsame Linie. Das Be-

---

[1]) *Gemeint ist hier Dr. Adolph Karl Eigl; vgl. dazu Oberösterreich. April bis Dezember 1945. Ein Dokumentarbericht, hrsg. vom Oberösterreichischen Landesarchiv (= Quellen zur Geschichte Oberösterreichs 2, Linz 1991).*

mühen, mit den Sozialisten und Kommunisten möglichst viele Gebiete gemeinsam zu betreuen, ist sicher notwendig, und wenn es richtig angefaßt wird, auch nicht ganz erfolglos. Von Wien und anderen Stellen hören wir, daß bereits wieder alle politischen Organisationen, wie Arbeiterjugend etc., aufgestellt wurden. Es ist dringend notwendig, daß die Jugend von der Politik bis zu ihrer Großjährigkeit ausgeschaltet wird. Wir haben in Oberösterreich sofort die Volkspartei ins Leben gerufen, um uns geistig zu rüsten, ein Organisationsstatut ins Leben zu rufen und ein Zeitprogramm aufzustellen. Es ist notwendig, daß alle Bundesländer eine einheitliche Ausrichtung in der Organisation bekommen. Es ist wichtig, daß die Gruppen der Bauern, Arbeiter und Angestellten zusammengefaßt werden. In Oberösterreich können Parteien bei der Militärregierung nicht vorkommen, weil erklärt wird, die Parteien seien verboten. Wir haben uns daher mit Hilfe der Freiheitsbewegung einen Weg zur Militärregierung gebahnt mit dem Resultat, daß die Politik erlaubt ist. Oberösterreich begrüßt den Schritt der gemeinsamen Konferenz der Länder.

Regierungsrat [Josef] Rehrl, Salzburg, führt aus: Wir Österreicher haben ein Vaterland, das wir lieben, und wir haben alle Ursache, es zu lieben. Das ist das Programm, und das muß von links und rechts anerkannt werden. Die Wirtschaftsinteressen der Länder müssen von den Amerikanern anerkannt werden. Der Bundesstaat Österreich kann nur bestehen, wenn seine Bundesländer gesund sind. Was sie besitzen, muß ihnen überlassen werden. Nur auf diesem Boden ist die Wirtschaftsfrage restlos zu regeln. Wir leiden darunter, daß bei allem guten Willen und bei allem Wollen der Besatzungsbehörde ein rastloses Nichtverstehen unserer Verhältnisse sich immer und immer wieder zeigt. Wir wissen von einem Tag auf den anderen nicht, von was wir leben sollen. Ich bin fest überzeugt, es sind da und dort noch viele Dinge, die wir wirtschaftlich bei uns einsetzen könnten. Es geschieht nichts, weil wir so weit sind, daß bei den Landesgrenzen eine chinesische Mauer errichtet ist. Derartige Bevormundungen unterdrücken die Arbeitsfreude. Österreich war ein armes Land, aber ein glückliches. Heute sind wir ein Bettlerland, und man läßt uns nicht einmal aus eigener Kraft aus dieser Situation herausarbeiten. Die Besatzungsmächte sind gekommen, uns zu helfen, und sie wollen uns helfen. Die Schwierigkeit besteht darin, daß man uns nicht sagen läßt, wie es wirklich steht. Wir fordern Freiheit für uns Österreicher. Wir sind keine Fantasten, wir wissen, wie schwer sich die amerikanische Militärregierung tut, dieses winzige Österreich vierfach zu verwalten und die Hauptstadt in vier Trümmer aufzuteilen. Unsere Nachbarn in Bayern haben sechs Millionen Einwohner und eine einheitliche Verwaltung. Dieser Druck, den wir weghaben wollten mit Anfang Mai 1945, ist uns nicht genommen worden. Das Empfinden, wir wollen arbeiten und können nicht, besteht in Salzburg, Wien, Niederösterreich und überall. Nur wissen wir es nicht, weil wir Österreicher untereinander nicht verkehren dürfen. Die ganze Welt hat uns im Stich gelassen. Wir sind als erstes Opfer gefallen und haben es vielleicht am bittersten zu spüren bekommen. Man hat unsere Familien zerrissen, man hat unsere Jugend verdorben, man hat uns alles vom Vaterland weggenommen. Darum bitte ich Sie, meine Herren von der amerikanischen Militärregierung, ohne irgendwie in Ihre Dispositionen eingreifen zu wollen, geben Sie uns bald ein einheitliches Österreich. Geben Sie uns das, dann geben Sie uns die innere Freiheit und die Kraft zum Wiederaufbau. Erst dann wird Österreich wieder leben.

Landeshauptmann Dr. Gruber, Tirol, teilt mit, daß aus der Tiroler Widerstandsbewegung zunächst die Staatspartei geschaffen wurde. Diese Partei ist bereits in die Österreichische Volkspartei übergegangen. In der Zusammenarbeit mit den Amerikanern haben wir in vielen Punkten eine einheitliche Linie. Nur besteht der Eindruck, daß das amerikanische Gesetzbuch, das sie für Österreich mithaben, schuld ist an vielen Mißverständnissen. So kann eine Verwaltung nicht gemacht werden. Es ist nicht unsere Sache, die Organisation der Amerikaner aufzuziehen oder einer Kritik zu unterwerfen, sondern wir haben festzustellen, daß die Wirkung dieser Organisation auf die österreichische Verwaltung eine denkbar ungünstige war. Tirol leidet sehr schwer unter der rastlosen Trennung der Länder untereinander. Tirol ist auf den Austausch angewiesen. Mit den Sozialdemokraten und den Kommunisten besteht sehr gutes Einvernehmen. Es ist festzustellen, daß die Sozialdemokraten immer wieder den Versuch machen, zu erklären, daß sie die einzige demokratische Partei wären.

Gruber hält es für zweckmäßig, daß die Österreichische Volkspartei so wenig wie möglich als Rechtsnachfolgerin der Christlichsozialen Partei aufscheint. Alle Streitpunkte in der Frage der Ehegesetzgebung, in der Frage der Organisation der Kirche und ähnliche Lösungen müssen derzeit zurückgestellt werden. Die Kirche muß den Klerus aus der Politik zurückziehen. Wir haben größtes Interesse, alles auszuschalten, was das Einvernehmen mit den übrigen demokratischen Parteien stören könnte. Es war ein großer Fehler, daß wir den Gedanken des Internationalismus nur den sozialistischen Parteien allein überlassen haben. Ich bin der Meinung, daß man der Jugend von Staats wegen ohne Rücksicht auf ihr Herkommen oder Einkommen einen Aufstieg ermöglicht. Dadurch ändert sich nichts an der politischen und wirtschaftlichen Struktur. Auf dem Gebiete der Wirtschaftsorganisation wird alles unternommen, um zu vermeiden, daß eine größere Arbeitslosigkeit entsteht. Es muß gelingen, für die Wirtschaftsstabilisierung zu sorgen.

Ich fasse meine Ausführungen nochmals in drei Punkte zusammen:

1) Entlastung von konfessionellen Bindungen aus der Tagespolitik,
2) die außenpolitische Linie,
3) auf sozialem Gebiete die besondere Betreuung der Jugend ohne Rücksicht auf das Herkommen.

Landesobmann [Hermann] Rainer, Salzburg, teilt mit, daß die Zusammenarbeit im Lande Salzburg mit den übrigen demokratischen Parteien ebenfalls außerordentlich gut ist. Alle haben auch hier das einzige Bestreben, in gemeinsamer Arbeit das Land rasch wiederaufzubauen. Die Zusammensetzung der Landesregierung in Salzburg entspricht zwar nicht ganz den Wahlzahlen, was aber kein Hindernis für eine gedeihliche Zusammenarbeit der demokratischen Parteien darstellt. Wir haben auf der Plattform eines überparteilichen Sechserausschusses bisher alle Fragen einvernehmlich gelöst. Dieser Ausschuß besteht aus den drei Parteiobmännern und den drei Landessekretären. Wenn es auch in diesen Ausschüssen manchmal schon hart auf hart gegangen ist, so wurde trotzdem immer wieder ein gemeinsamer Weg gefunden. Wir haben im Land die Österreichische Volkspartei geschaffen und sie programmatisch so verankert, daß wir uns, konfessionell nicht gebunden, eine breite Plattform geschaffen haben, auf der alle rechtsstehenden Kreise mitarbeiten können. [Hermann] Rainer berichtet ferner über die traurige Tatsache, daß bei den Dienststellen der amerikanischen Militärregierung noch immer Reichsdeutsche und Nazis als Dolmetscher beschäftigt sind, die die Verständigung mit der Militärregierung fast unmöglich machen. Er ist der Meinung, daß nach Entfernung dieser Elemente die Zusammenarbeit eine bessere sein wird.

Die Österreichische Volkspartei muß eine streng soziale Einstellung haben, damit der Arbeiter die Überzeugung hat, daß seine Interessen im Rahmen der ÖVP jederzeit richtig vertreten werden. Besonders die Landarbeiter müssen in Zukunft weit stärker betreut werden als bisher, wobei wir eine Radikalisierung dieser Arbeiterschichte ablehnen.

Landespräsident Ilg, Vorarlberg, teilt mit, daß das Programm nach einem Ausspruch Karl Luegers immer durch die Person vertreten sein muß, die an maßgebender Stelle steht. Diese Personen müssen mit gutem Beispiel vorangehen und dadurch das Vertrauen der Völker nach sich ziehen. Die wesentlichen Programmpunkte sind seiner Meinung die Religionsbejahung, die Wirtschaftsorientierung in der Richtung, daß alle wirtschaftlichen Unternehmungen staatsrechtlich zur Einhaltung ihrer Verpflichtungen verhalten werden und daß ein genügender Anteil des Kapitalertrages demjenigen zukommt, der die Arbeit macht.

Staatssekretär [Bartholomäus] Hasenauer erklärt, daß wir uns zuviel mit der Zukunft beschäftigen. Grundlegend müssen wir in erster Linie dafür sorgen, daß wir eine einheitliche Staatsregierung bekommen, die die Staatsgrundsätze ausarbeitet, auf der wir dann unser Parteiprogramm erstellen und ausüben können. Die Ernährungswirtschaft bereitet große Sorgen, und wir beginnen bereits von der Substanz zu leben.

Regierungsrat [Josef] Rehrl führt aus, trotz mancher Divergenzen bewegt sich alles auf einer Basis, die in erster Linie Österreich heißt. Wir können alles tun, wenn wir einig sind. Wir müssen das glauben, was unser Volk uns immer gesagt hat. Es sucht der Bruder seine Brüder. Der Glaube an Österreich wird uns stark machen. Unsere Bitte an die Vertreter der amerikanischen Militärregierung geht dahin, daß sie uns stark werden lassen. Wer nicht demokratisch ist, ist noch ein Hitleranhänger.

Die Konferenz wird zum Mittagstisch unterbrochen.

Bei Fortsetzung der Konferenz teilt Landeshauptmann Dr. Gruber mit, daß große Unruhe ein Aufruf der französischen Militärregierung hervorgerufen hat, der lautet, jeder, der irgendeinmal der Partei oder einer ihrer Gliederungen angehört hat, hat sich, versehen mit Proviant für drei Tage, an einer bestimmten Stelle einzufinden. Diese Maßnahme wurde scheinbar wegen des Besuches eines höheren französischen Offiziers in Innsbruck erlassen.[2]) Ein gemeinsamer Ausschuß aller demokratischen Parteien versucht diesen Aufruf zu mildern.

. Regierungsrat [Josef] Rehrl teilt mit, daß heute noch mit Bewilligung der Militärregierung schwerst belastete Nationalsozialisten in den höchstverantwortlichen Stellen sitzen, weil sie es verstanden haben, sich ins rechte Licht zu rücken. Bei aller Gerechtigkeit und bei aller Strafnotwendigkeit für die Verbrecher, glauben Sie uns Österreichern, wir kennen die Verbrecher, und wir sind für das Urteil und für die Strafe.

Landeshauptmann Dr. Schemel teilt mit, daß bei der Militärregierung leider nach einer gewissen Schablone vorgegangen wird.

Landesobmann [Hermann] Rainer wünscht, daß bei gleicher fachlicher Eignung der Österreicher unter allen Umständen dem Parteigenossen oder Reichsdeutschen vorzuziehen ist.

[Max] Wimberger, ÖVP, Salzburg, wünscht, daß getrachtet wird, einheitliche Richtlinien für die Behandlung der Nationalsozialisten durch die Militärregierung zu erlangen.

Landeshauptmann Dr. Gruber ist der Meinung, daß diese Dinge den Österreichern überlassen werden sollen.

Dr. [Josef] Zehetner, Oberösterreich, teilt mit, daß in Oberösterreich die Militärregierung gebeten wurde, einen Ausschuß zuzulassen, der die Nazifragen behandelt. Die Regierung hat die Bildung eines solchen Ausschusses abgelehnt. Es verdrießt uns, wenn wir nicht endlich als Volkspartei und Österreicher am Aufbau mitarbeiten dürfen.

Regierungsrat [Josef] Rehrl richtet an die Militärregierung die Bitte, endlich einmal diejenigen nominativ festzustellen, die wirklich

---

[2]) *Am 27. Juli 1945 mußten sich in Innsbruck Nationalsozialisten und Reichsdeutsche von der französischen Besatzungsmacht erneut registrieren lassen. Am gleichen Tag wurde General Jean de Lattre de Tassigny, ehemaliger Oberbefehlshaber der Ersten Französischen Armee, in Innsbruck empfangen. Vgl. Klaus Eisterer, Französische Besatzungspolitik. Tirol und Vorarlberg 1945/46 (= Innsbrucker Forschungen zur Zeitgeschichte 9, Innsbruck 1992) S. 192f.*

100prozentig als Österreicher bekannt sind, und diese als Mitarbeiter heranzuziehen. Die Nazis sollen von Österreichern behandelt werden.

Dr. Gruber teilt mit, daß der Grund, warum unsere Vorschläge vielfach nicht zur Kenntnis genommen werden, im Verhalten der Österreicher selbst zu finden ist. Zuerst müssen wir unsere politischen Gruppen unter einen Hut bringen, damit wir selber Klarheit haben, und dann hat ein Ausschuß zu entscheiden.

Dr. Maleta stellt den Antrag, der Militärregierung nahezulegen, die politischen Parteien baldmöglichst zu aktivieren. Dieser Vorschlag wird nicht angenommen, sondern ein Vorschlag Dr. Grubers, der besagt, es ist der Militärregierung der Wunsch der Österreicher zu unterbreiten, daß in allen Gebieten Österreichs, ohne Rücksicht auf die jeweilige Besatzungsmacht, dieselben Bedingungen der politischen Betätigung zugestanden werden. Dieser Antrag wird einstimmig zur Kenntnis genommen.

Zu 6.: Landessekretär [August] Trummer bringt sein Referat über die Organisationsform der Österreichischen Volkspartei, wie sie im Lande Salzburg bereits aufgebaut wurde. Seine Ausführungen enden mit dem dringenden Wunsch, daß diese Form, wie sie schematisch in einer beiliegenden Aufzeichnung den Ländervertretern übermittelt werden, in allen Bundesländern in gleicher Weise Platz greift. Er stellt sich besonders gegen eine Zersplitterung der Organisation in verschiedene Bünde mit eigenen Rechtstiteln und bringt den dringenden Wunsch zum Ausdruck, daß alle Bünde, Bauernbund, Wirtschaftsbund, Arbeiter- und Angestelltenbund, nur als untergegliederte Fachverbände der Österreichischen Volkspartei bestehen sollen. Das Referat wird zur Kenntnis genommen.

Zu 7.: Es wird folgende Resolution einstimmig beschlossen:
„Die heute in Salzburg anwesenden Vertreter der Österreichischen Volkspartei der Bundesländer sehen sich im Interesse des Wiederaufbaues Osterreichs veranlaßt, folgende Feststellungen zu machen:
1) Den Alliierten Mächten ist der Wunsch der Österreicher zu unterbreiten, daß unbeschadet der von ihnen beschlossenen und durchgeführten Aufteilung des österreichischen Staatsgebietes in vier Besatzungszonen jene Verwaltungsmaßnahmen ergriffen werden, die im Interesse der alsbaldigen Aktivierung des politischen und wirtschaftlichen Lebens einen ungehinderten Verkehr innerhalb des Staatsgebietes ermöglichen.
2) Da nunmehr das gesamte österreichische Staatsgebiet befreit ist, wird der Erwartung Ausdruck gegeben, daß die Staatsregierung sich durch Vertreter der in ihr bisher nicht vertretenen Ländern entsprechend deren politischer, sozialer und wirtschaftlicher Struktur ergänzt, um das Vertrauen in sie in allen Ländern zu festigen.
3) Der vielfach erhobenen Feststellung, das österreichische Volk sei im höheren Maße für die Folgen dieses Krieges verantwortlich als andere vom Nationalsozialismus unterdrückte Nationen, muß entge-

gengehalten werden, daß Österreich als erstes Land durch volle fünf Jahre im Kampf gegen den Nationalsozialismus allein standgehalten hat und als erstes Land seiner staatlichen Selbständigkeit beraubt wurde.
Österreich kann daher mit Recht darauf Anspruch erheben, als befreite Nation der gleichen Behandlung zugeführt zu werden wie die anderen von Hitler erst nachher ebenso vergewaltigten Völker.

4) Mit Rücksicht auf die besonders schwierige Lage, in die Österreich durch die schon Anfang 1938 einsetzende Naziherrschaft, den darauffolgenden Krieg und seine Folgewirkungen geraten ist, können es die Österreicher nicht verstehen, daß ihrem Volke die durch die Organisation der UNRA [sic! recte UNRRA][3]) vorgesehenen Unterstützungen, insbesondere zur sofortigen und möglichst weitgehenden Behebung der katastrophalen Wirtschaftsnot und insbesondere der Lebensmittelknappheit nicht auch teilhaftig gemacht werden.

5) Es ist alles vorzukehren, daß alle Hindernisse, die dem guten Einvernehmen zwischen der Militärregierung und der von den Alliierten anerkannten österreichischen Regierung im Wege stehen, beseitigt werden.

6) Zur Verfolgung dieser Ziele wird ein Verhandlungsausschuß mit dem Sitz in Salzburg gebildet, der aus den Herren besteht:

		Stellvertreter:
Oberösterreich	Dr. Gleissner	
Tirol	Dr. Gruber	Muigg
Vorarlberg	Ilg	
Salzburg	Reg.-Rat [Josef] Rehrl	[Bartholomäus] Hasenauer
Kärnten	Staatsrat a. D. Grossauer	
Steiermark	Landesrat a. D. [Franz] Thoma	
Niederösterreich	Figl	Dr. [Anton] Widmann
Wien	Gen.-Sekr. Dr. Hurdes	Dr. [Anton] Widmann
Burgenland	Dr. Mohr	
Für die städtische Wirtschaft:	Dr. [Anton] Widmann	
Für die Landwirtschaft:	Staatsrat [Bartholomäus] Hasenauer	

Programmausschuß:

Oberösterreich	Dr. [Josef] Zehetner
Tirol/Vorarlberg	Dr. [Franz] Jenewein
Salzburg	Reg.-Rat [Josef] Rehrl.
Wirtschaftskammern:	Dr. [Anton] Widmann (auch für Wien)."

8.: Es wird beschlossen, den Landessekretär der Österreichischen Volkspartei, Land Salzburg, [August] Trummer, auf weitere drei Wo-

[3]) *UNRRA: United Nations Relief and Rehabilitation Administration, 1943 in Atlantic City gegründet, 1945 von der UNO übernommene Hilfsorganisation zur Unterstützung der Flüchtlinge und Verschleppten in den von den Alliierten besetzten Gebieten; 1947 aufgelöst, ihre Aufgaben übernahmen z.T. die internationale Flüchtlingsorganisation, 1951 der Hochkommissar für Flüchtlinge bei den Vereinten Nationen.*

chen zu beurlauben. [August] Trummer soll bis zur nächsten Konferenz am Sonntag, dem 19. August, das Generalsekretariat provisorisch weiterführen und sich möglichst rasch eine eigene Kanzlei suchen. Landessekretär [August] Trummer stimmt diesem Antrag zu und teilt mit, daß er bestrebt sein wird, die Agenden des Generalsekretariates bis zum 19. August zu führen, wünscht aber, daß dann eine klare Entscheidung über die Errichtung des Sekretariates und die Person des Generalsekretärs getroffen werden muß, weil das Landessekretariat Salzburg nicht in der Lage ist, diese Frage weiter hinauszuschieben und auch nicht gewillt ist, eine Kumulierung der beiden Stellen vorzunehmen.

Die Fortsetzung dieser Konferenz findet am Sonntag, den 19. August, 10 Uhr vormittag in Salzburg statt und werden die Länder zu derselben durch das provisorische Generalsekretariat eingeladen.

Für Sonntag, dem 19. August, 9 Uhr vormittag, wird die Konstituierung des Verhandlungskomitees nach Salzburg eingeladen.

Nr. 2
Protokoll über die zweite Bundesländerkonferenz der ÖVP in Salzburg am 19. August 1945

Quelle: *Karl-Gruber-Archiv, Institut für Zeitgeschichte der Universität Innsbruck, Karton 1; gedruckt nach Michael Gehler (Hrsg.), Karl Gruber. Reden und Dokumente 1945-1953 (= Institut für Zeitgeschichte der Universität Innsbruck. Arbeitskreis Europäische Integration. Historische Forschungen. Veröffentlichungen 2, Wien-Köln-Weimar 1994) S. 68-75*

Tagesordnung:

1. Eröffnung und Begrüßung
2. Bericht des Generalsekretariates
3. Errichtung und Finanzierung des Generalsekretariates
4. Bestellung des Generalsekretärs
5. Bericht der Bundesländer
6. Bericht des Verhandlungskomitees mit der Militärregierung
7. Anträge und Beschlüsse
8. Allfälliges

Anwesenheit: Anwesend waren die Herren laut beiliegender Anwesenheitsliste[4])

Verlauf:

Zu 1.: Landeshauptmann Hofrat Dr. Adolf Schemel, Salzburg, eröffnet die Konferenz und begrüßt die erschienenen Teilnehmer aus allen Bundesländern Österreichs. Zum Vorsitzenden wird Staatssekretär [Bartholomäus] Hasenauer, zu seinem Stellvertreter Herr Bundesminister a. D. Dr. Pernter, Wien, gewählt.

Zu 2.: Sekretär [August] Trummer, Salzburg, berichtet über die Tätigkeit des provisorischen Generalsekretariates, die bisher gemachten Vorarbeiten und begründet die Notwendigkeit der schriftlichen Beschlußfassung über die Errichtung dieser Stelle für die Bundesländer.

Zu 3.: Landeshauptmann Dr. Gruber, Innsbruck, stellt den Antrag, diesen Punkt auf nachmittags zu vertagen, und dieser Antrag wird einstimmig angenommen.

---

4) *Unter den Anwesenden befanden sich Minister Hans Pernter, Geschäftsführender Obmann der ÖVP; Fritz Eckert, als Begleitung für Pernter; Hurch; Landeshauptmann von Tirol Karl Gruber; Landeshauptmannstellvertreter Alfons Weißgatterer; Franz Jenewein; Tiroler Landesparteiobmann Hans Gamper; Anton Hradetzky; Otto Molden; Regierungsrat Josef Rehrl; Landesparteiobmann Salzburg Hermann Rainer; Landesparteiobmannstellvertreter Salzburg Max Wimberger; Anton Widmann, Vertreter der Salzburger Wirtschaftskammer; Gustav Canaval, Journalist; Staatssekretär Bartholomäus Hasenauer; Landeshauptmann von Salzburg Adolf Schemel; als Vertreter der Steiermark August Trummer; Frankensteiner; Landesparteiobmarin von Oberösterreich Max Zehetner; Alfred Maleta, Delegierter; Heinrich Gleissner, Delegierter; Landeshauptmannstellvertreter von Kärnten; Julius Santer; Kammerpräsident Hermann Gruber; Hans Grossauer; Edgeworth Murray Leslie, Vertrauter der Tiroler Landesregierung und OSS-Agent; G. F. Kraus (USACA); C. Chisholm (USNR), Observer; Colonel Lebeau; Frank Shunny (?) (US-Army, USACA), Observer; vgl. allgemein zur Thematik Robert Kriechbaumer, Von der Illegalität zur Legalität. Die ÖVP im Jahr 1945. Politische und geistesgeschichtliche Aspekte des Entstehens der Zweiten Republik, Wien 1985.*

Nach der Mittagspause teilt Minister a. D. Dr. Pernter, geschäftsführender Obmann der Österreichischen Volkspartei in Wien, folgenden Beschluß der Obmänner der Landesparteileitungen der ÖVP mit:

Es wurde beschlossen, bei der Landesleitung Salzburg eine Verbindungsstelle der Bundesländer zu errichten, die bis zur Erlangung normaler Verhältnisse und Verbindungsmöglichkeiten mit Wien den gegenseitigen Verkehr zwischen den westlichen Ländern und Wien sowie die Vorbereitung der Länderkonferenzen durchzuführen hat. Für die Betreuung dieser Stelle wird ein Sekretär und eine Schreibkraft bewilligt. Zu den Kosten tragen die beteiligten Bundesländer schlüsselmäßig nach der Bevölkerungszahl bei. Die bisherigen Kosten werden ebenfalls schlüsselmäßig auf alle Bundesländer aufgeteilt. Zwecks Bestreitung der notwendigen Auslagen gibt jedes Bundesland einen Akontobetrag von RM 1000,-, welcher Betrag für jedes Land separat kontenmäßig geführt und verrechnet wird. Nach Funktionieren des Generalsekretariates in Wien wird die Stelle in Salzburg aufgelassen und die Angestellten anderweitig verwendet. Ferner wird beschlossen, daß als Vorsitzender des Verhandlungsausschusses Regierungsrat [Josef] Rehrl gleichzeitig die Gegenzeichnung für das Sekretariat der Bundesländer in Salzburg vornimmt.

Zu 4.: Regierungsrat [Josef] Rehrl, Salzburg, beantragt, für die Betreuung des Sekretariates für die Bundesländer den bisherigen Sekretär [August] Trummer des Generalsekretariates als Sekretär für die Bundesländer zu belassen. Die sozialen Fragen werden durch das Landessekretariat in Salzburg gelöst. Der Antrag wird einstimmig angenommen.

Zu 5.: Der geschäftsführende Obmann der Österreichischen Volkspartei, Minister a. D. Dr. Pernter, als Vertreter des Bundeslandes Wien, gibt einen eingehenden Bericht über die organisatorische Entwicklung der Österreichischen Volkspartei, über die politische Situation in Wien und über die wirtschaftlichen Verhältnisse der Hauptstadt unseres Bundesstaates. Aus diesem Bericht war zu entnehmen, daß vor allem große Schwierigkeiten in wirtschaftlicher Hinsicht, besonders hinsichtlich der Ernährung, bestehen, weil es an jeglichen Transportmitteln zur Herbeischaffung von Lebensmitteln mangelt. Die Verhältnisse in der Industrie sind ebenfalls äußerst ungünstig, da die notwendigen Maschinen fehlen und viele derselben nach dem Einmarsch der Roten Armee entfernt wurden. Hinsichtlich der Zusammenarbeit mit der russischen Besatzungsarmee bestehen ebenfalls sehr große Schwierigkeiten, die nur langsam überwunden werden können. Die provisorische Staatsregierung Dr. Renners bemüht sich nach jeder Richtung all diese Schwierigkeiten, die durch den unseligen Krieg bedingt aufscheinen, zu überwinden und eine Besserung der Lage herbeizuführen. Eine Übergabe der einzelnen Zonen an die vier Besatzungsmächte ist offiziell noch nicht erfolgt, so daß derzeit immer noch in allen Stadtteilen die Anordnungen der russischen Besatzungsbehörde gelten. Dr. Pernter hofft, daß der Alliierte Besatzungsrat beziehungsweise die Alliierte Besatzungskommission dazu beitragen wird, daß einheitliche Richtlinien gegenüber der Wiener Bevölkerung zustande kommen. Hinsichtlich der Zusammensetzung der Staatsregierung teilt Minister a. D. Dr. Pernter mit, daß es der dringende Wunsch der Regierung Dr. Renners ist, die Regierung so zu erweitern, daß alle Bundesländer in derselben entsprechend ihrer Stärke vertreten sind. Diese Mitteilung der Wiener Staatsregierung wird nicht nur von den Wienern, sondern von allen Bundesländern Österreichs dringend gewünscht.

Hinsichtlich der Entwicklung der Österreichischen Volkspartei teilt Dr. Pernter mit, daß in Wien die Organisation auf Grund des Bündesystems aufgebaut wurde, weil man in Wien der Meinung war, daß eine gedeihliche Entwicklung der ÖVP nur auf Grund der Errichtung der drei Bünde: Österreichischer Bauernbund, Österreichischer Wirtschaftsbund und Österreichischer Arbeiter- und Angestelltenbund, möglich ist. Die Erfahrungen, die dieses Bündesystem auf Grund der Entwicklung in der Steiermark gemacht haben, haben auch Wien zum Nachdenken gebracht, und sie werden sich mit dem Problem eingehend beschäftigen, weil die übrigen Bundesländer keine Bünde errichtet haben.

In Wien besteht auch bereits ein Generalsekretariat der Österreichischen Volkspartei, das sich in verschiedene Referate aufgegliedert hat. Dieses Generalsekretariat kann leider noch nicht für die Bundesländer fungieren, weil die Verbindung mit diesen Ländern für Wien noch nicht frei ist. Zu diesem Zwecke begrüßt es auch Wien besonders, daß eine Verbindungsstelle in Salzburg diese Arbeiten provisorisch lenkt.

Obmann der Österreichischen Volkspartei, Landesbauernführer aus Kärnten, Hermann Gruber, bringt einen eingehenden Bericht über die wirtschaftliche Lage in Kärnten und teilt mit, daß Kärnten viel zu leiden hat unter der Besatzung des Tito-Regimes und daß seit der Besetzung durch die englischen Truppen wieder Ordnung und Ruhe in das Land eingekehrt ist. Die Engländer haben es verstanden, die Eigenheit und die Wesensart des österreichischen Volkes genau zu erforschen, und aus diesem Grunde ist auch die Zusammenarbeit mit den englischen Besatzungsbehörden eine fruchtbare. Sicherlich gibt es auch in Kärnten noch manche Schwierigkeiten auf diesem Gebiete, weil auch einige Herren der englischen Besatzungsbehörde sich viel zu viel von Nazis beeinflussen lassen und leider Gottes die Exponenten der Österreichischen Volkspartei - also die treuen Österreicher - zu wenig Gehör finden. In wirtschaftlicher Hinsicht hat Kärnten Überschuß an Rindern und jungen Fohlen, die es baldmöglichst an jene Länder absetzen möchte, die besonders großen Bedarf dafür haben.

Die industrielle Entwicklung in der Wirtschaft ist leider noch gehemmt. Es liegen in Kärnten eine Unmenge von Demobilisierungsgütern, die langsam zugrunde gehen, weil man diese Güter nicht für den Wiederaufbau Österreichs freigibt. Die Österreichische Volkspartei wurde in Kärnten einheitlich aufgebaut und statt der Bünde die ständische Gliederung in Fachverbänden innerhalb der Parteileitung gewählt. Große Schwierigkeiten bestehen mit der slowenischen

Volkspartei, die zwar gerne im Rahmen der Österreichischen Volkspartei mitarbeiten möchte, derzeit aber nicht die Möglichkeit hat, diese Mitarbeit durchzuführen, weil noch keine Garantie von seiten der alliierten Militärregierung für ein ungeteiltes Kärnten gegeben wurde.

Die Ausführungen Grubers wurden zur Kenntnis genommen.

Obmann der Österreichischen Volkspartei in Oberösterreich, Herr Dr. [Josef] Zehetner, bringt den dringenden Wunsch zum Ausdruck, in den Berichten der Bundesländer nicht lange Geschichten zu erzählen, die uns sicherlich alle sehr interessieren. Es ist dringend notwendig, infolge der kurzen Zeit, die uns zur Verfügung steht, die wichtigsten Fragen der Wirtschaft anzuschneiden und zu behandeln.

Es muß immer als entsetzlich empfunden werden, daß man in Österreich nicht begreifen will, daß das Volk in Österreich auch österreichisch geblieben ist und daß es nur ein verdammter Klüngel war, der uns tyrannisierte. Es ist nicht wahr, daß die Grundgesinnung der Österreicher verlorengegangen ist. Es ist wichtig, daß wir in gemeinsamen Wirtschafts- und Wiederaufbaufragen mit unseren Gegnern einvernehmlich lösen [sic!] und daß wir die Minderheiten unter allen Umständen zur Mitarbeit heranziehen.

Landeshauptmann von Tirol, Herr Dr. Gruber, stellt fest, daß wir eine Reihe von Schwierigkeiten haben in der Richtung, daß sich zwischen den Intentionen der zentralen Stellen der Besatzungsmächte und den untergeordneten ausführenden Organen sehr häufig Differenzen ergeben. Wir sind mit einer sehr starken Auseinandersetzung mit unserer Militärregierung begriffen. Alle drei Parteien sind sich darüber einig, daß die amerikanischen Bezirksverwaltungen in Österreich eine viel größere Macht haben. Es ist der Wunsch der österreichischen Bevölkerung innerhalb aller vier Besatzungszonen der besetzten Gebiete, daß sobald als möglich die Bezirksverwaltungen der Militärregierungen in Kontrollstellen umgewandelt werden. Wir werden in den allernächsten Tagen einen diesbezüglichen Antrag an die Militärregierung stellen, weil diese Lösung den österreichischen Wiederaufbau in entscheidender Weise beeinflußt. Die Rechtssicherheit muß gewahrt bleiben.

Zwei Dinge müssen vordringlich gelöst werden:

1) Die Verknüpfung des Kampfes gegen die Nationalsozialisten mit der Verknüpfung des Kampfes gegen die Heimwehr.[5]

---

[5]) *Heimwehr, Heimatwehr, Heimatschutz: freiwillige österreichische Selbstschutzverbände, hervorgegangen nach 1918 aus den Einwohner- und Grenzwehren und dem Kampf gegen die kommunistische Rätebewegung, entwickelten sich nach dem Justizpalastbrand (15. Juli 1927) zu einer politischen Kampfbewegung. Am Vorbild des italienischen Faschismus ausgerichtet (Austrofaschismus), trat sie im Korneuburger Programm vom 18. Mai 1930 für eine autoritäre Führung und ständische Gliederung des Staates ein. Unter dem Bundesführer Fürst E. R. Starhemberg (1930-1936) spielte sie trotz ständiger interner Querelen und Rivalitäten der Führungspersonen (Emil Fey-Starhemberg) vor allem unter der autoritären Regierung Engelbert Dollfuß' eine entscheidende Rolle bei der Niederwerfung des sozialdemokratischen Februaraufstandes 1934. Seit 1933 mit der Vaterländischen Front (VF) ideologisch verbunden, ging sie 1936 in der Frontmiliz auf. Vgl. Walter Wiltschegg, Eine unwi-*

2) Die Frage nach der immer steigenden Forderung der Sozialisierung.

Jede Änderung des Rechtsstatus kann erst dann vorgenommen werden, wenn eine demokratische Deckung für die Bevölkerung vorliegt. Vor allem genügt es, österreichische Kommissare für Reichsdeutsche und Nazibetriebe einzusetzen.

Dr. Gamper, Obmann der Österreichischen Volkspartei, Tirol, teilt mit, daß die Tiroler Volkspartei, wie sie schon seit Jahrzehnten genannt wurde, sich nunmehr ebenfalls in Österreichische Volkspartei umbenannte. Die Partei ist ebenfalls in drei Bünde gegliedert. Wir sind auch der Meinung, daß wir alles dazu beitragen müssen, daß diese Bünde absolut der Parteiverwaltung und -disziplin unterstellt werden müssen. Es wird daher ein gemeinsamer Vorstand gebildet und aus diesem ein gemeinsames Präsidium gewählt, so daß eine Sonderaktion der Bünde unmöglich ist.

Landessekretär [August] Trummer, Salzburg, spricht als Vertreter im Auftrage für Steiermark. Er teilt mit, daß, nachdem die Delegation von Graz leider noch nicht erschienen ist, er vom Obmann der Österreichischen Volkspartei, Landeshauptmann Dr. Dienstleder, beauftragt wurde, auf der Konferenz das Land Steiermark zu vertreten. Vor allem übermittelte er die Grüße der steirischen Landesparteileitung und verknüpfte gleichzeitig die Bitte daran (an alle Länder), den schwer notleidenden Steirern soweit als möglich zu helfen.

Die Lage der Ernährung und der Wirtschaft in Steiermark ist katastrophal. Es fehlt vor allem an jeglichen Transportmitteln. Die Autos wurden von den Russen zur Gänze verschleppt. Die Landesregierung verfügt über ein einziges Auto, das ihnen nun ebenfalls bereits abgenommen wurde.

Die Ernährungslage ist denkbar traurig. Kein Vieh, kein Salz, kein Zucker, keine Butter, keine Rauchwaren. Die Zuteilung von Fleisch erfolgt durch Aufruf, der selten gemacht wird. Die Zuteilung von Brot ist einigermaßen in Ordnung. Die Aussichten für das Obst sind verschieden. Der Viehstand ist vollkommen zerstört. Im Land haben in verschiedenen Gebieten schwere Kämpfe stattgefunden, und ganze Landstriche sind heute noch vermint. Die Bauern können ihre Felder und Wiesen nicht betreten und leben in denkbar dürftigen Verhältnissen von Lebensmittelkarten. Die Bauernhäuser sind zum größten Teil zerschossen und niedergebrannt. Es wird Jahre brauchen, bis hier wieder eine gesunde Entwicklung der Landwirtschaft Platz greifen kann. Es findet sich niemand, der die Entminung der Länderflächen vornimmt. Nach der Befreiung durch die Engländer zieht Ruhe und Ordnung langsam wieder ein, und die englische Besatzungsmacht versucht alles, um dem schwer geprüften Land zu helfen. So werden von Kärnten auch Auto- und Transportmittel, Vieh und andere Lebensmittel zur Verfügung gestellt. An Salzburg wurde die Bitte gerichtet, daß wir Salz gegen Fohnsdorfer

---

derstehliche Volksbewegung? (= Studien und Quellen zur österreichischen Zeitgeschichte 7, Wien 1985).

Kohle im Kompensationswege tauschen. Die Österreichische Volkspartei in Steiermark ist nach Bünden aufgebaut, es hat sich jedoch erwiesen, daß dieser Aufbau sich sehr ungünstig auswirkt, aus diesem Grunde hat eine Gruppe jugendlicher, agiler Kräfte eine neue Landesleitung der Österreichischen Volkspartei zusammengestellt, der die Bünde unterstellt werden sollen. Steiermark, so appelliert Sekretär [August] Trummer, ist bereit, den anderen Ländern zu geben, was sie uns geben können. Sie bitten dringend um Hilfe. Sie sind bereit, Obst auszuliefern und dafür andere notwendige Lebensmittel einzuführen. Zur Frage der Industrie teilt Sekretär [August] Trummer mit, daß er persönlich die Werke in Kapfenberg gesehen habe. Er stellte fest, daß dort leere Hallen und ein Trümmerhaufen vorzufinden ist, wie er ihn noch nie gesehen hat. Sämtliche Maschinen sind weggeschafft. Ähnlich auch bei den Puch-Werken, Antritzer Maschinenfabrik und Donawitzer Werke. Dadurch sind rund 30.000 steirische Arbeiter brotlos. Die leeren Hallen werden als Magazine und Wohnräume vergeben. Die steirische Industrie hat für die nächste Zeit keine Aussicht, wieder ins Rollen zu kommen.

Regierungsrat [Josef] Rehrl, Salzburg, spricht. Er erklärt, daß seine Ausführungen sich in erster Linie an die Vertreter der Besatzungsmächte richten. Er verweist auf die Ausführungen Sekretärs [August] Trummer, daß die Werke in Steiermark ausgeräumt sind. Er verweist darauf, daß in Wien und anderen von Rußland besetzten Gebieten Gleiches geschehen ist. In den Zeitungen konnte man lesen, daß diese Dinge als Reparationsleistung für die Ostmacht zu gelten haben. Wir können aber nicht verstehen, daß täglich 100.000,- Reichsmark von Werten zugrunde gehen, weil man uns kein Verständnis und keinen Glauben entgegenbringt. Man braucht nur dorthin zu schauen, wo Tausende und Abertausende von Autos stehen, die teuersten Maschinen unter freiem Himmel verrosten und alles zugrunde geht. Ich kann nicht verstehen, warum da nichts geschieht, und kann nur Schlüsse fassen. Wir, meine Herren, haben mit der Deutschen Wehrmacht nichts zu tun gehabt. Was bei uns in der Wehrmacht war, war äußerster Zwang. Er appellierte an die Besatzungsmächte, uns die Voraussetzungen zu geben, daß wir wieder leben können. Wirtschaftswerte, die unersetzlich sind, sollen nicht unverantwortlich zugrunde gerichtet werden. Wir wollen das alles verwerten, wir haben ja nichts. Wo sollen wir Autos herbekommen? Wir bitten um die Bergung des Gutes und Überlassung dieser wertvollen Gegenstände zu unserem Wiederaufbau. Wir gehen einem Winter entgegen, der so viel Elend bringen wird, wie ihn der ganze Krieg nicht gekannt hat. Glauben Sie uns endlich einmal, daß wir unser Österreich aus eigener Kraft aufbauen wollen. Es stehen Tausende und Abertausende Baracken herum. Helfen Sie uns, daß wir diese für Wohnräume bekommen können. Jetzt geht es noch. Die Leute werden sonst elend in den Ruinen zugrunde gehen. Wir sind ein befreites Land, dank Ihrer Hilfe, nur mit Arbeit können wir hochkommen. Verstehen Sie unseren ganz typisch österreichischen Verwaltungsaufbau. Ich würde mir vorstellen, daß in der Landesregierung in jeder Abteilung ein Offizier Ihrer Macht, ausgestattet mit gewissen Vollmachten, sitzt.

Der Vorsitzende, Staatssekretär [Bartholomäus] Hasenauer, gibt bekannt, daß das Verhandlungskomitee sich in der Mittagspause zur internen Beratung über eine wirtschaftliche Resolution dieser Konferenz zusammensetzt. Das Verhandlungskomitee besteht aus den Herren.

Für Salzburg:	Regierungsrat [Josef] Rehrl
Für Oberösterreich:	Dr. Gleissner
Für Tirol:	Dr. Gruber
Für Vorarlberg:	Landeshauptmann Ilg
Für Kärnten:	Staatsrat Grossauer
Für Steiermark:	Nationalrat [Adolf]Leskovar, Stellvertreter [August] Trummer
Für Niederösterreich:	Figl, Stellvertreter Dr. [Emil] Eckl
Für Wien:	Generalsekretär Dr. Hurdes, Stellvertreter Dr. [Anton] Widmann
Für die städtische Wirtschaft:	Dr. [Anton] Widmann
Für die Landwirtschaft:	Staatssekretär [Bartholomäus] Hasenauer

Zu 6.: Es spricht Regierungsrat [Josef] Rehrl: Er begründet in besonderer Ausführung die nachfolgend eingebaute Resolution an die Besatzungsmächte und führt aus, daß es unser absolutes Bestreben ist, mit den Herren der Besatzungsmächte in so kurzer Zeit wie möglich auf eine einheitliche Basis zu kommen, durch die die unbedingte und absolute Kenntnisnahme untereinander möglich ist. Wir bitten um Kenntnisnahme unserer Beschlüsse.

Ich möchte unterstreichen, was ich am Vormittag gesagt habe, Sie dazu zu veranlassen, daß Sie für unsere besonderen Verhältnisse Verständnis aufbringen.

Dieses kleine Land kann nicht in vier Teile geteilt bleiben und die Großstadt Wien nicht noch einmal in vier Teile aufgesplittert werden. Es geht nicht, daß diese vier Teile verwaltet werden, ohne daß die vier Zonen untereinander nicht einigende Komponenten finden. Wir würden Sie sehr bitten, in unserem Interesse ehestens diese Komponenten zu finden. Aus dieser Erregung heraus bitten wir, uns bald eine Einigung und eine Verkehrsmöglichkeit der Zonen untereinander zu ermöglichen.

Der Verhandlungsausschuß hat folgende Beschlüsse gefaßt:

1) Sicherung des Aufbaues einer tragfähigen österreichischen Volkswirtschaft und die Aufrechterhaltung des gegenwärtigen Ablieferungssystems bedingen die Gewährleistung der vollen Rechtssicherheit in Gewerbe und Landwirtschaft. Den Besatzungsmächten ist die Bitte zu unterbreiten, dafür Sorge zu tragen, daß notwendige Requirierungen nur über die österreichischen Verwaltungsstellen durchgeführt werden und jeder

unmittelbare Zugriff von Besatzungsmitgliedern oder inkompetenten Stellen auf Güter jeder Art unterbunden wird.

2) Vereinfachung der Militärverwaltung. Es ist bei den Besatzungsmächten einzukommen, daß die alliierten Bezirksverwaltungen baldmöglich in Bezirkskontrollstellen umgewandelt werden, so daß die Befehlsübermittlungen von der Militärregierung an österreichische Verwaltungsstellen nur über die Landesverwaltungen erfolgt. Es sollte dabei den Ressortoffizieren eine Minderkompetenz zur Erledigung von Ressortfragen eingeräumt werden.
3) Gemeinsame Wirtschaftsausschüsse zwischen den Zonen. Es ist bis zur Ingangsetzung einer Zentralgewalt die Einsetzung von gemeinsamen Wirtschaftsausschüssen für korrespondierende Ländergruppen durch die österreichischen Landesverwaltungen zu genehmigen.
4) Erhaltung der Vermögenswerte. Das Demobilisierungsgut möge der österreichischen Volkswirtschaft zur Verfügung gestellt werden, bevor es zugrunde geht.
5) Beschleunigter Abbau der Demarkationslinie.
6) Sofortige Aktivierung der Interalliierten Kontrollkommission in die gemeinsame Verwaltung aller österreichischen Gebiete und die wirtschaftliche Einheit des Bundesgebietes wiederherzustellen [sic!].

Dr. Gleissner, Oberösterreich, stellt den Antrag, daß die wirtschaftlichen Grenzen zwischen den einzelnen Ländern fallengelassen und ein gegenseitiger Güteraustausch möglich gemacht wird. Oberösterreich und Salzburg haben bereits im Verkehr mit Bayern eine gemeinsame Clearing-Treuhandgesellschaft errichtet. Das hat den Vorteil, daß wenigstens in diesen beiden Ländern gemeinsam vorgegangen wird. Es kommt jetzt nicht darauf an, daß ein Land mehr oder weniger bekommt, sondern daß eine gemeinsame Hilfe möglich ist. Wir setzen uns dafür ein, daß gleiche Lebensbedingungen in allen Ländern geschaffen werden.

Wir haben in Linz eine Verkehrsstelle errichtet, die den Zweck hat, jetzt auch mit den übrigen Bundesländern in Verkehr zu treten. Der Austausch auch mit Tirol und übrigen Ländern. Von der französischen Besatzungsmacht wurde uns dieser Austausch nicht erlaubt. Es wird angeregt, in Salzburg einen Wirtschaftsausschuß für alle Besatzungsmächte zu errichten.

Landeshauptmann Dr. Gruber, Innsbruck, teilt mit, daß eine ähnliche Regelung, wie sie zwischen Oberösterreich und Salzburg Platz gegriffen hat, auch zwischen Tirol und Vorarlberg bereits besteht.

Dr. Gleissner, Linz, betont nochmals die Notwendigkeit eines Wirtschaftsausschusses mit dem Sitz in Salzburg und wird Landeshauptmann Dr. Schemel ersucht, ehebaldigst die Exponenten dieses

Ausschusses zu einer Wirtschaftssitzung nach Salzburg einzuberufen.

Reg.-Rat [Josef] Rehrl stellt an die alliierten Besatzungsmächte die dringende Bitte, endlich auch eine tragbare Verbindung mit der russischen Besatzungsmacht herzustellen, weil die Österreicher auch mit dieser Besatzungsmacht gedeihlich zusammenarbeiten wollen.

Landesobmann [Hermann] Gruber aus Kärnten teilt mit, daß in Kärnten großer Überschuß an Vieh vorhanden ist und daß es dem Land direkt Sorge macht, wie sie das Vieh absetzen können. Sie dürfen nichts abgeben, obwohl die Steiermark, Niederösterreich und Wien eine furchtbare Viehnot zu verzeichnen haben. Er ersucht die Militärregierung, dafür Sorge zu tragen, daß endlich der Wirtschaftsausgleich zwischen den Ländern zustande kommt.

Zu 7. und 8. werden keine wesentlichen Dinge vorgebracht. Staatssekretär [Bartholomäus] Hasenauer dankt den Herren und schließt die Aussprache mit 16.30 Uhr.

Resolution der Bundesländerkonferenz
am 19. August 1945 in Salzburg

Die heute in Salzburg anwesenden Vertreter der Österreichischen Volkspartei der Bundesländer beschließen:

1. Sicherung des Aufbaues einer tragfähigen österreichischen Volkswirtschaft und die Aufrechterhaltung des gegenwärtigen Ablieferungssystems bedingen die Gewährleistung der vollen Rechtssicherheit in Gewerbe und Landwirtschaft. Den Besatzungsmächten ist die Bitte zu unterbreiten, dafür Sorge zu tragen, daß notwendige Requirierungen nur über die österreichischen Verwaltungsstellen durchgeführt werden und jeder unmittelbare Zugriff von Besatzungsmitgliedern oder inkompetenten Stellen auf Güter jeder Art unterbunden wird.
2. Vereinfachung der Militärverwaltung. Es ist bei den Besatzungsmächten einzukommen, daß die Alliierten Bezirksverwaltungen baldmöglich in Bezirkskontrollstellen umgewandelt werden, so daß die Befehlsübermittlungen von der Militärregierung an österreichische Verwaltungsstellen nur über die Landesverwaltung erfolgt. Es sollte dabei den Ressortoffizieren eine Minderkompetenz zur Erledigung von Ressortfragen eingeräumt werden.
3. Gemeinsame Wirtschaftsausschüsse zwischen den Zonen. Es ist bis zur Ingangsetzung einer Zentralgewalt die Einsetzung von gemeinsamen Wirtschaftsausschüssen für korrespondierende Ländergruppen durch die österreichischen Landesverwaltungen zu genehmigen.
4. Erhaltung der Vermögenswerte. Das Demobilisierungsgut möge der österreichischen Volkswirtschaft zur Verfügung gestellt werden, bevor es zugrunde geht.
5. Beschleunigter Abbau der Demarkationslinie.

6. Sofortige Aktivierung der Interalliierten Kontrollkommission um die gemeinsame Verwaltung aller österreichischen Gebiete und die wirtschaftliche Einheit des Bundesgebietes wiederherzustellen.

Nr. 3
Einberufung der ersten Länderkonferenz, 24. - 26. September 1945

Quelle: *Österreichisches Staatsarchiv, Archiv der Republik, Staatskanzlei, Auswärtige Angelegenheiten, GZ 1163-pol aus 1945, Zl. 1163-pol aus 1945*

Memorandum (Aide mémoire)

Die Provisorische Regierung hat am Tage der Übernahme ihrer Geschäfte beschlossen[6]), sofort nachdem der Verkehr mit den übrigen Ländern möglich sein würde, eine sogenannte Länderkonferenz einzuberufen, das heißt eine Konferenz der Obmänner der drei demokratischen Parteien jedes Landes zusammen mit den Vertretern der einzelnen Landesregierungen, um eine Erweiterung oder allenfalls Umgliederung der Regierung nach den Bedürfnissen der Länder vorzunehmen.

Da nunmehr diese Voraussetzung gegeben ist, hat die Regierung beschlossen, eine solche Länderkonferenz für Montag, den 24. September nach Wien einzuberufen.

Die Provisorische Regierung bittet, diesen Schritt zur Kenntnis zu nehmen und den delegierten Herren die Ausreise aus ihren Gebieten und die Einreise nach Wien zu gestatten. Für die in Rede stehende Konferenz ist eine ungefähre Dauer von 3-4 Tagen in Aussicht genommen.

Von dem Ergebnis der Beratungen wird der Alliierten Kommission sofort Bericht gegeben werden.

Wien, am 15. September 1945

Aktenvermerk (15. September 1945): Wenn gesagt wird, welche Stellung die Regierung gegenüber der Konferenz hat, ob sie in der Konferenz ist oder in ihr aufgeht oder ob sie sie leitet, ihr also gegenüber steht, soll das offen bleiben? Antwort des Herrn Kanzlers ja!

Aktenvermerk (15. September 1945): Den von amerikanischer und französischer Seite gemachten Anregungen folgend, hat der Herr

---

[6]) *In der Regierungserklärung vom 27. April 1945, StGBl. Nr. 3, heißt es wörtlich. „Auf diesem Freiland ist es möglich geworden, eine Regierung zu bilden, die vorerst für das ganze Österreich handelt, nach Maßgabe der fortschreitenden Befriedung des Landes aus den hinzukommenden Gebieten Ergänzung oder Ersatz finden soll." Von einer „Länderkonferenz" ist dort keine Rede, obwohl Renner bereits in den ersten Sitzungen des Kabinettsrates bemüht war, Kontakt zu den übrigen Bundesländern zu finden, „damit nicht wie seinerzeit [gemeint ist zu Anfang der Ersten Republik] Widerstandsbewegungen gegen die zentrale Staatsgewalt entstehen". Protokolle des Kabinettsrates der Provisorischen Regierung Karl Renner, Band 1: „... im eigenen Haus Ordnung schaffen". Protokolle des Kabinettsrates 29. April 1945 bis 10. Juli 1945, hrsg. von Gertrude Enderle-Burcel, Rudolf Jerábek, Leopold Kammerhofer (Wien 1995) S. 20.*
In der Denkschrift „Drei Monate Aufbauarbeit der Provisorischen Staatsregierung der Republik Österreich (Wien 1945) vom Juli 1945 sprach Karl Renner expressis verbis von einer Länderkonferenz; vgl. Josef Leidenfrost, Die amerikanische Besatzungsmacht und der Wiederbeginn des politischen Lebens in Österreich 1944-1947 (Diss. Wien 1986) S. 210, der (ebenda, S. 223-229) das Zusammentreffen zwischen Renner und Clark am 11. September 1945 als entscheidend für das Zustandekommen der Länderkonferenz ansieht.

Staatskanzler sich heute entschlossen, den in dem beiliegenden Memorandum zum Ausdruck gebrachten Schritt zu tun, nachdem er schon in der vorigen Woche mit einer solchen Absicht den Obersten Zeltov befaßt und gestern von ihm erfahren hatte, daß man russischerseits damit einverstanden sei. [...]

Nr. 4
Sitzungsprotokoll des Kabinettsrates der Provisorischen Regierung Nr. 31 vom 19. September 1945 (Auszug)

Quelle: *Österreichisches Staatsarchiv, Archiv der Republik, Kabinettsratsprotokolle 1945*

Vorsitzender Staatskanzler Dr. Renner eröffnet die Sitzung um 20 Uhr 15 Minuten und teilt mit:

1

Der Politische Kabinettsrat[7]) hat sich in zwei Sitzungen mit der Einberufung der Länderkonferenz befaßt und das Formular der Einberufung sowie ein Rundschreiben an die Staatssekretäre beschlossen.

Die Länderkonferenz hat unter anderem auch die Aufgabe, die Staatsämter mit den Herren aus den Ländern in unmittelbare Verbindung zu bringen. Es soll sich jeder Staatssekretär den Herren vorstellen und bei dem betreffenden Punkt der Tagesordnung gegebenenfalls Bericht erstatten und eine oder mehrere Resolutionen vorlegen, welche die Angleichung zwischen dem bisher von uns verwalteten Gebiet und den anderen Gebieten zum Gegenstand haben soll. Es hat jeder zu erwägen, welche nächsten Schritte teils von der Staatsregierung, teils von den Landesregierungen unternommen werden sollen, um die Einheitlichkeit der Verwaltung möglichst bald herzustellen.

Die Verhandlungen finden in drei Kommissionen statt. Die erste ist die politische Kommission. In ihr werden die Fragen der Verfassung, der Staatsregierung und allenfalls der Neuwahlen zu behandeln sein. Hierüber wird noch vorher eine Aussprache im Politischen Kabinettsrat stattzufinden haben.

Was die Einberufung selbst betrifft, so hatte ich Gelegenheit, mit zweien der Alliierten Fühlung zu nehmen und dabei erfahren, daß es der Wunsch der Engländer sei, die Einladung nicht morgen zu versenden.[8]) Morgen findet eine Beratung der Alliierten Kommission statt, in der über die Einberufung und die Modalitäten der Länderkonferenz gesprochen werden wird.[9]) Wir sollen also die Einladungen erst über-

---

[7]) *Der Politische Kabinettsrat, dem Karl Renner, Adolf Schärf, Leopold Figl und Johann Koplenig angehörten, war zentrales Gremium für Parteienbesprechungen; Funktion und Aufgaben des Politischen Kabinettsrates sind im Verfassungsgesetz vom 1. Mai 1945 über die vorläufige Einrichtung der Republik Österreich (Vorläufige Verfassung), StGBl. Nr. 5, in den §§ 23-27 festgelegt; vgl. Kabinettsratsprotokolle 1945, Band 1, bes. S. Vf., 17f., 67f. und 75f.*

[8]) *Vgl. Alfons Schilcher, Österreich und die Großmächte. Dokumente zur österreichischen Außenpolitik 1945-1955 (= Materialien zur Zeitgeschichte 2, Wien-Salzburg 1980) Nr. 5-8, S. 6-10.*

[9]) *Wiener Zeitung Nr. 2 vom 22. September 1945, Seite 2 (Mitteilung über die Sitzung des Alliierten Rates und die Zustimmung zur Abhaltung der Länderkonferenz); Wilfried Aichinger, Sowjetische Österreichpolitik 1943-1945 (= Materialien zur Zeitgeschichte 1, Wien 1977) S. 322-324; Österreichisches Staatsarchiv, Archiv der Republik, Staatskanzlei, Auswärtige Angelegenheiten, GZ 1163-pol aus 1945, Zl. 1274-pol aus 1945: Marck W. Clark, Vorsitzender des Alliierten Rates für Österreich an Staatskanzler Renner, Wien, 20. September 1945: „Der Alliierte Rat stimmt nach Erhalt eines Memorandums von Dr. Renner dessen Vorschlag zu, eine Konferenz der Ländervertreter einzu-*

morgen versenden. Ich habe darauf aufmerksam gemacht, daß die Vorbereitungen so weit im Gange sind, daß die Versendung der Einladungen nur teilweise inhibiert werden kann, daß aber andererseits, wenn die Alliierten die Abhaltung der Konferenz nicht oder nicht für diesen Zeitpunkt genehmigen sollten, noch immer eine Absage möglich ist. Mit dieser Erklärung hat man sich beruhigt. Wir können also morgen die Einladungen versenden, müssen aber, wie ich glaube, nicht gewärtigen, daß es zu einer Absage kommt; denn dieser Wunsch scheint nur der Wunsch der Engländer zu sein.

Es ist sehr gut möglich, daß bei den einzelnen Verwaltungsgegenständen breite Debatten sich anlassen werden. Es wird die Aufgabe der Staatssekretäre sein, die Verhandlungen so zu konzentrieren, daß nur die wesentlichen Punkte besprochen werden. Die Länderkonferenz hat nicht den Charakter eines Parlaments, sondern einer Enquête,[10]) in der die Staatssekretäre fragen was der Wunsch der Länder ist, Propositionen machen, Resolutionen vorschlagen und eventuell, wenn Einwendungen erhoben werden, eine Vereinbarung zu erzielen suchen. Grundsätzlich wird man sich bemühen, in allen Fragen eine solche Vereinbarung zu Stande zu bringen. Sollte dies nicht gelingen, so wird es Aufgabe des Staatssekretärs sein, alles Geschick anzuwenden, damit sich eine Meinung und eine Gegenmeinung, eine Resolution und eine Gegenresolution herauskristallisiert, über die dann in der Schlußplenarsitzung entschieden werden soll.

Bei den Verhandlungen ist immer vor Augen zu halten, daß die Zeit karg bemessen ist, nicht nur mit Rücksicht auf die Staatsregierung, sondern hauptsächlich mit Rücksicht auf die Länderverwaltung, weil die Landeshauptleute und Landesräte nicht zu lange fern bleiben können. Wenn sich die Verhandlungen trotzdem schleppend gestalten, müßte eventuell, was nicht wünschenswert wäre, eine zweite Länderkonferenz in Aussicht genommen werden.

Nun zu unserem allgemeinen politischen Verhalten in Bezug auf die Länderkonferenz und insbesondere die politische Kommission. Ich möchte nicht, daß die Staatsregierung dort mit dem Gefühl eines mangelnden Rechts oder gar eines schlechten Gewissens erscheint, vielleicht mit dem Gefühl gar, auf der Anklagebank zu sitzen, weil man sich ein recht usurpiert habe, wofür man hinterher Deckung suchen soll. Das wäre ein absolut falscher Gesichtspunkt. Wir sind von sogenannten Reichsparteien und zwar von allen drei Reichsparteien berufen und nicht durch eine auswärtige Macht eingesetzt worden. Die Vorsitzenden dieser drei Reichsparteien hatten das Recht, für die ganze Partei des Reiches zu handeln. Es hat uns also keineswegs die

---

berufen. Auf der Konferenz sollen alle Länder und alle drei demokratischen Parteien vertreten sein. Der Gegenstand der Konferenz soll darin bestehen, in völliger Freiheit zu beraten, welche Erweiterung oder Reorganisation der Provisorischen Regierung notwendig ist, wenn eine solche erforderlich erscheint. Die Ergebnisse der Beratungen der Konferenz werden durch den Alliierten Rat erwogen werden."

[10]) *Vgl. Josef Schöner, Wiener Tagebuch 1944/1945, S. 388: Eintragung am 23. September 1945 „Ansonsten steht Wien im Zeichen der Erwartung der morgigen Länderkonferenz, die von Renner sehr geschickt in eine 'Enquête' umgebogen wurde."*

Legitimation als Staatsregierung gefehlt.[11]) Bei der Potsdamer Konferenz[12]) hat es nicht geheißen, daß gewartet werden soll, sondern es wurde ausdrücklich erklärt, daß nach dem Eintreffen der Alliierten der Alliierte Rat nach Überprüfung zu entscheiden haben werde, ob diese Regierung bestätigt wird oder nicht. Es ist also nicht so, als ob uns die Legitimation mangeln würde. Es ist auch bei unserer Berufung klar ausgesprochen worden, daß wir es vorgesehen hätten, das alte Parlament einzuberufen oder sofort eine Wahl zu machen, wenn das möglich gewesen wäre, daß sich aber, weil bei uns immer das Parlament das Spiegelbild der Parteien war und andere demokratische Parteien nicht vorhanden waren, daß sich also die Parteien als legitime Vertreter des Volkes fühlen konnten und mußten.

Ich bitte also, sich bei den Verhandlungen nicht die Rolle eines Rechtsuchenden oder eines gestellten Usurpators beizulegen. Wir haben das recht, uns auf die Art unserer Bestellung und auch auf die Erklärung der Potsdamer Beschlüsse zu berufen und wir haben weiters ein Recht, uns auf unsere Leistungen zu berufen. Diese Leistungen sind allseits, auch von den kritischesten der Mächte, anerkannt und wenn gegenüber unserer Gesetzgebung Vorbehalte gemacht werden, so im wesentlichen nur in Bezug auf jene Gesetze, welche die Anerkennung der Regierung betreffen. Wir haben also ein Recht, uns auf unsere Leistungen zu berufen und das sogar in denjenigen Punkten, wo Angriffe wahrscheinlich erfolgen werden, das heißt in Bezug auf die Führung der öffentlichen Sicherheit.[13]) Gegenüber solchen Vorwürfen oder Anklagen haben wir die Außerordentlichkeit der Umstände anzuführen, unter denen die öffentliche Sicherheit zu garantieren war, die Notwendigkeit der vollständigen Erneuerung der Polizei und die Tatsache, daß durch unser System, wie viele Mängel es auch immer haben mag, die öffentliche Ruhe und Ordnung in unserem Lande

---

[11]) *Angesichts der Tatsache, daß die Westalliierten die Regierungsbildung vom 27. April 1945 mit Mißtrauen und Zurückhaltung beobachteten und diese Regierung erst am 20. Oktober 1945 de facto anerkannten, bemühte sich Renner von Anfang an, die Legitimität seiner Regierung klarzustellen. Vgl. Kabinettsratsprotokolle 1945, Band 1, S. IV; Kundmachung über die Einsetzung der Provisorischen Staatsregierung vom 27. April 1945, StGBl. Nr. 2 („Im Einvernehmen ausnahmslos aller antifaschistischen Parteien Österreichs und damit im Sinn und Willen der großen Mehrheit des österreichischen Volkes und in Übereinstimmung mit der Deklaration der Moskauer Konferenz [...] wurde mit der Aufgabe, die selbständige und unabhängige Republik Österreich auf den Trümmern des Hitler-Regimes wieder aufzurichten, die nachfolgende Provisorische Regierung eingesetzt [...]"; Karl Renner, Denkschrift über die Geschichte der Unabhängigkeitserklärung und die Einsetzung der Provisorischen Regierung der Republik (Wien 1945); Rechenschaftsbericht Renners in der ersten Nationalratssitzung am 19. Dezember 1945: Stenographische Protokolle des Nationalrates, V. Gesetzgebungsperiode, 1. Sitzung vom 19. Dezember 1945 (Wien 1946) S. 6-11.*

[12]) *Ein Auszug aus dem Protokoll der Verhandlungen der Berliner Dreimächtekonferenz („Potsdamer Abkommen") vom 1. August 1945 ist abgedruckt bei Eva- Maria Csáky, Der Weg zu Freiheit und Neutralität. Dokumentation zur österreichischen Außenpolitik 1945-1955 (= Schriftenreihe der österreichischen Gesellschaft für Außenpolitik und internationale Beziehungen 10, Wien 1980) Nr. 10, S. 46f.*

[13]) *Vgl. Josef Schöner, Wiener Tagebuch 1944/1945, S. 386: Eintragung am 21. September 1945 „Die Länderkonferenz beherrscht augenblicklich unsere gesamte Politik, wenn auch die Blätter nicht viel bringen. Es wimmelt von Gerüchten über die Regierungsumbildung, Namen abzuschießender und neuer Ressortchefs werden genannt. Der Angelpunkt der Umbildung ist die Ausschiffung Honners und der KP aus dem Innenministerium, die von den Westmächten immer dringlicher gefordert wird. (...)"*

aufrechterhalten wurde, weitaus mehr und besser als in irgendeinem Staate unserer Umgebung. [...]

Also keine Schwäche, keine übertriebene Bescheidenheit, selbstverständlich nach der anderen Richtung kein Auftrumpfen! Wir wissen, daß wir der Oberhoheit der alliierten Mächte unterstehen und in jedem Fall gehalten sind, nach ihren Weisungen vorzugehen.

Und nun das mutmaßliche Verhalten der Alliierten. Wir haben in der letzten Zeit sehr viele unterirdische Verbindungen erhalten, manche zuverlässig, manche nicht zuverlässig, und in der letzten Zeit habe ich trotz des Verbotes auch direkte Verbindungen gefunden. Ich habe dabei erfahren, wie sich die Mächte morgen wahrscheinlich verhalten werden; morgen ist ja eine interalliierte Konferenz.

Die Engländer stellen sich den Verlauf der politischen Beratungen so vor, daß das Kabinett vor der Länderkonferenz die Gesamtdemission gibt, die Länderkonferenz carte blanche hat und eine neue Regierung durch Vereinbarung dort zustande kommen soll. Ich habe diesen Vorgang als nicht zweckmäßig bezeichnet und erklärt, daß eine Gesamtdemission nicht der Länderkonferenz gegeben werden kann, denn sie ist kein Parlament, sie ist eine Zweckkörperschaft, die Gesamtdemission kann nur zu Handen der drei Parteien gegeben werden. Aber die Regierung würde auch einen solchen Fall nicht fürchten. Sie ist überzeugt, daß ihre Arbeit Anerkennung finden wird. [...]

Die Engländer erwarten weiter einen Aufschub der Ladung, das habe ich schon erwähnt, bis Freitag, weil morgen darüber gesprochen werden wird. Was aber die Veränderung und Ergänzung der Regierung betrifft, so erwarten sie, daß die Regierung mehr nach dem Proporzverhältnis gestaltet werde, also nach dem mutmaßlichen tatsächlichen Machtverhältnissen der Parteien, worauf ich erklärt habe, daß ein solcher Modus sich möglicherweise empfehlen kann, aber deshalb nicht absolut geboten ist, weil ja in jedem Staatsamt ohnehin alle drei Parteien vertreten sind, daß also dadurch eine vollständige Anpassung an alle erdenklichen Parteirelationen gegeben ist.

Die Amerikaner verhalten sich etwas anders. Sie sind der Auffassung, die Länderkonferenz möge frei beschließen, möge ihre Beschlüsse hinterher vorlegen, man werde sie entweder annehmen oder mit dem Auftrag, sie in bestimmter Weise zu ändern, zurückleiten und eine fortgesetzte Länderkonferenz könne dann einen Anpassungsbeschluß finden oder nicht.

Von russischer Seite habe ich keine Bedenken gefunden, nur die eventuelle Erwägung, daß wir nicht als Regierung anerkannt werden, sondern als Administration, die aber ihre Administration über das ganze Staatsgebiet ausdehnt. Also eine Kompromißformel für den Fall, daß die Schwierigkeiten gegen eine Anerkennung der Regierung expressis verbis unüberwindlich wären.

Frankreich ist vollständig einverstanden, daß diese Regierung, wie sie ist, bestätigt wird.

So die teils geraden, teils mittelbaren Wege der Erkundung der Meinung der Alliierten. Solche Dinge können sich über Nacht ändern, ich kann also nicht sicher dafür einstehen, daß man sich morgen so verhalten werde. Ich will auch nicht prophezeien, wie die Entschließung morgen sein wird, glaube aber, daß die Länderkonferenz gesichert ist und daß man nicht neuerdings eine Aufschiebung erzwingen wird. Ich habe nach allen Seiten darauf hingewiesen, daß ein Aufschub psychologisch beinahe unmöglich ist. Nachdem wir vier Monate auf die Konferenz gewartet haben, sie von uns verlangt worden ist, würde es den allerschlimmsten Eindruck machen, wenn diese Konferenz, da sie nun einmal einberufen ist, aufgeschoben würde. Welche Wirkung dieses Argument gehabt hat, weiß ich nicht.

Nun unser Verhalten in der politischen Kommission. Es ist selbstverständlich nicht Sache dieses Kabinettsrates, die politischen Parteien bei den Verhandlungen zu binden. Ich möchte nicht, daß wir einen bindenden Beschluß fassen, wie sich jede Partei auf der Konferenz zu verhalten hat. Das wäre technisch schwer zu formulieren und praktisch kaum durchzusetzen. Ich will nur sagen, daß unsere Haltung in diesen Fragen sich auf einer gewissen mittleren Linie befinden müßte. Was ich sage, gilt als meine private Meinung, wobei ich doch glaube, ein bißchen Prophet spielen zu müssen in Bezug auf die mögliche Haltung der Parteien. Wir sollten zunächst einer Erweiterung der Regierung zustimmen, das heißt ein Staatsamt oder zwei Staatsämter neu kreiieren. Mit Rücksicht auf die außerordentlichen Aufgaben, die unserem Verkehrswesen gestellt sind - Herr Kollege Heinl wird entschuldigen, daß ich über das Verkehrswesen spreche - wären Eisenbahn, Post, Telegraph, Telephon und Kraftfahrwesen abzutrennen und einem eigenen Staatssekretär zu unterstellen. (Staatssekretär Heinl: Die Idee propagiere ich selber!) Ich glaube darin wird volle Einmütigkeit sein. Was die Schaffung eines zweiten Staatsamtes betrifft, so ist darüber in unserem Kreise nicht viel gesprochen worden. Aber nach dem, was vorangegangen ist, und nach den Beispielen anderer Länder in dieser Zeit wäre es, glaube ich, notwendig, ein Staatsamt für öffentliches Gut und öffentliches Vermögen zu schaffen, das alles zusammenfassen sollte, was als Staatsgut angefallen ist, das den Kampf um das österreichische Staatsvermögen zu führen und alle Schritte vorzubereiten hätte, die an die Alliierten zu leiten sind, das auch die Verstaatlichungssache als Besonderheit auf sich nehmen sollte, aber natürlich in fast allen Angelegenheiten mit allen anderen Staatsämtern zusammenarbeiten müßte. [...]

Ein weiterer Punkt ist die Frage der Neuwahlen. In allen Staaten rings um uns finden Neuwahlen statt. Neuwahlen wurden von allen Mächten von uns gefordert, sie spielen bei den Erörterungen der vier Mächte schon eine Rolle und man fürchtet, daß möglicherweise die Wahlen dadurch beeinflußt werden könnten, daß die Wahlleitung in der Hand ausschließlich einer Partei liege. Ich habe gegen diese Befürchtung, die insbesondere von englischer Seite geäußert wurde, folgendes angeführt: Wir haben in Österreich ein Wahlsystem und Wahleinrichtungen, welche die Durchführung der Wahl der eigentlichen administrativen Gewalt beinahe entrücken. Wir haben Wahlbehörden, die durch die Parteien zusammengesetzt sind und wir haben durch dieses System bewirkt, daß bei den leidenschaftlichsten Wahlen der Vergangenheit Wahlmißbräuche so gut wie unmöglich waren. Unser Wahlsystem enthält tatsächlich sehr viele Garantien der Korrektheit. Man kann diese Garantien noch verschärfen und noch dieses oder jenes verbessern. Aber im Großen und Ganzen wird hier Bezug auf den Wahlmodus nicht viel nachzubessern sein.

Bei einem Teil der Mächte besteht nun folgende Gefahr. Wenn die österreichische Regierung anerkannt wird, wird sie die Exekutive in den Ländern haben und wird sie unter der Kontrolle verschiedener Besatzungsbehörden führen. Wenn wir nicht das volle Vertrauen dieser Besatzungsbehörden haben, so werden sie praktisch unsere Maßregeln draußen verhindern. es wird also so sein, daß, wenn z. B. das Staatsamt des Innern Bezirkshauptleute für Oberösterreich ernennt, der Militärkommandant von Oberösterreich sagt, den Mann will ich nicht und er schickt ihn weg.. Es ist schon vorgekommen, daß von unserer Seite Bezirkshauptleute empfohlen worden sind und daß sie dann, als sie hinkamen, von der Okkupationsmacht einfach verhaftet worden sind. Wenn wir einmal anerkannt sein werden, werden wir trotzdem noch sehr stark unter der Tatsache stehen, daß, wenn wir die Verwaltung im Prinzip und in unserer Organisation vereinheitlicht haben, eine der Mächte, wenn wir sie verdrießen, auf ihrem Boden unsere Administration hemmen und illusorisch machen. Das ist eine Sache, die z. B. in Bezug auf die Unterrichtsverwaltung zu befürchten ist, obwohl mir gegenüber in Bezug auf die Unterrichtsverwaltung keine besondere Kritik geübt wurde; aber es besteht bei mancher Macht die Tendenz, in jedem nicht konservativen Unterrichtsminister einen feind der Religion und der religiösen Erziehung zu sehen. Wir müssen, soweit es mit unserer Ehre und Würde und dem Nutzen unseres Vaterlandes vereinbar ist, auch den verschiedenen Stimmungen Rechnung tragen. Bei der Länderkonferenz werden wir unter uns sein. Sie soll frei und unbeeinflußt entscheiden, sie soll dann diese Entscheidung vorlegen, worauf eventuell weiter verhandelt werden kann. Aber zunächst sollen wir einmal selbst sagen können, wie wir es meinen. [...]

Und nun zu den Wahlen selbst. Was soll das neue Parlament sein? Nach meiner Auffassung: Nationalrat, Bundesrat und Bundespräsident. Gemeinderatswahlen gleichzeitig durchzuführen, würde die politische Maschinerie zu stark belasten. es sind zwei Wahlen auf einmal, Nationalrats- und Landtagswahlen, schon genug. Gemeinderatswahlen kann man ja immer leicht nachtragen. Sie entscheiden sich oft nach ganz lokalen Gesichtspunkten. [...]

Also keine Gemeinderatswahlen, in einem Akt Nationalrats- und Landtagswahlen. Die Landtage werden zuerst zusammentreten und nach der Verfassung des Jahres 1929 den Bundesrat bestellen. Damit haben wir die zwei Körperschaften, die nach der Verfassung von 1929 unsere Gesetzgebung darstellen.

Offen bleibt die Wahl des Bundespräsidenten. Hier sieht die Verfassung von 1929 zwar die Volkswahl vor, es hat aber nie eine solche stattgefunden, sondern man hat sich im letzten Moment entschieden, den Bundespräsidenten durch die Bundesversammlung, also durch Zusammentretung von Nationalrat und Bundesrat, wählen zu lassen. Diese Entscheidung muß nicht sofort getroffen werden, es müßten eventuell auch gesetzliche Änderungen vorgenommen werden, aber wahrscheinlich wird man in der politischen Kommission auch darüber reden und sich entscheiden müssen, ob man diesen oder jenen Weg wählt. [...]

Was soll nun dieses neue Parlament machen? Nach meiner Auffassung ist dieses neue Parlament das ordnungsgemäße österreichische Parlament, das sowohl Verfassungsgesetze wie gewöhnliche Gesetze beschließen kann. Eine eigene Konstituante, die nur Verfassungsgesetze und keine gewöhnlichen Gesetze beschließt, einzuberufen, hat keinen Zweck. Dieses neue Parlament wird selbstverständlich die Verfassungsarbeit in die Hand nehmen, wird, wie wir es gegenüber den deutschen Gesetzen gemacht haben, wahrscheinlich eine Anpassung an die provisorischen Gesetze vollziehen.

Eine weitere Frage betrifft die Räumlichkeiten. Das Parlamentsgebäude ist stark zerstört und ein anderes Gebäude, in dem beide Häuser tagen könnten, sehe ich nicht, ist übrigens auch nicht ganz notwendig. Wenn z. B. das Land Niederösterreich den Nationalrat mit seinen ungefähr 150 Mitgliedern beherbergt und etwa die Handelskammer den Bundesrat, so kann das Parlament im Exil arbeiten.

Jedenfalls werden die Staatssekretäre in den nächsten Tagen fleißig arbeiten und der Politische Kabinettsrat wird öfters zusammentreten müssen, er wird vielleicht die vorzulegenden Resolutionen sichten müssen und so werden wir dann Montag Nachmittag um ½ 3 Uhr zusammentreten. Da wird die Präsenzliste festgelegt und um 3 Uhr wird die Konferenz eröffnet werden. Bei der Eröffnung werde ich begrüßen, werde die Genehmigung der Tagesordnung und des Tagesplanes zu erreichen suchen, dann wird die Eintragung in die Kommissionen stattfinden und die Länderkonferenz wird sich auch auf den nächsten Tag vertagen, an dem die Kommissionen arbeiten sollen. Eine Ausdehnung über den dritten Tag, an dem die zweite Plenarsitzung stattfinden wird, wäre schon etwas schwierig. Ich glaube aber, wir werden es bewerkstelligen, wenn die Staatssekretäre in der Führung dieser Enquête geschickt vorgehen.

Wie soll nun die Debatte hier abgeführt werden? Zunächst über das Äußerliche: Einberufung, Programmgestaltung, Führung und Abschluß der Konferenz. Nachher Debatte über die politischen Probleme. Diese kann man wieder teilen in die Frage der Regierungsbildung und die Frage der Wahlen. Ich möchte nur bitten, daß alle Redner sich kurz fassen. [...]

Was die technische Veranstaltung betrifft, so sieht das Rundschreiben die Führung der Enquête durch die zuständigen Staatssekretäre vor, welche die Verhandlungen der Kommissionen leiten, auf bestimmte Punkte zu konzentrieren und die vorzuschlagenden Resolutionen zu entwerfen bzw. zu vereinbaren haben. Die Staatssekretäre sollen jedoch nicht als Berichterstatter fungieren, sondern die Länderdelegierten sollen einen oder zwei Berichterstatter für das Plenum bestimmen, wobei jedem Berichterstatter gesagt werden muß, daß ein Bericht von fünf Minuten reichlich genug ist. [...]

Staatskanzler Dr. Renner: Ich habe das auch so gemeint. Jeder Staatssekretär soll in der Länderkonferenz der Anwalt der Vereinheitlichung der Staatsgesetzgebung und der Staatsverwaltung sein. Das ist sein Beruf. Er hat sich nicht zu verteidigen, sondern zunächst zu sagen, was Österreich braucht, um wieder eine einheitliches Wirtschaftsgebiet und ein einheitliches Rechtsgebiet zu werden. Was braucht Österreich, damit die Gesetzgebung, damit die politische Verwaltung und damit die Rechtspflege einheitlich wird? Weiters: Damit die Lebensmittelbewirtschaftung, die Agrarpolitik, der Wiederaufbau, die Energiewirtschaft einheitlich werden? Dazu kommen die großen Fragen der Währung und der Steuern, warum in der Währung noch kein Erfolg erzielt werden konnte und was bevorsteht. In der sozialen Verwaltung wird es die Vereinheitlichung der Rentenbezüge sein, die Zusammenfassung der sozialen Verwaltung in den Ländern, die Zusammenarbeit der Arbeiterkammern, der Handelskammern, der Bauernkammern. Jeder hat in seiner Resolution darauf hinzuweisen, was für die Vereinheitlichung der Staatsverwaltung notwendig ist. Diese Resolutionen sind dann ein wichtiges Material für uns. Wenn das so gelingt, wie ich es mir vorstelle, so ist das die Richtschnur dafür, was wir von den Alliierten verlangen müssen. Wir können dann von den vier Mächten, die uns regieren, verlangen, daß sie den Länderkommandanten vorschreiben: Ihr habt das zu machen, was die Staatsregierung euch in diesem oder jenem Punkte vorschreibt. Sie tappen ja jetzt im Dunkeln, mit Ausnahme der Russen, die das Land jetzt schon kennen und die sich schon in die Verwaltung eingefügt haben. Den anderen ist das alles noch fremd. Aber wenn wir die Summe dieser Resolutionen haben, so ist das nach meiner Meinung außerordentlich wichtig. Wir haben dann eine Richtschnur, nach der die anderen das Land zu verwalten Gelegenheit haben.

Ich richte nun an die Herren die Frage, ob noch jemand das Wort wünscht. (Niemand meldet sich zum Worte.) Damit wäre die Frage der technischen Behandlung erledigt.

Wir kommen nun zur politischen Frage und zwar zuerst zur Frage der Regierungsbildung, eine sehr dornenvolle Angelegenheit. Ich habe versucht, eine mittlere Meinung zum Ausdruck zu bringen. Hier wird es selbstverständlich sehr stark darauf ankommen, was die Länder sagen. (Staatssekretär Dr. Schärf: Hier kann eine Resolution nicht vorgelegt werden, da muß man den Gang der Debatte abwarten.) Aber es wäre gut, wenn wir zu einer Direktive kämen. Soll ich annehmen, daß - ganz im allgemeinen genommen - meine Ausführungen als Direktive gewählt werden können? (Unterstaatssekretär Helmer: Vielleicht sind die Länder mit der Regierung ganz einverstanden, vielleicht ist überhaupt keine Diskussion darüber.) Stellen wir die

Frage so: Sollen wir eine Demission machen oder sollen wir als legitime Regierung hintreten?

Unterstaatssekretär H e l m e r: Ich glaube nicht, daß eine Demission notwendig ist. wir können als legitime Regierung auftreten, besonders dann, wenn wir ernstlich gewillt sind, die Wahlen durchzuführen. [...]

Staatssekretär Dr. G e r ö: Der Herr Staatskanzler hat berichtet, daß die englische Besatzungsmacht verlangt hat, die Regierung solle ihre Demission geben und dann vor die Ländervertreter hintreten. Ich würde vor einer derartigen Entwicklung warnen. Wir müssen doch daran denken, was die Zukunft, die Nachwelt über uns denken wird. Wenn wir vorerst uns selbst aufgeben, so wird die Nachwelt sagen, daß wir Usurpatoren waren und daß wir es nicht gewagt haben, vor der Länderkonferenz zu erklären, daß wir von den Reichsparteien berufen worden sind. Es würde das so aussehen, als ob selbst zuerst Harakiri begehen würden. Das würde jedes Vertrauen zu uns nehmen und uns in eine schiefes Licht bringen. Insbesondere der Herr Staatskanzler muß vor der Nachwelt als ein Mann dastehen, der sich die Macht nicht usurpiert hat, sondern der von den politischen Parteien - ebenso wie die Staatssekretäre -, der einzigen, damals willensbildenden Kraft, berufen und eingesetzt worden ist.

Staatskanzler Dr. R e n n e r: Es wünscht also niemand mehr das Wort? Darüber herrscht also Einstimmigkeit, diese Frage ist geklärt.

Wir können die Frage weiter teilen. Die Frage der Erweiterung der Regierung. Ich glaube, über zwei Staatsämter kann man unmöglich hinausgehen. Es bliebe noch die Frage, ob man einen Landsmann-Minister für den Westen schaffen soll. (Unterstaatssekretär Dr. N a g l: Wäre nicht ein Staatsamt für Äußeres notwendig?) Ich glaube, das hätte jetzt vor den Wahlen nicht viel Sinn. Das Äußere ist jetzt die Verhandlung mit den vier Mächten. Über zwei neue Staatsämter sollen wir nicht hinausgehen. es bietet sich von selbst das Verkehrsministerium wegen der eminenten Wichtigkeit des Transportwesens in dieser Zeit an.

Dann die großen Fragen der Liquidierungen, Vermögensansammlungen und Vermögensverwaltungen, das mit einer Persönlichkeit richterlicher Natur besetzt wird? Er muß nicht gerade die richterliche Laufbahn zurückgelegt haben, obwohl mir auch das gefallen würde, aber es soll eine Persönlichkeit richterlicher Natur mit absoluter Verläßlichkeit und Integerkeit sein.

Staatssekretär Dr. G e r ö: Dieses Staatsamt hätte die Wiedergutmachung durchzuführen und die ganzen großen Fragen zu behandeln, die damit in Zusammenhang stehen, und zwar immer mit den entsprechenden Ressortministern.

Staatskanzler Dr. R e n n e r: Dieses Staatsamt hätte eine sehr verantwortungsvolle Aufgabe und es ist von vorneherein feststehend, daß es immer mit allen Staatsämtern zusammenarbeiten muß. [...]

Es bleibt also dabei: Maximalvorschlag zwei Ministerien, ein Ministerium des Verkehrs und eventuell ein zweites. Es ist auch die Möglichkeit nicht ausgeschlossen, daß der personelle Bestand der Staatssekretäre bleibt, aber ein Funktionswechsel eintritt. Die Länder können auch Anspruch erheben, Unterstaatssekretäre in die Staatsämter zu entsenden. (Staatssekretär Buchinger: Vielleicht werden die Länder mehr Staatssekretariate vorschlagen!) Das würde ich nicht empfehlen, denn die Vermehrung der Staatssekretäre ist je nicht eine Vereinfachung, sondern in der Regel eine Erschwerung der Verwaltung. (Staatssekretär Dr. Gerö: Herr Staatssekretär Buchinger meint einen Austausch!) Das steht freilich jeder Partei frei, obwohl ich es nicht empfehle. Die Parteien können innerhalb ihres Besitzstandes personell frei verfügen, einen kleinen Vorbehalt möchte ich aber machen: Ansehen möchte ich mir doch den Kandidaten. Wenn ich ganz offen sein darf, möchte ich noch etwas bemerken. Die Engländer haben gemeint, die Staatsregierung sollte repräsentativ sein. Darauf habe ich gesagt, sie repräsentiert die Parteien. Darauf sagten sie: Nein, das ist nicht so gemeint, es sollten mehr repräsentative Persönlichkeiten sein, Zelebritäten. Jede Partei hat ihren Besitzstand, es kann aber selbstverständlich ein Wechsel eintreten. Wenn z. B. die Tiroler mit Rücksicht auf die bevorstehende Elektrifizierung vielleicht ein Attentat gegen den Kollegen Raab planen, muß er sich das halt innerhalb der Partei ausmachen. (Staatssekretär Dr. Zimmermann: Kann nicht das Politische Kabinetts eventuell eine Erweiterung erfahren?) Ich habe an diese Eventualität nicht gedacht, im Politischen Kabinett ist das auch nicht erörtert worden. Von einer Seite ist vorgeschlagen worden, das Kabinett müßte in zwei Hälften eingeteilt werden, fünfzig zu fünfzig links und rechts. Ich persönlich kann mich darauf nicht einlassen. Mein allgemeiner Grundsatz ist: Haben wir es viereinhalb Monate ausgehalten, können wir es die zwei oder zweieinhalb Monate auch aushalten. [...]

Nr. 5
Beschlüsse der Konferenz der Österreichischen Volkspartei in Salzburg am 23. September 1945

Quelle: *Wiener Zeitung, Nr. 4 vom 25. September 1945, Seite 3*

Die Länderkonferenz beschäftigte sich in mehrstündigen Beratungen mit der politischen Lage in Österreich um die dringlichsten Erfordernisse für die nächste Zukunft. [sic!] Die Partei kam zu folgenden Beschlüssen:

1. Die Österreichische Volkspartei stellt fest, daß ein Antrag auf Bildung einer neuen Staatsregierung in Österreich nur dann sinnvoll ist, wenn ehestens die Demarkationslinien aufgehoben werden und damit die Voraussetzung geschaffen wird für eine einheitliche Verwaltung, für einheitliche Regelung der Ernährung der Bevölkerung, für die grundsätzliche Freiheit des Verkehrswesens, vor allem Post und Telegraph.

   Die Österreichische Volkspartei appelliert aus diesem Grunde auch an den Alliierten Rat um Verringerung der Besatzungstruppen.

2. Die Österreichische Volkspartei bekennt sich zum bundesstaatlichen Aufbau Österreichs und verlangt aus diesem Grunde die Wiederherstellung der Bundesverfassung vom Jahre 1929/30.

3. Die Österreichische Volkspartei erwartet von einer neuen Regierung eheste Maßnahmen zur Wiederzuerkennung der vollen staatlichen Souveränitätsrechte an Österreich, vor allem der Aufnahme Österreichs in die Vereinten Nationen, und verlangt von der neuen Regierung die Durchführung und Sicherung aller jener Voraussetzungen, die von den alliierten Mächten als Grundlage für diesen internationalen Vertrauensbeweis für Österreich nötig gehalten werden.

4. Die Österreichische Volkspartei fordert eheste Neuwahlen. Bis zu deren Durchführung fordert die Österreichische Volkspartei grundsätzlich die sofortige Trennung von Gesetzgebung und Verwaltung. Sie fordert deshalb, daß die Gesetzgebung bis zur Einberufung eines neuen Parlamentes einen zu schaffenden Länderrat übertragen wird, und erwartet, daß dieser Länderrat seine gesetzgeberische Tätigkeit auf ein Mindestmaß verwaltungstechnischer und wirtschaftlicher Notwendigkeit beschränkt bleibt. [sic!]

5. Die Österreichische Volkspartei fordert schließlich, daß in der neuen Regierung auch die bisher nicht vertretenen Bundesländer eine entsprechende Vertretung erhalten.

Die Österreichische Volkspartei hat sich im Rahmen ihrer Beratungen eingehend auch mit der Frage Südtirol und der übrigen berechtigten Gebietswünsche Österreichs befaßt[14]) und ihre Delegierten bei der Länderkonferenz der Staatsregierung beauftragt, dort den eindeutigen Standpunkt der Volkspartei in der Frage der Rückkehr Südtirols zu Österreich nachdrücklichst zu vertreten. [...]

[14]) *Vgl. Kabinettsratsprotokolle 1945, Band 1, S. 46f.; Gehler, Karl Gruber. Reden und Dokumente, S. 78-80 und S. 119-133; Rolf Steininger, Los von Rom? Die Südtirolfrage 1945-46 und das Gruber - De Gasperi Abkommen (Innsbruck 1987); Werner Wolf, Südtirol in Österreich (1945-1969) (Würzburg 1972).*

Nr. 6
Einberufung der ersten Länderkonferenz, 24.-26. September 1945 Programm der Tagung

Quelle: *Österreichisches Staatsarchiv, Archiv der Republik, Staatskanzlei, Auswärtige Angelegenheiten, GZ 1163-pol aus 1945, Zl. 1205-pol aus 1945*

Einberufung der Länderkonferenz

Getreu der feierlichen Zusage, welche die Provisorische Staatsregierung der Republik Österreich am Tage ihrer Konstituierung gemacht hat,[15]) und nach dem Vorbild der Länderkonferenzen, welche im Jahre 1919 unter ähnlichen Umständen die Regierung der Ersten Republik zur Regelung aller den Bundesländern gemeinsamen Angelegenheiten abgehalten hat, beruft die Provisorische Staatsregierung, nachdem endlich der Verkehr sämtlicher Bundesländer mit der Bundeshauptstadt frei geworden ist, eine

Länderkonferenz

ein, die Montag, den 24. September 1945, ½ 3 Uhr nachmittags im Sitzungsaale des nö. Landtages, Wien I., Herrengasse 13, zusammentreten und in dreitägiger Dauer die aktuellen Fragen des österreichischen Staatslebens beraten soll.[16])

Als Mitglieder der Konferenz sind geladen:

1. Die Obmänner der Landesorganisation der drei anerkannten Parteien des betreffenden Bundeslandes (SPÖ, ÖVP, KPÖ).

2. Die Landeshauptmänner der Bundesländer und jene Landesräte, die der Landeshauptmann unter Berücksichtigung der drei Parteien zur fachlichen Behandlung der Beratungsgegenstände beizieht.

3. Die Mitglieder der Staatsregierung.

Als Gäste können Berater der Konferenzmitglieder beigezogen werden, jedoch ist aus Raumgründen Beschränkung empfohlen.

Die 8 Teilnehmerkarten werden bis längstens Freitag, den 21. September 1945 dem Landeshauptmann durch Kurier zugestellt.

---

15) *Vgl. oben Anmerkung Nr. 6.*

16) *Vgl. Josef Schöner, Wiener Tagebuch 1944/1945, S. 389: Eintragung am 24. September 1945 „Heute ist ein Tag voll Betrieb und Aufregungen - der Zusammentritt der Länderkonferenz wird auf abends verschoben werden müssen, da infolge des Regenstormes das Flugzeug, das die Delegierten aus Salzburg holen sollte, umkehren mußte. Die Leute werden mit sieben Autos geholt, 32 Delegierte. Um 14.30 Uhr sind sie an der Demarkationslinie in Enns angesagt, wir telefonieren mit den Amerikanern, Engländern und Russen, um den raschen und ungehinderten Übertritt zu sichern."*

Programm der Tagung:

Montag, 24. 9. 1945

½ 3 - 3 Uhr:	Versammlung der Teilnehmer, Feststellung der Präsenzliste.
3 Uhr:	Eröffnung der Konferenz und Plenarsitzung, Begrüßungsansprache und kurzer Rechenschaftsbericht des Staatskanzlers. Festsetzung des Programmes und der Tageseinteilung, Bestellung der einzusetzenden Kommissionen. Die Verhandlungen der Kommissionen sind vertraulich.

Dienstag, 25. 9. 1945

9-12 und 2-5 Uhr:	Beratungen der Kommissionen. Die Provisorische Staatsregierung schlägt vor:

1. Politische Kommission: Aussprache über Fragen der Verfassung, über die Zusammensetzung der Staatsregierung und über die nächsten politischen Aufgaben.
2. Juridische Kommission: Aussprache über die Ausdehnung der Staatsgesetze auf die westlichen Bundesländer, über die Vereinheitlichung der Verwaltung in den Bundesländern, Gesetzgebungsvorschläge.
3. Ökonomische Kommission: Aussprache über die dringendsten Wirtschaftsprobleme, vor allem über das Transportwesen, über die Volksernährung, über den agrarischen und industriellen Wiederaufbau.

Die Verhandlungen leiten die zuständigen Mitglieder der Staatsregierung.

Mit Rücksicht auf die zeitliche Begrenzung der Konferenzdauer ist die Beendigung der Kommissionsberatungen Dienstag, längstens Mittwoch 12 Uhr geboten.

Die Abendstunden von Montag und Dienstag sollen Parteibesprechungen und privaten Veranstaltungen der Konferenzteilnehmer vorbehalten bleiben.

Mittwoch, 26. 9. 1945

10-12 Uhr:	Endredaktion der Kommissionsbeschlüsse. Vorbereitung der Plenarsitzung.
2-5 Uhr:	Plenarsitzung. Berichte der Kommissionen über die gefaßten Resolutionen, kurze Begründung durch den von der Kommission bestellten Berichterstatter und allenfalls bestellten Gegenredner.

Beschlußfassung. Allfällig Anberaumung einer weiteren Länderkonferenz. Schlußrede des Staatskanzlers.[17])

Beratungsstellen über Quartier und Verköstigung im Vorraum des Sitzungssaales und in den Bureaus der politischen Parteien.

Die Provisorische Staatsregierung der Republik Österreich

---

[17]) *Zum Ablauf und zu den zeitweise „ziemlich harten Auseinandersetzungen" vgl. Karl Gruber, Meine Partei ist Österreich. Privates und Diplomatisches (Wien-München 1988) S. 77-80; Fritz Molden, Fepolinski und Waschlapski auf dem berstenden Stern. Bericht einer unruhigen Jugend (Wien-München-Zürich 2. Auflage 1976) S. 420; Walter Rauscher, Karl Renner. Ein österreichischer Mythos (Wien 1995) S. 341-345.*

Leopold Figl im Gespräch mit August Kargl (ÖVP-Landesrat, NÖ)
und Julius Raab

Nr. 7
Bemerkungen über die erste Länderkonferenz, 24. - 26. September 1945[18]

Quelle: *Österreichisches Staatsarchiv, Archiv der Republik, Staatskanzlei, Auswärtige Angelegenheiten, GZ 1163-pol aus 1945, Zl. 1362-pol aus 1945*

Amtsvermerk[19]

Zu den Verhandlungen der Länderkonferenz nach dem Stande von gestern abends erklärten die Herren Erhardt und Gray[20], mit denen ich nach dem Begrüßungsabend im Rathaus noch beisammen war, daß ein Verbleiben der Polizei im derzeitigen Abhängigkeitsverhältnis für 3 Mitglieder der Militärregierung völlig untragbar wäre. Von den Briten würde dies jedenfalls glatt abgelehnt werden und auch den amerikanischen Anschauungen würde es zuwiderlaufen und daher auch Mister Erhardt die Möglichkeit nehmen, vermittelnd einzugreifen.

Die Übertragung der Polizeigewalt an den Herrn Bürgermeister bzw. Landeshauptmann von Wien und die Unterstellung der Generaldirektion für die öffentliche Sicherheit unter die Kontrolle eines Dreierkollegiums (je ein Vertreter der 3 Parteien) würde wohl kaum ohne weiteres die Zustimmung der Briten finden, würde aber immerhin Mister Erhardt die Grundlage geben, sich einzuschalten.

Die Berufung eines Staatssekretärs und eines Unterstaatssekretärs aus den Bundesländern in das Kabinett entspreche keineswegs den gehegten Erwartungen. Die Aufnahme von mindestens 2 Ländervertretern als Vollminister in das Kabinett müßte von der Militärregierung gefordert werden.

Die Nichtbeachtung der oben angedeuteten Forderungen würde die Nichtanerkennung der gegenwärtigen Regierung zur Folge haben, die die Amerikaner gerne so rasch als möglich anerkannt sehen möchten, und gleichzeitig selbstverständlich auch die Hilfeleistung für Österreich wesentlich erschweren.

---

[18] *Vgl. Josef Schöner, Wiener Tagebuch 1944/1945, S. 395: Eintragung am 27. September 1945 resümiert das Ergebnis der ersten Länderkonferenz aus seiner Sicht: „Drei Gruppen sind jedenfalls - in verschiedenem Grade - zufrieden. Die VP hat den größten Erfolg zu verzeichnen. Ihre Forderungen, auf der Salzburger Vorkonferenz am Samstag [vgl. oben Dokument Nr. 5] aufgestellt, wurden so ziemlich alle durchgesetzt: Sie hat mit einer Ausnahme alle neugeschaffenen Staats- und Unterstaatssekretäre gestellt, ihre Forderung auf baldigste Wahlen durchgesetzt und überhaupt die Konferenz beherrscht. Renner hat seine Stellung behalten, seine Anerkennung durch die westlichen Bundesländer durchgesetzt und mit seiner geschickten, durch jahrzehntelange Übung erworbenen Meisterschaft in der parlamentarischen Taktik seine Kanzlerschaft bis zu den Wahlen gesichert. Die Kommunisten haben ihre Positionen äußerlich gehalten, insbesondere ist es ihnen gelungen, den so scharf befehdeten Staatssekretär für Inneres, Honner, zu halten, wenn er auch viel von seiner beherrschenden Stellung eingebüßt hat."*

[19] *Diese Aktennotiz ist bei Alfons Schilcher, Österreich und die Großmächte, Nr. 12, S. 14f. abgedruckt.*

[20] *Gray, Cecil W., amerikanischer Diplomat.*

Als privater Rat lediglich vom amerikanischen Gesichtspunkt wäre zu empfehlen, keine Persönlichkeit, die im Dollfuß-Schuschnigg-Regime eine gewisse Rolle gespielt habe, in die Regierung aufzunehmen, da dies sicherlich schwere Angriffe in der liberalen Presse Amerikas (auch Mißfallen des neuen Unterstaatssekretärs) und dadurch auch eine Minderung der Hilfsbereitschaft des amerikanischen Volkes nach sich ziehen würde.

Wien, am 26. September 1945
Kleinwächter

Nr. 8
Memorandum von Staatskanzler Dr. Renner an den Alliierten Rat, betreffend die Beschlüsse der ersten Länderkonferenz
Wien, 28. September 1945[21])

Quelle: *Österreichisches Staatsarchiv, Archiv der Republik, Staatskanzlei, Auswärtige Angelegenheiten, GZ 1163-pol aus 1945, Zl. 1305-pol aus 1945*

Bereits am Tage ihrer Einsetzung hat die Provisorische Regierung in feierlicher Form ihren Willen zum Ausdruck gebracht, sobald es die Umstände gestatten würden, Vertreter jener Länder in ihrer Mitte aufzunehmen, die in diesem Augenblick noch nicht von der deutschen Besetzung befreit waren.[22]) Die Verwirklichung dieser Absicht hat sich aus Gründen, die dem Alliierten Rat bekannt sind, verzögert und erst in den letzt vergangenen Tagen konnte in Wien eine Konferenz abgehalten werden, zu der alle österreichischen Länder ihre qualifiziertesten Vertreter entsenden konnten und deren hauptsächlichste Aufgabe es war, über die Erweiterung der Provisorischen Regierung mit dem Ziele zu beraten, eine für ganz Österreich augenscheinlich repräsentative Regierung zu schaffen.

Im Laufe der Besprechungen haben sich die in der Regierung bisher noch nicht vertretenen Länder gegenüber den von der Regierung

---

21) *Dieses Memorandum ist abgedruckt bei Csáky, Der Weg zu Freiheit und Neutralität, Nr. 16, S. 53. Die Verhandlungen (Plenarsitzungen und Resolutionen) der ersten Länderkonferenz sind noch 1945 zur Gänze publiziert worden (Stenographisches Protokoll. Plenarsitzungen der Ersten Länderkonferenz. Wien, 23.-26. September 1945), Auszüge wurden in der Wiener Zeitung veröffentlicht: Wiener Zeitung, Nr. 4 vom 25. September 1945, S. 1-3, ebenda, Nr. 5 vom 26. September 1945, S. 1-2 und ebenda, Nr. 6 vom 27. September 1945, S. 1-3.*

Die Kommissionen der ersten Länderkonferenz brachten in der dritten Plenarsitzung (26. September 1945) folgende Berichte und Resolutionen vor:

Politische Kommission: 1. Bericht [Resolution] der Politischen Kommission über die Umbildung der Regierung; 2. Resolution II zur Frage der Neuwahlen in den Nationalrat; 3. Resolution betreffend Abänderungen der geltenden Verfassungsbestimmungen; 4. Allgemeine Resolution (Betätigung der Parteien, Anerkennung der Regierung)

Juridische Kommission: 1. Resolution I betreffend Rechtsanwendung (Gültigkeit der Gesetze der Provisorischen Regierung im ganzen Staatsgebiet); 2. Resolution II betreffend Verbotsgesetz, Kriegsverbrechergesetz, Beamten-Überleitungs-Gesetz, Staatsbürgerschaftsgesetz und Verwaltergesetz

Ökonomische Kommission: 1. Resolution über die Ausdehnung der sozialen Gesetzgebung; 2. Resolution II betreffend Volksernährung; 3. Resolution betreffend Landwirtschaft; 4. Resolution über Post-, Telegraphen-, Fernsprech- und Rundfunkwesen; 5. Resolution über Eisenbahnwesen; 6. Resolution über Donauschiffahrt; 7. Resolution über Luftfahrtwesen; 8. Resolution über Straßenverkehr; 9. Resolution über die Errichtung eines österreichischen Freihafens in Triest; 10. Resolution über die künftige Handelspolitik; 11. Resolution über Industriepolitik; 12. Resolution über den Wiederaufbau; 13. Neun Resolutionen betreffend die Finanzverwaltung (Schaltergesetz, Postsparkasse, NSDAP-Vermögen, Kriegsschäden, staatliche Haushaltsführung, Haushaltsführung der Länder, Öffentliche Abgaben, Finanzausgleich [finanzielle Auseinandersetzung zwischen dem Staat und den übrigen Gebietskörperschaften], Reichszuschüsse für Lebensmittel).

Um 16.50 Uhr wurde die Sitzung für 10 Minuten unterbrochen, in der Sitzungspause „tagte" das Politische Kabinett; um 17.00 verliest Figl als Berichterstatter die Namensliste der neuen Regierung.

22) *Vgl. oben Anmerkung Nr. 6.*

gemachten weitgehenden Anboten bloß mit einem Staatssekretariat und mit der Entsendung von fünf Unterstaatssekretären, darunter einen in der Staatskanzlei, sowie mit einigen Änderungen auf den übrigen Unterstaatssekretärsposten begnügt. Die auf diese Weise umgebildete Regierung entspricht somit dem einmütigen Willen der Vertreter aller österreichischer Länder und Parteien und darf sich daher mit vollem Recht als eine den Wünschen des gesamten Volkes entsprechende Regierung Österreichs betrachten.

In der Tat hat die Länderkonferenz der Überzeugung Ausdruck gegeben, daß damit der erste Schritt zur Wiedererlangung der vollen Selbständigkeit Österreichs getan ist und in diesem Bewußtsein die Erweiterung und Umbildung der Provisorischen Regierung vorgenommen, die nunmehr berufen ist, als Gesamtregierung Österreichs die Zivilverwaltung in allen Teilen Österreichs zu übernehmen.

Eine Liste der neu gebildeten Regierung liegt hier bei.[23]) Die Provisorische Regierung bittet den Alliierten Rat, diese Regierungsumbildung und -erweiterung zur Kenntnis nehmen[24]) und jene Maßnahmen ergreifen zu wollen, die mit tunlichster Beschleunigung zur Übernahme der Zivilverwaltung in allen Teilen Österreichs und zur ehesten Anerkennung der neuen Provisorischen Regierung Österreichs durch die Besatzungsmächte führen sollen.

---

23) *Hier nicht wiedergegeben. Eine vollständige Liste der Regierungsmitglieder (mit den Regierungsumbildungen am 4. Mai und 26. September 1945) vgl. Kabinettsratsprotokolle 1945, Band 1, S. XXIIf. Nach der ersten Länderkonferenz kamen neu in die Regierung: Dr. Karl Gruber (Untersstaatssekretär für Äußeres), Dr. Josef Sommer (ÖVP) (Unterstaatssekretär im Staatsamt für Inneres), Dr. Josef Kraus (bisher Unterstaatssekretär im Staatsamt für Volksernährung), der Rudolf Buchinger als Staatssekretär im Staatsamt für Land- und Forstwirtschaft ablöste, Ing. Ernst Winsauer (ÖVP) (Unterstaatssekretär im Staatsamt für Volksernährung); das neu gegründete Staatsamt für Vermögenssicherung und Wirtschaftsplanung wurde von Staatssekretär Ing. Vinzenz Schumy und den beiden Unterstaatssekretären Franz Rauscher (SPÖ) und Dr. Alfred Neumann (KPÖ) geführt.*

24) *Vgl. unten Anmerkung Nr. 33.*

Nr. 9
Resolutionen der zweiten Länderkonferenz, 9. bis 10. Oktober 1945[25])

Quelle: *Österreichisches Staatsarchiv, Archiv der Republik, Staatskanzlei, GZ 8570-Präs. aus 1945, Zl 8803-Präs. aus 1945*

Politische Kommission

Resolutionen:

I.

Die Länderkonferenz appelliert an die Vertreter der Besatzungsmächte, den von ihnen gefaßten Beschluß über die Wiederherstellung der Versammlungs- und Pressefreiheit in allen Gebieten des Staates einheitlich durchzuführen und die erforderlichen Weisungen an die nachgeordneten Stellen zu erlassen.

II.

Die Provisorische Staatsregierung wird aufgefordert, bei den Vertretern der Besatzungsmächte die erforderlichen Schritte zu unternehmen, damit diese die freie Beweglichkeit der Wahlwerber, der Parteienfunktionäre und der behördlichen Organe, die mit der Durchführung der Wahlen betraut sind, im ganzen Staatsgebiet in gleicher Weise garantieren.

III.

Die dritte Resolution befaßt sich mit dem Wahlgesetzentwurf und stellt zu diesem einige Grundsätze auf. Die Beschlußfassung über den Wahlgesetzentwurf erfolgt dann im Kabinettsrat.[26])

Die Länderkonferenz beschließt zur Durchführung der ersten Wahlen zum Nationalrat und zu den Landtagen der befreiten Republik Österreich nachstehende Grundsätze:

1.) Den ehemaligen Nationalsozialisten (Mitgliedern der Partei oder eines ihrer Wehrverbände und Parteianwärtern) wird das Wahlrecht entzogen. Nur den Mitgliedern der NSKK und des NSFK wird das Wahlrecht zugebilligt, wenn sie nicht Mitglieder der NSDAP waren.

---

25) *Vgl. Wiener Zeitung, Nr. 17 vom 10. Oktober 1945, S. 1; ebenda, Nr. 18 vom 11. Oktober 1945, S. 1 (Resolutionen und Parteiendeklarationen); ebenda, Nr. 19 vom 12. Oktober 1945, S.1-2 (Schlußrede Renners und Teilnehmerliste). Die Plenarsitzungen der zweiten Länderkonferenz ebenso wie (zum Teil) die Beratungen in den Kommissionen sind zwar von einem Stenographenteam protokolliert worden, wie aus einer Abrechnung hervorgeht (Österreichisches Staatsarchiv, Archiv der Republik, Staatskanzlei GZ 8570-Präs./1945, Zl. 9083-Präs. aus 1945, VZ 9009-Präs. aus 1945), und in einem Aktenvermerk (Mitte Oktober 1945) wird die Druckfassung des Protokolls der Hauptversammlung der zweiten Länderkonferenz für Ende Oktober in Aussicht gestellt (Österreichisches Staatsarchiv, Archiv der Republik, Staatskanzlei GZ 8570-Präs. aus 1945, Zl. 8803-Präs. aus 1945, VZ 8779-Präs. aus 1945, NZ 9009-Präs. aus 1945), in den Akten der Staatskanzlei ist jedoch eine derartige Fassung nicht überliefert.*

26) *Vgl. Verfassungsgesetz vom 19. Oktober 1945, StGBl. Nr. 198, über die erste Wahl des Nationalrates, der Landtage und des Gemeinderates der Stadt Wien in der befreiten Republik Österreich (Wahlgesetz); Verfassungsgesetz vom 16. November 1945, StGBl. Nr. 229, über die Änderung des Wahlgesetzes (Wahlgesetznovelle).*

Die Begründung für diese Zubilligung des Wahlrechtes liegt in der Tatsache, daß die Beitritte zu diesen Formationen hauptsächlich erfolgten, um einem Beitritt zur NSDAP auszuweichen.

Das Wahlrecht erhalten weiters Mitglieder der NSDAP oder Parteianwärter, welche aus politischen Gründen durch die staatlichen Behörden des dritten Reiches Verfolgungen zu erdulden hatten.

2.) Zur Durchführung des Reststimmen-Wahlverfahrens werden wie bei der Wahlordnung 1923 Wahlkreisverbände gebildet.

3.) Die Wahlbehörden treffen ihre Entscheidungen mit Stimmeneinhelligkeit.

4.) Kriegsgefangenen und KZ-lern, die in der Zeit zwischen Anlage der Wählerverzeichnisse und einem noch zu bestimmenden Tag vor der Wahl heimkehren, ist die Ausübung ihres Wahlrechtes durch eine Ergänzung der Wählerverzeichnisse zu ermöglichen.

5.) Die Wahlkreisabgrenzung zwischen Wien und Niederösterreich wird der näheren Vereinbarung der beiden Bundesländer und der Beschlußfassung des Kabinettsrates zugewiesen.

6.) Wahlberechtigte, die nicht im Wählerverzeichnis ihres ordentlichen Wohnsitzes, sondern in dem ihres einstweiligen Aufenthaltsortes eingetragen sind, üben ihr Wahlrecht zwar im Niederlassungsort aus, ihre Stimmen werden aber dem Wahlkreis ihres ordentlichen Wohnsitzes zugerechnet.

Zu diesen Resolutionen haben die politischen Parteien folgende Deklarationen abgegeben:

Deklaration der SPÖ

„Die Sozialistische Partei ist von dem Grundsatz ausgegangen, daß zu diesen ersten Wahlen in der zweiten Republik Nationalsozialisten kein Wahlrecht besitzen sollen. Da gegenteilige Auffassungen in den Kommissionsberatungen vertreten worden sind, haben wir uns bereit gefunden, in einigen Fragen Entgegenkommen zu zeigen, um eine einheitliche Entschließung der Länderkonferenz zu ermöglichen. Da das angestrebte volle Einvernehmen nicht zustandegekommen ist, haben sich die Vertreter der Sozialistischen Partei auf den ursprünglichen Beschluß des Parteivorstandes zurückgezogen."

Deklaration der ÖVP

„Die Österreichische Volkspartei sieht in der Zuerkennung des Wahlrechts die erste Voraussetzung wahrer demokratischer Freiheitsrechte. Sie begrüßt es deshalb, daß allen Gegnern eines freien demokratischen und unabhängigen Österreich das Wahlrecht entzogen und damit jeder Versuch einer Hemmung der demokratischen Entwicklung unseres Heimatlandes verhindert wird.

Die ÖVP bekennt sich aber auch zu dem Standpunkt, daß allen jenen Österreichern, die sich seit vielen Jahren vorbehaltlos und ohne

Einschränkung auf den Boden des neuen Österreich stellen, die Mitarbeit in diesem neuen Österreich ermöglicht wird. Dies gilt auch für jene Kreise, die unter Zwang und Terror der NSDAP als Mitglieder oder Anwärter beigetreten sind, ohne sich jemals nationalsozialistisches Ideengut angeeignet zu haben.

Die ÖVP hält es aus Gründen der allgemeinen Menschlichkeit für untragbar, daß diese Männer und Frauen auf eine Stufe gestellt werden mit politischen Verbrechern, Hetzern und Funktionären, die die Schuld tragen an dem furchtbaren Geschehen der letzten Jahre in Österreich und Europa.

Gerade für die Überwindung des nationalsozialistischen Geistes in Österreich erscheint es erforderlich, eine klare Unterscheidung zwischen den aktiv tätigen und damit schuldigen Nationalsozialisten und jenen Parteiangehörigen, die unter Zwang gegen ihre innere Überzeugung zur Partei gepreßt wurden, vorzunehmen.

Die ÖVP lehnt es ab, Haß mit Haß zu vergelten. Die schwierige Lage unseres Heimatlandes und die Erfordernisse des Aufbauwerks verlangen es, daß jedem aufbauwilligen Österreicher die Mitarbeit ermöglicht wird. Wer sich an Österreich, an seinem Volke, seiner Freiheit und Selbständigkeit vergangen hat, muß ausgeschaltet bleiben. Jedem unbelasteten Österreicher aber, der mitarbeiten will, muß die Hand zu gemeinsamer Arbeit geboten werden. An Stelle von Haß muß wieder das Wissen und die Zusammengehörigkeit und die Bereitschaft zur Zusammenarbeit treten."

Deklaration der KPÖ

„Die Kommunistische Partei Österreichs steht rückhaltslos hinter dem Beschluß der Länderkonferenz, daß Nationalsozialisten bei den ersten demokratischen Wahlen in Österreich kein Stimmrecht haben. Wir sind überzeugt, daß dieser Beschluß dem Willen der überwältigenden Mehrheit des österreichischen Volkes und den grundlegenden Interessen der Errichtung und Festigung einer wahrhaft demokratischen und unabhängigen österreichischen Republik entspricht.

Die Kommunistische Partei Österreichs denkt nicht daran, alle Mitglieder der NSDAP dauernd vom politischen Leben auszuschließen und eine unüberbrückbare Kluft zwischen ihnen und dem österreichischen Volke aufrechtzuerhalten. Wir haben bereits vor Monaten auf die Notwendigkeit einer Differenzierung hingewiesen und den beiden anderen Parteien eine gemeinsame und endgültige Regelung der Nazifrage vorgeschlagen. Jedoch bei diesen ersten demokratischen Wahlen, einige Monate nach der Befreiung, mitten im Prozeß der Reinigung vom Nazifaschismus, ohne gesicherte Kontrolle und Überprüfung, wäre ein Werben um ehemalige Mitglieder der NSDAP das faktische Ende des Kampfes gegen den Faschismus und damit eine ernste Gefahr für den Aufbau eines demokratischen Österreich.

Die Kommunistische Partei Österreichs gibt der Überzeugung Ausdruck, daß ungeachtet der Meinungsverschiedenheiten, die sich in dieser Frage gezeigt haben, die Zusammenarbeit der drei demokratischen Parteien die Grundlage des neuen Österreich ist und bleibt."

IV.

Seit dem 8. Mai 1945 ist das früher zwischen Österreich und Jugoslawien bestandene Wirtschaftsabkommen gestört. Die Grenze ist geschlossen und der Grenzübertritt unmöglich. Dadurch ist es den österreichischen Doppelbesitzungen unmöglich, ihre jenseits der Grenze liegenden Güter zu bewirtschaften und abzuernten. Dies bedeutet für sie den Verlust ihrer Existenz und für Österreich einen erheblichen Ausfall der Ernährungswirtschaft.

Aus diesem Grunde wird an die österreichische Staatsregierung der Antrag gestellt:

1.) In geeigneter Weise zu intervenieren, damit das früher zwischen Österreich und Jugoslawien bestandene Doppelbesitzabkommen ehestens wieder hergestellt wird.

2.) Dahin zu wirken, daß die Ernte, die für Österreich von großer Bedeutung ist, ehestens ausgeliefert wird.

Kreditlenkungskommission (KLK)

Wien, den 5. Oktober 1945

Zusammenfassender Bericht der KLK an die Provisorische Staatsregierung für September 1945 (§ 13 KL-Gesetz)[27]

Sitzungen: Die KLK hielt in der Berichtsperiode 3 Sitzungen, darunter eine außerordentliche und eine Besprechung an Stelle einer nicht beschlußfähigen Sitzung ab.

Zu § 2 KL-Gesetz: In der Berichtsperiode wurden bei der KLK 2 Gesuche von Unternehmungen der Privatwirtschaft auf Gewährung von Staatskredit, bzw. einer Staatshaftung eingebracht. Das eine Unternehmen gehört der Bergbauindustrie an, das zweite beschäftigt sich mit der Reparatur von Kraftwagen.

Die Höhe des von den beiden Unternehmungen erbetenen Staatskredits (der Staatsgarantie) betrug im ersten Fall RM 2,000.000, im zweiten Fall RM 100.000.

Beide Kreditansuchen wurden der KLK vorgelegt; das Gesuch des Bauunternehmens - es handelt sich um die „Sirius-Grünbach" A.G., welche bereits einmal einen staatsgarantierten Bankkredit von RM 1,000.000 erhielt - wurde aufrecht erledigt, der Kreditbetrag, für welchen die Gewährung der Staatsgarantie empfohlen wird, vorerst jedoch mit 600.000 für das Grünbacher Kohlenwerk begrenzt (verlangt wurden RM 1,000.000 für Grünbach und RM 1,000.000 für die

---

[27]) *Gesetz vom 3. Juli 1945, StGBl. Nr. 43, über die Errichtung einer Kommission zur Lenkung des öffentlichen und privaten Kredites (Kreditlenkungsgesetz); Kabinettsratsprotokolle 1945, Band 1, S. 198, 319 und 327-330.*

Zündholzfabrik Klagenfurt), das zweite Gesuch wurde vom Kreditwerber zurückgezogen, als mit ihm über die vom Unternehmen zu erfüllende Voraussetzung für die Gewährung einer Staatshaftung verhandelt wurde.

Zu § 9 KL-Gesetz: Das mit der Ausarbeitung eines Entwurfs von Statut und Geschäftsordnung der KLK betreute Dreierkomitee hat seine Arbeiten beendet. Die beiden Entwürfe wurden von der am 28.9.1945 stattgefundenen Sitzung der KLK mit einigen Änderungen zur Kenntnis genommen und Statut sowie Geschäftsordnung beschlossen. Sie werden im Sinne des KL-Gesetzes der Provisorischen Staatsregierung zur Genehmigung vorgelegt werden.

Sonderaufgaben: Auf Wunsch des Herrn Staatskanzlers befaßte sich die KLK in mehreren Vollsitzungen mit der Frage der Ausarbeitung eines Gutachtens über die wünschenswerte Verfassung einer öffentlich-rechtlichen Korporation, welche die Konzession zum Ausbau des Donaukraftwerkes Ybbs-Persenbeug zu erwerben hätte. Hierüber wurde dem Herrn Staatskanzler ein Bericht unterbreitet und gleichzeitig bekanntgegeben, daß die Kommission zum weiteren Studium der damit zusammenhängenden Fragen einen dreigliedrigen Ausschuß eingesetzt hat.

Zu § 4 KL-Gesetz: Die bereits im Augustbericht erwähnten, in Aussicht genommenen Besprechungen mit den Vertretern der Organisationen des privaten Kreditgewerbes werden im Laufe des Monats November stattfinden können. Die Antworten auf die an die Fachorganisationen zur Vorbereitung dieser Besprechung gestellten Fragen sind nunmehr eingelangt. Es ist zu erwarten, daß die Besprechung ein Bild von der Leistungsfähigkeit der Kreditinstitute, sowie von dem Umfang und der fachlichen Richtung der Kreditansprüche liefern wird. Die Ergebnisse werden eine der Grundlagen bilden für die von der Kommission gemäß § 4 des KL-Gesetzes an die Provisorische Staatsregierung zu erstattenden Vorschläge zum Aufbau, zur Reform und zur Sicherung dieser Organisation.

Zu § 5 KL-Gesetz: Nach diesem § hat die Kommission über die Grundlinien der Kreditpolitik und die Rangordnung der Aufgaben, für die die verfügbaren Kreditmittel heranzuziehen sind, zu beraten und zu beschließen.

Die Ergebnisse der Untersuchungen, die die Kommission im Rahmen der ihr nach § 4 KL-Gestz auferlegten Aufgaben durchführt, werden auch für die Bestimmung der Grundlinien der Kreditpolitik von Wichtigkeit sein.

Im übrigen seien zu diesem Fragenkomplex folgende Bemerkungen vorgebracht:

Es muß auf den ersten Blick sicherlich auffallen, daß bisher eine so geringe Zahl von Ansuchen um Gewährung von Kredit aus öffentlichen Mitteln eingelaufen ist. Bei näherer Betrachtung erweist es sich aber, daß dafür verständliche Gründe vorgebracht werden können.

Es ist nicht so, daß die Wirtschaft keinen Bedarf für langfristige Kredite hätte, doch ist zu bedenken, daß bei Investitionsplänen das Geld unter den heutigen Umständen durchaus erst an zweiter Stelle kommt. In erster Linie muß sich ein Investitionsinteressent die Arbeitskräfte, die Rohstoffe und die Transportmöglichkeiten beschaffen. Erst wenn sie gesichert sind, hat es Sinn, sich um die Kreditmittel umzusehen.

Die Beschaffung dieser ersten Voraussetzungen bietet nun große Schwierigkeiten. Unter Berücksichtigung der Verhältnisse jenseits der Demarkationslinie kann angenommen werden, daß das Maß der Entgüterung nicht ganz so groß ist, wie ursprünglich zu befürchten war. Im Gefolge des Mißverhältnisses zwischen der Höhe unserer offiziellen, gebundenen Preise einerseits und der Kaufbereitschaft der großen vorhandenen Geldmenge andererseits kommt jedoch ein Teil des immerhin vorhandenen Gütervorrates gar nicht zum Vorschein, ein anderer Teil nimmt Wege, die abseits jeder Beeinflussungsmöglichkeit seitens der offiziellen Wirtschaftslenkung liegen

Die nicht zuletzt in diesen Umständen begründete Schwierigkeit, die gütermäßigen Voraussetzungen für ein Investitionsvorhaben zu schaffen, ist zweifellos der Hauptgrund für die niedrige Zahle der Ansuchen.

Im geringeren Masse mag auch der Umstand mitspielen, daß in einem gewissen Umfang - insbesonders bei kreditwürdigen Stammkunden und mittleren Fristen - die Institute die Ansprüche ohne Inanspruchnahme der Staatshilfe zu erfüllen trachten. Es liegen im übrigen Anzeichen vor, wonach in nächster Zeit ein erstes Ansteigen der Zahl der Ansuchen eintreten dürfte.

Im übrigen sind die Kreditinstitute derzeit gezwungen, ihre ihnen seit Erlaß des Schaltergesetzes zugeflossenen, täglich abhebbaren und von ihnen zu verzinsenden recht erheblichen fremden Gelder (Spar- und Kontokorrenteinlagen) möglichst kurzfristig anzulegen, sowie vorsorglich verhältnismäßig große und zinslose Barbestände zu unterhalten. Durch diesen Umstand sind die Kreditinstitute an der Erteilung langfristiger Kredite nicht unerheblich behindert. Ganz zu schweigen von der überaus prekären Gesamtlage der Kreditinstitute überhaupt.

Die geschilderten Umstände lassen klar erkennen, daß die Kreditpolitik heute nicht über den Einfluß auf die Wirtschaft verfügt, der ihr normalerweise zu Gebote steht. Die Kommission hat dieser Tatsache besonderes Augenmerk zuzuwenden, weil sie beweist, daß gewisse Voraussetzungen zuerst geschaffen werden müssen, wenn die Lenkung der Wirtschaft von der Kreditseite her wieder funktionieren soll. Die wichtigste dieser Voraussetzungen ist - neben der Beseitigung der Demarkationslinie - die ehebaldigste Durchführung der Währungsreform.

Diese erstbesonders die Beseitigung des ungeheuren Überhanges an Umlaufmitteln wird den normalen Zusammenhang zwischen Geld- und Güterumlauf wieder herstellen, damit aber auch die Möglichkeit, von der Kreditseite her lenkend auf den Wirtschaftsablauf einzuwirken. Dann erst auch wird die Kommission in die Lage versetzt sein, sinnvoll Vorschläge über die jeweils zu befolgenden Grundlinien der Kreditpolitik und über die Rangordnung der Aufgaben ins Auge zu fassen. Es wird dieser Aufgabe dann allerdings besondere Bedeutung zukommen, weil von ihrer richtigen Lösung die Vermeidung von Kapitalsfehlleistungen und die zielbewußte Konzentration aller verfügbaren Wirtschaftskräfte auf die in richtiger Rangordnung gereihten Aufgaben abhängen wird. Für all das aber - das sei nochmals betont - ist die erste unerläßliche Voraussetzung die baldigste und doch überlegte Durchführung der Währungsreform.

gezeichnet:
Ing. V. Schumy
Vorsitzender

Juridische Kommission

Die Juridische Kommission hat in den zwei Tagen ihrer Tätigkeit umfangreiche Arbeit geleistet. Ich stelle eingangs fest, daß es nach langwierigen Beratungen gelungen ist, in allen Punkten eine volle Übereinstimmung zu erzielen.

Die Kommission hatte zunächst eine Novelle zur Vorläufigen Verfassung[28]) zu beraten. Diese Novelle soll Punkt 1 der Resolution der Politischen Kommission der Länderkonferenz vom 26. September durchführen. In diesem Punkt hat die Politische Kommission eine Änderung der geltenden Verfassung nachstehenden Inhaltes empfohlen:

Bis zum Zusammentritt der nach der Verfassung 1929 zu wählenden Organe der Gesetzgebung des Bundes und der Länder üben die Provisorische Staatsregierung das nach der Verfassung 1929 dem Bund zustehende Gesetzgebungsrecht, die Landesregierungen der einzelnen Bundesländer das den Ländern zustehende Gesetzgebungsrecht aus. Der in Beratung gezogene Gesetzentwurf führt diesen Punkt der Resolution vollinhaltlich durch. Er trägt dem Verlangen der Länder nach voller Wiederherstellung des Gesetzgebungsrechtes nach der Zuständigkeitsverteilung der Verfassung des Jahres 1929 vollinhaltlich Rechnung. Nach dem Verfassungsgesetzentwurf wird bis zum Zusammentritt des frei gewählten Nationalrates die Provisorische Staatsregierung das Gesetzgebungsrecht in dem Umfange ausüben, in welchem ihr das Recht nach der Bundesverfassung 1929 zusteht. Bis zum Zusammentritt der frei gewählten Landtage wird die Provisorische Landesregierung das Recht der Landesgesetzgebung ebenfalls nach der Zuständigkeitsbestimmung der Bundesverfassung 1929 ausüben. Die Gesetzesbeschlüsse der Provisorischen Landesregierung unterliegen der Zustimmung der Provisorischen Staatsregierung bzw. diese hat das Recht, binnen 4 Wochen gegen Gesetzesbeschlüsse der

---

28) *Verfassungsgesetz vom 1. Mai 1945, StGBl. Nr. 5, über die vorläufige Einrichtung der Republik Österreich (Vorläufige Verfassung); vgl. Kabinettsratsprotokolle 1945, Band 1, S. 37, 62f., 66-72, 80-90; Verfassungsgesetz vom 12. Oktober 1945, StGBl. Nr. 196, über einige Abänderungen der Vorläufigen Verfassung.*

Provisorischen Landesregierung Einspruch zu erheben. Im Zusammenhang mit der Wiederherstellung des Gesetzgebungsrechtes der Länder sieht die Verfassungsnovelle die Errichtung eines Verfassungsgerichtshofes zur Prüfung der Verfassungsmäßigkeit der Gesetzgebung der Verwaltung vor.

Weiters wurden in der Juridischen Kommission die von der Provisorischen Staatsregierung erlassenen Gesetze, soweit sie in den Staatsgesetzblättern bis Nr. 160 verlautbart wurden, durchberaten. Zu einzelnen Gesetzen wurden Anregungen und Vorschläge bezüglich Abänderungen vorgebracht, die von den zuständigen Staatsämtern verarbeitet und teils in Gesetzesnovellen, teils in Überleitungsbestimmungen zu den bereits erlassenen Gesetzen berücksichtigt werden.

Schließlich hatte sich die Juridische Kommission mit einem Verfassungsgesetzentwurf zu beschäftigen, der die Anwendung der Wirksamkeit der bisher erlassenen Staatsgesetze in den Ländern ermöglichen soll. Dieses Verfassungsgesetz, welches als Rechtsanwendungsgesetz betitelt wird, sieht vor, daß die bisher in der Republik Österreich erlassenen Verfassungsgesetze, Gesetze, Kundmachungen und Verordnungen von einem noch festzusetzenden Zeitpunkte an auch in den Ländern der amerikanischen, englischen und französischen Besatzungszone angewendet werden. Die Provisorische Staatsregierung soll, um die besonderen Verhältnisse in einzelnen Ländern berücksichtigen zu können, ermächtigt werden, in Einzelfällen Ausnahmen von den Bestimmungen des § 1 dieses Verfassungsgesetzes festzusetzen. Diese Ausnahmen werden sich insbesondere auf das Handelskammer-Überleitungsgesetz und auf das Schaltergesetz beziehen, Gesetze, welche für einzelne Länder keine Bedeutung haben. Bezüglich des Jagdgesetzes werden Überleitungsbestimmungen in dem Sinne erlassen werden, daß die Wirksamkeit dieses Gesetzes nicht auf jene Länder ausgedehnt wird, für die bereits jagdrechtliche Vorschriften erlassen wurden.

Ökonomische Kommission

Die am 9. Oktober 1945 in der ökonomischen Kommission der 2. Länderkonferenz versammelten Vertreter der Länder haben folgenden

Beschluß

gefaßt:

Der vom Staatssekretär für soziale Verwaltung erstattete Bericht über die für die nächste Zeit geplanten gesetzgeberischen Maßnahmen auf den einzelnen Gebieten der sozialen Verwaltung wird zur Kenntnis genommen. Im Besonderen ist darauf hinzuwirken, daß Arbeitslosigkeit größeren Umfanges auch in den Wintermonaten vermieden wird. Um dieses Ziel zu erreichen, sind entsprechende Maßnahmen zum Ausgleich der Arbeitskräfte aus Überschußgebieten in solche, die einen Mangel an Arbeitskräften aufweisen, zu treffen, weiters ist dem Umschichtungsprozeß freiwerdender Angestellter das besondere

Augenmerk zuzuwenden und die Durchführung volkswirtschaftlich nützlicher Arbeiten, vor allem von Meliorationsarbeiten tunlichst zu fördern. Die Staatsregierung wird überdies ersucht, die Frage zu prüfen, wie dem bestehenden Mangel an Arbeitskräften in der Landwirtschaft abgeholfen werden kann; die Länderkonferenz erwartet hiezu geeignete Vorschläge.

Das Staatsamt für Land- und Forstwirtschaft wird aufgefordert, dem brennenden Problem der Landarbeiter sein besonderes Augenmerk zuzuwenden und die vom nationalsozialistischen Regime diesbezüglich erlassenen Zwangsvorschriften ehestens durch andere Maßnahmen zu ersetzen.

Diese Maßnahmen sollen dahin abzielen, die Landflucht einzudämmen, Landarbeiter weitgehend seßhaft zu machen, ihre Wohnverhältnisse zu bessern und ihnen einen sozialen Aufstieg zu ermöglichen. Auch wäre das gegenwärtige Mißverhältnis zwischen Beschäftigungslosigkeit in der Industrie und Arbeitermangel in der Landwirtschaft in geeigneter Weise zu überbrücken.

Einer besonderen Vorsorge bedarf der Wiederaufbau der österreichischen Zuckerrübenwirtschaft, für die geschulte Saisonarbeiter notwendig sind.

Die Länderkonferenz nimmt den Bericht des Staatssekretärs für Finanzen über die im Staatsamt für Finanzen in Vorbereitung stehenden Gesetzentwürfe zur Kenntnis.

Diese Entwürfe betreffen folgende Angelegenheiten:

Die Finanzierung des Wiederaufbaues von Wohnhäusern, welche durch Bombenangriffe oder Kriegshandlungen beschädigt oder zerstört worden sind.
Die Einrichtung der Postsparkasse nach dem österreichischen Gesetz vom Jahre 1926
Regelungen auf dem Gebiete des Versicherungswesens.
Das Währungswesen.
Das Finanzgesetz 1946.
Eine Erbschaftssteuernovelle.
Eine Grunderwerbssteuernovelle.
Ein Branntweinmonopol-Überleitungsgesetz.
Ein Zollüberleitungsgesetz.
Die Hauptfeststellung der Einheitswerte und Hauptveranlagung der Vermögenssteuer und Aufbringungsumlage zum 1. Jänner 1946.
Die Veranlagung der Einkommensteuer, Körperschaftssteuer und Gewerbesteuer 1945.
Die Einhebung einer Staatsfluchtsteuer.
Die Aufhebung der Ehestandsdarlehen und Kinderbeihilfen.
Ein Gebührengesetz.
Ein vorläufiges Finanzverfassungsgesetz.

Die Länderkonferenz gibt der Erwartung Ausdruck, daß diese Entwürfe unter Bedachtnahme auf die von den Bundesländern allenfalls noch schriftlich zu gebenden Anregungen möglichst bald vom Kabinettsrat verabschiedet werden.

Die Länderkonferenz beschließt, den Bericht des Staatssekretärs für Industrie, Gewerbe, Handel und Verkehr über die vom Staatsamte für Industrie, Gewerbe, Handel und Verkehr vorbereiteten Gesetzentwürfe zur Kenntnis zu nehmen. Diese Entwürfe betreffen folgende Angelegenheiten:

1. Fremdenverkehrsförderungsgesetz
2. Gesetz über die Aufhebung von Rechtsvorschriften des Deutschen Reiches über Straßenbahnen
3. Eisen- und Metall-Bewirtschaftungsgesetz
4. Maschinen-Materialausgleichsgesetz
5. Hadernbewirtschaftungsgesetz
6. Papierbewirtschaftungsgesetz
7. Häutebewirtschaftungsgesetz
8. Gesetz, betreffend die Ergänzung des Gesetzes vom 10. Mai 1945 über die Bestellung von öffentlichen Verwaltern und öffentlichen Aufsichtspersonen
9. Wirtschaftstreuhändergesetz
10. Gesetz, betreffend Erlassung eines Ausfuhrverbotes.

Die Länderkonferenz gibt der Erwartung Ausdruck, daß diese Entwürfe unter Bedachtnahme auf die von den Bundesländern allenfalls noch schriftlich zu gebenden Bemerkungen möglichst bald vom Kabinettsrat verabschiedet werden.

Nr. 10
Kosten der Länderkonferenzen 1945 (Unterbringung, Bereitstellung von Tabakwaren und Treibstoff)

a)

Quelle: *Österreichisches Staatsarchiv, Archiv der Republik, Staatskanzlei, GZ 8405-Präs. aus 1945, Zl. 8666-Präs. aus 1945 (VZ 8541-Präs. aus 1945, NZ 8897-Präs. aus 1945)*

Österreichisches Verkehrsbureau an Staatskanzlei

Wien, am 5. Oktober 1945

In der Anlage erlauben wir uns Abrechnung über die Hotelunterbringung von Teilnehmern der 1. Länderkonferenz zu unterbreiten und bitten um gütige Honorierung.

Beilage:

Das Österreichische Verkehrsbureau ersucht um Begleichung der Auslagen für die Hotelunterbringung der auswärtigen Teilnehmer an der 1. Länderkonferenz.

Ausgegeben wurden	
an Grabenhotel	RM 1131,35
an das Hotel St. James, IV., Waaggasse 15	75,80
an die Pension Aclon, I., Dorotheergasse 6	154,05
für die Bedienung im Pazmaneum	
(10 Zimmer durch 3 Tage)	50,-
Vermittlungsgebühr des Verkehrsbureaus	141,14
Summe	RM 1552,34

Zuschrift der Staatskanzlei an das Staatsamt für Finanzen

Wien, 24. Oktober 1945

Für die Unterbringung auswärtiger Teilnehmer an der ersten Länderkonferenz in Hotels und Pensionen sind Auslagen in der Höhe von 1552 RM erwachsen. Die Unterbringungskosten bei den weiteren Länderkonferenzen tragen die Teilnehmer selbst.[29] Das es bei den Länderkonferenzen um eine vorübergehende Einrichtung im Interesse der gesamtstaatlichen Führung Österreichs handelt und besondere Entschädigungen für die Teilnehmer an den Länderkonferenzen nicht vorgesehen sind, wird vorgeschlagen, die durch die Länderkonferenzen entstehenden Auslagen einfachheitshalber bei Kapitel 7, Titel 1 unter einer neu zu eröffnenden Verrechnungspost „Länderkonferenzen“ zu verrechnen.

---

29) *Dieser Satz wurde nachträglich handschriftlich in das Konzept der Erledigung eingefügt.*

b)

Quelle: *Österreichisches Staatsarchiv, Archiv der Republik, Staatskanzlei, GZ 8405-Präs. aus 1945, Zl. 8897-Präs. aus 1945*

Österreichisches Verkehrsbureau an Staatskanzlei

Wien, am 30. Oktober 1945

Wir erlauben uns höflichst darauf aufmerksam zu machen, daß die Rechnung für die 1. Länderkonferenz noch nicht beglichen erscheint und bitten um Überweisung auf unser Postsparkassenkonto gefälligst veranlassen zu wollen.

Erledigung der Staatskanzlei

Wegen der Tragung der Kosten der Unterbringung der Teilnehmer an der 1. Länderkonferenz erging unterm 24. Oktober l.J. (Z. 8666-1) ein Schreiben an das Staatsamt für Finanzen.

Da das Österreichische Verkehrsbureau auf Begleichung dieser von ihm vorschußweise beglichenen Hotelkosten drängt, sind ihm folgende Beträge zu Lasten der durchlaufenden Gebarung flüssig zu machen:

1. Kosten der Hotelunterbringung anläßlich der ersten Länderkonferenz, einschließlich 10 % Vermittlungsgebühr 1552,34 RM
2. Spesen und Manipulationsgebühr anläßlich der Unterbringung von 49 Delegierten und 10 Kraftwagenlenkern während der zweiten Länderkonferenz 118,50 RM

Die Unterbringungskosten selbst wurden von den Teilnehmern der 2. Länderkonferenz getragen.

Zahlungsauftrag über 1670,84 RM liegt bei. Die endgültige Verrechnung erfolgt aufgrund der Antwort des Staatsamtes für Finanzen.

Einlegen

7. November 1945

c)

Quelle: *Österreichisches Staatsarchiv, Archiv der Republik, Staatskanzlei, GZ 8570-Präs. aus 1945, Zl. 8657-Präs. aus 1945 (VZ 8653-Präs. aus 1945, NZ 8673-Präs. aus 1945)*

Die Austria-Tabakwerke AG., vormals Österreichische Tabakregie, hat für die Länderkonferenz Oktober 1945 wieder Rauchmaterial zur Verfügung gestellt.

Der hiefür zu bezahlende Betrag von RM 673.80 wäre der Austria-Tabakwerke AG. zu übermitteln.

Einlegen

6. Oktober 1945

d)

Quelle: *Österreichisches Staatsarchiv, Archiv der Republik, Staatskanzlei, GZ 8570-Präs. aus 1945, Zl. 9009-Präs. aus 1945 (VZ 8803-Präs. aus 1945, NZ 9083-Präs. aus 1945)*

Staatsamt für öffentliche Bauten, Übergangswirtschaft
und Wiederaufbau
Buchhaltung
Dienstzettel an die Staatskanzlei

Betreff: Benzinabrechnung Oktober 1945
Bezug: h.o. Zl. 55.400/III-1945

Mit oben angeführten Dienststück wurde die Staatskanzlei eingeladen, für die im Oktober 1945 übernommenen Benzinausfolgescheine lautend auf insgesamt 1500 Liter den Betrag von 1100,- RM bei der h.o. Amtskassa einzuzahlen.[30])

Da der Betrag bis zum heutigen Tag hier nicht eingelangt ist, wird ersucht, die Einzahlung bzw. Überweisung auf das Postsparkassenkonto 108 des h.o. Staatsamtes ehestens vorzunehmen.

Wien, 6. Dezember 1945

---

[30]) *Aus der zitierten Zuschrift des Staatsamtes für öffentliche Bauten, Übergangswirtschaft und Wiederaufbau, Zl. 55.400/III-1945 vom 27. Oktober 1945 geht hervor, daß die genannten Bezugscheine für 1500 Liter Treibstoff anläßlich der zweiten Länderkonferenz zur Verfügung gestellt wurden. Dieser Dienstzettel trägt den Vermerk „erledigt mit Zl. 9009-Präs. aus 1945" (die dortige Anweisung an die Hauptkasse zwecks Überweisung des Betrages von RM 1100,- ist mit 19. November 1945 datiert).*

Das Ringen um die Resolutionen der Länderkonferenzen
In der Bildmitte Dr. Felix Hurdes

Nr. 11
Resolutionen der dritten Länderkonferenz, 25. Oktober 1945[31]

Quelle: *Österreichisches Staatsarchiv, Archiv der Republik, Staatskanzlei, Auswärtige Angelegenheiten, GZ 1163-pol aus 1945, Zl. 1624-pol 1945*

Politische Kommission

Resolution zur Anerkennung[32]

Die dritte Länderkonferenz nimmt den Bericht der Provisorischen Staatsregierung über die erfolgte Anerkennung mit Befriedigung zur Kenntnis und spricht den alliierten Mächten für ihre Entschließung vom 20. Oktober 1945 ihren Dank aus.[33]

Die Länderkonferenz begrüßt die Ausdehnung der zentralen Regierungsgewalt auf das ganze Bundesgebiet als das unerläßliche Mittel, die wirtschaftlichen Kräfte der Republik zusammenzufassen und wirksam zu entfalten, die infolge des Krieges und der Aufteilung des Staatsgebietes in vier Zonen völlig desorganisierte und verkümmerte Produktion durch einheitliche Planung wieder zu beleben, in den internationalen Warenverkehr durch Kompensationsvereinbarungen und Handelsverträge wieder einzuschalten und die Volksernährung durch den Ausgleich der Güter im Innern wie durch Zufuhren aus dem Auslande zu ergänzen und einheitlich zu gestalten.

Der bisherige Zustand hat sich schon deshalb als ruinös erwiesen, weil er das an sich kleine Österreich in vier zwerghafte Wirtschaftsgebiete zu zerlegen, unter einander dauernd zu differenzieren und die wirtschaftliche Zusammengehörigkeit der Republik zu zerstören drohte. Diese nahezu von Woche zu Woche wachsende Gefahr ist in dankenswerter Weise endlich durch die Entschließung der Mächte gebannt.

Die Länderkonferenz erkennt in dem Vorbehalt oberster Leitung und Überwachung der Staatsregierung wie der laufenden Kontrolle der Verwaltung die selbstverständliche Folge der geschichtlichen Ereignisse und unterwirft sich ihm umso williger, als sie überzeugt ist, daß alle vier Mächte in gleicher Weise von aufrichtigem Wohlwollen gegen die schwergeprüfte Republik Österreich erfüllt und gewillt sind, ihr jede wirksame Unterstützung angedeihen zu lassen, um ihr ein Dasein und eine Zukunft in voller politischer Selbständigkeit und allseitiger Unabhängigkeit zu ermöglichen.

---

31) *Vgl. Wiener Zeitung, Nr. 31 vom 26. Oktober 1945, S. 1; ebenda, Nr. 32 vom 27. Oktober 1945, S. 1-2.*

32) *Diese Resolution ist abgedruckt bei Csáky, Der Weg zu Freiheit und Neutralität, Nr. 20, S. 56f.*

33) *Österreichisches Staatsarchiv, Archiv der Republik, Staatskanzlei, Auswärtige Angelegenheiten, GZ 1163-pol aus 1945, Zl. 1699-pol aus 1945: Memorandum des Alliierten Rates an Dr. Renner vom 20. Oktober 1945. Abgedruckt bei Csáky, Der Weg zu Freiheit und Neutralität, Nr. 18, S. 54f.*

Die angekündigte Absicht der besetzenden Mächte, sich dem einen oder anderen Verwaltungszweig zur direkten Betreuung vorzubehalten, wie dies in Bezug auf Brücken- und Straßenbauten sowie auf das Eisenbahnwesen schon geschehen ist, gründet sich wohl auf die Erwägung, daß angesichts der Unfertigkeit unseres wirtschaftlichen Wiederaufbaues in einem oder dem anderen Verwaltungszweig rasch durchgreifende Maßnahmen gefordert werden, die zur Zeit nur durch militärische Vorkehrungen getroffen werden können. Auch diese Absicht nimmt die Länderkonferenz beruhigt zur Kenntnis in der Erwartung, daß nach Überwindung der Einführungsschwierigkeiten auch diese Angelegenheiten unter die zivile Verwaltung durch österreichische Behörden gestellt werden.

Was die laufende Kontrolle der Administration betrifft, so wird ihre Einrichtung eingehende Beratungen, manche Detailvereinbarungen und gleichlautende parallele Militär- und Zivilverfügungen notwendig machen, um gegenseitige Hemmung und Doppelverwaltung auszuschließen. Die Länderkonferenz verweist in dieser Hinsicht auf die bereits vor einiger Zeit von der Staatsregierung vorgelegte „Denkschrift über die Zusammenarbeit der militärischen und zivilen Behörden“[34]) und die darin gemachten Vorschläge. Je klarer und schärfer bei den zu treffenden Vereinbarungen die Funktion der dem Zivil vorbehaltenen Verwaltungsarbeit und die den Militärbehörden zustehende Kontrollfunktion geschieden und je einheitlicher jede der beiden für sich gestaltet wird, umso reibungsloser wird die unerläßliche Zusammenarbeit sich auswirken.

Um solche Zusammenarbeit, um die entgegenkommende Mitarbeit der alliierten Mächte bitten Staatsregierung und Länderkonferenz in der Gewißheit, daß Österreichs Regierung und Volk, auf sich allein gestellt, die bevorstehende harte Zeit nicht ohne Katastrophe bestehen könnte, zugleich aber auch in der Überzeugung, daß die erbetene Unterstützung der alliierten Mächte doch nur unter der zentralisierten und planmäßigen Mitarbeit der zivilen Staatsregierung voll wirksam werden kann.

Um dieser die volle, unbestreitbare Autorität im Innern wie nach außen zu sichern, werden Staatsregierung und Länderkonferenz alles aufbieten, um die bereits angeordneten Neuwahlen in geordneter Weise termingemäß durchzuführen und so die demokratische Grundlage der Zweiten Republik Österreich für alle Zeit fest und sicher zu verankern.

Die dritte Länderkonferenz nimmt weiters mit Befriedigung zur Kenntnis, daß die Regierung der Sowjetunion die uneingeschränkte Anerkennung der österreichischen Regierung ausgesprochen und den Austausch von Gesandten vorgeschlagen hat. Die Länderkonferenz erblickt darin einen weiteren Schritt zur vollkommenen Souveränität

---

[34]) *Denkschrift der provisorischen Staatsregierung der Republik Österreich über die Organisation der Zusammenarbeit der militärischen und zivilen Behörden (Wien 1945); vgl. Kabinettsratsprotokolle 1945, Band 1, S. 107 Anm. 4.*

Österreichs und spricht der Sowjetunion für dieses Entgegenkommen ihren Dank aus.

Verbotsgesetz[35]) und Wirtschaftssäuberungsgesetz[36])

Die Länderkonferenz hat sich auch mit der Novellierung des Verbotsgesetzes beschäftigt und darauf bezügliche Vorlagen der Provisorischen Staatsregierung zur Beschlußfassung empfohlen. Die Novellierung sieht vor allem folgende Neuerungen vor:

Der Begriff des „Illegalen" im Sinne des Verbotsgesetzes wird dahin präzisiert, daß Voraussetzung für die Illegalität die Zugehörigkeit zur NSDAP oder einem ihrer vier Wehrverbände sein soll, sei es, daß die Zugehörigkeit in der Verbotszeit bestanden hat, sei es, daß sie später wegen Betätigung für die nationalsozialistische Bewegung in der Verbotszeit von der NSDAP zuerkannt worden ist.

An die Stelle der Einzelnachsicht von der Registrierungspflicht soll künftig die Möglichkeit treten, bestimmte Gruppen Registrierungspflichtiger aus den NS-Listen zu streichen, sobald die Provisorische Staatsregierung eine derartige Anordnung trifft. Es wird derart bei der Registrierung vom System der Einzelnachsicht auf das System der Amnestie für bestimmte Gruppen übergegangen werden.

Das Verbotsgesetz sieht Beschränkungen hinsichtlich der Verfügungen über das Vermögen von Illegalen, Parteifunktionären, usw. vor. Den damit verbundenen Erschwerungen des Realkreditverkehrs soll durch eine Bestimmung begegnet werden, daß grundbücherliche Eintragungen auf Grund beglaubigter eidesstättiger Erklärungen, dem bezeichneten Personenkreis nicht angehört zu haben, erfolgen können.

Im Zusammenhang mit der Novellierung des Verbotsgesetzes wurde auch eine Novellierung des Wirtschaftssäuberungsgesetzes vom 12. September 1945, StGBl. Nr. 160, beraten und gut-

---

35) *Zum Verbotsgesetz (Gesetz vom 8. Mai 1945, StGBl. Nr. 13), zum Begriff „Illegale" und zur Registrierungspflicht ehemaliger Nationalsozialisten vgl. Kabinettsratsprotokolle 1945, Band 1, Register; Verfassungsgesetz vom 15. August 1945, StGBl. Nr. 127, über die Änderung und Ergänzung des Verbotsgesetzes vom 8. Mai 1945, StGBl. Nr. 13 (Verbotsgesetznovelle); Verfassungsgesetz vom 16. November 1945, BGBl. Nr. 16/1946, über die Änderung und Ergänzung des Verbotsgesetzes vom 8. Mai 1945, StGBl. Nr. 13 (2. Verbotsgesetznovelle); zu den ersten Durchführungsverordnungen vgl. Kabinettsratsprotokolle 1945, Band 1, S. 98 Anm. 11 und S. 246 mit Anm. 18; Verordnung der Staatskanzlei im Einvernehmen mit den beteiligten Staatsämtern vom 22. August 1945, StGBl. 131, zur Durchführung des Verbotsgesetzes und der Verbotsgesetznovelle (3. Durchführungsverordnung zum Verbotsgesetz); Verordnung der Bundesregierung vom 24. Jänner 1946, BGBl. Nr. 24 /1946, über die Registrierung der Nationalsozialisten (4. Dürchführungsverordnung zum Verbotsgesetz).*

36) *Verfassungsgesetz vom 12. September 1945, StGBl. Nr. 160, über Maßnahmen zur Wiederherstellung gesunder Verhältnisse in der Privatwirtschaft (Wirtschaftssäuberungsgesetz); Verfassungsgesetz vom 16. November 1945, BGBl. Nr. 39/1946, über die Abänderung und Ergänzung des Wirtschaftssäuberungsgesetzes vom 12. September 1945, StGBl. Nr. 160 (Wirtschaftssäuberungsgesetznovelle).*

geheißen, die einige zweckdienliche Ergänzungen des Gesetzes vorsieht, ohne seine wesentlichen Bestimmungen zu ändern.

Juridische Kommission

Die dritte Länderkonferenz hat mit freudiger Genugtuung die Mitteilung des Herrn Staatskanzlers über die Anerkennung der Provisorischen österreichischen Staatsregierung durch den Hohen Alliierten Rat zur Kenntnis genommen. Sie fordert die Provisorische Staatsregierung auf, ein Gesetz zu erlassen, nach welchem alle bisher von ihr erlassenen Gesetze und Verordnungen mit 10. November 1945 im ganzen Staatsgebiet anzuwenden sind.

Im Hinblick auf den Umstand, daß in den einzelnen Ländern in der Zeit bis zur Anerkennung der Provisorischen Staatsregierung durch den Hohen Alliierten Rat im Wege von Verordnungen eine Reihe von Angelegenheiten geregelt werden mußten, die auch von der Provisorischen Staatsregierung in ihren Gesetzen behandelt wurden, beschließt die Dritte Länderkonferenz, die Landesregierungen aufzufordern, der provisorischen Staatsregierung unverzüglich jene Verordnungen bekanntzugeben, die mit den nunmehr anzuwendenden Gesetzen nach Inhalt oder Ausdehnung nicht in Einklang stehen und deren zeitlich begrenzte Aufrechterhaltung aber ein gebieterisches Landesinteresse darstellt. Die Provisorische Staatsregierung wird darum aufgefordert, aufgrund des zu erlassenden Rechtsanwendungsgesetzes durch Verordnung die notwendigen Übergangsbestimmungen zu schaffen.

Die Dritte Länderkonferenz gibt ferner der Erwartung Ausdruck, daß die im Hohen Alliierten Rat vertretenen Mächte ihre nachgeordneten Stellen in Österreich anweisen werden, daß nunmehr in ganz Österreich geltende Recht als ausschließliche Norm anzuerkennen.

Die Dritte Länderkonferenz glaubt mit Rücksicht darauf, daß sämtliche Gesetze nur verlautbart werden, wenn sie die Zustimmung des Hohen alliierten Rates gefunden haben, der sicheren Hoffnung Ausdruck geben zu dürfen, es werde eine regionale Einflußnahme seitens der Besatzungsmächte auf die Gesetzgebung und Vollziehung sich künftig erübrigen.

Schließlich fordert die Dritte Länderkonferenz alle Dienststellen des Staates und der Länder und deren nachgeordnete Stellen auf, für die Durchführung aller Gesetze und Verordnungen der nunmehr von den alliierten Mächten anerkannten Provisorischen Staatsregierung mit ganzer Tatkraft zu sorgen und bei allfälligen Meinungsverschiedenheiten mit Vertretern der alliierten Militärregierungen unverzüglich und auf kürzestem Wege der vorgesetzten Stelle Bericht zu erstatten.

Aufgabe der Provisorischen Staatsregierung wird es sein, im Zusammenwirken mit den Hohen Alliierten Rat in solchen Fällen ein Einvernehmen herzustellen.

Ökonomische Kommission

Ökonomische Resolution

Die Länderkonferenz sieht voraus, daß bei der weitgehenden Verwüstung unserer Fluren und Reduzierung unseres Viehbestandes, bei der Zerstörung so vieler Wohn- und Arbeitsstätten und bei der Erschöpfung unserer ganzen Bevölkerung in einem Zeitpunkt, wo von unserer männlichen Bevölkerung der größere und tatkräftiger Teil noch in Kriegsgefangenschaft weilt und ein beträchtlicher Teil von Kriegsleistungen erschöpft und von Kriegsverletzungen noch nicht geheilt ist, unser Land im bevorstehenden Winter durch die dreifache Katastrophe des Hungers, des Frostes und der Seuchen bedroht ist. In der schmerzlichen Erkenntnis, daß dieses unser Volk bei den größten Anstrengungen aller, der Regierung wie der Massen, auf sich allein gestellt, der drohenden Gefahr nicht Herr werden kann, richtet die Staatsregierung und die Länderkonferenz an die Regierungen der alliierten Mächte, wie an den Alliierten Rat den Appell, leitend und helfend an dem Rettungswerke mitzuwirken und mit der Provisorischen Staatsregierung eine ständige Kooperation der militärischen und zivilen Organe zur Abwehr des Unheils einverständlich zu organisieren.

Um erstens den Aufgaben der Volksernährung gerecht zu werden, sind rasche und durchgreifende Maßnahmen geboten. Vor allem muß die jetzt in den vier Zonen abweichend gestaltete Aufbringung und Verteilung des Lebensmittel raschestens gleichgestaltet werden. Zu diesem Behufe müßte unter dem gemeinsamen Vorsitz der Staatsämter für Volksernährung und für Land- und Forstwirtschaft eine „Gemischter Beirat" geschaffen werden, in welchem die zivilen Ernährungsreferenten der Stadt Wien und der Bundesländer zusammen mit den in einzelnen Bundesländern bestellten militärischen Organen gleicher Funktion so rasch als möglich und in der Folge periodisch zusammentreten, die Aufbringung der Lebensmittel, die ziffernmäßige Erfassung der zu Gebote stehenden Vorräte, die Verteilung auf die einzelnen Staatsgebiete und eine einheitliche Rationierung beraten und beschließen. Die Staatsregierung wird mit allen Vollmachten auszurüsten sein, um die gefaßten Beschlüsse ohne Verzug und widerspruchslos durchzuführen, die militärischen Kommanden wären anzuweisen, die zivilen Behörden erforderlichen Falles zu unterstützen und jede Art von militärischer Aufbringung von Lebens- und Bedarfsgütern nur über die zuständigen staatlichen Organe durchzuführen. Die alliierten Mächte sind gebeten, die von ihnen in so dankenswerter Weise zur Ernährung der Zivilbevölkerung geleisteten Zuschüsse zusammenzulegen und die so geschaffenen Vorräte der gemeinsamen und einheitlichen Verteilung nach den Beschlüssen des erwähnten gemischten Beirates zuzuführen.

Der Alliierte Rat ist gebeten, bei den Regierungen der Weltmächte dahin zu wirken, daß diese das Ansuchen der österreichischen

Staatsregierung bei der Verwaltung der UNRRA[37]) tatkräftig unterstützen und die Herbeiführung ihrer Hilfeleistung tunlichst beschleunigen.

Das gesamte Ernährungswesen wäre bis zur Überwindung der Krise unter die gemeinsame Oberleitung je eines Beauftragten der österreichischen Staatsregierung und der vier alliierten Mächte zu stellen, zu denen von dem Augenblick des Eingreifens der UNRRA ein Bevollmächtigter derselben hinzutreten möge. Die von freiwilligen Hilfsorganisationen des Auslandes wie z. B. jenen des Internationalen Roten Kreuzes gemachten Zuwendungen wären tunlichst derselben gemeinsamen Organisation zur Verfügung zu stellen.

Die Kohlennot stellt zweitens schon jetzt in den Herbstmonaten nicht nur die Beheizung der Wohn- und Amtsräume, sondern auch den erforderlichen Herdbrand, in den Städten auch die öffentliche und Privatbeleuchtung in Frage, außerordentliche Gefahr droht durch sie in den Wintermonaten der Volksgesundheit. Angesichts der Weltknappheit an Kohle ist hier Abhilfe besonders schwierig, zumal unsere geringe und qualitätsarme Eigenproduktion nur durch entsprechende Reorganisation des gesamten Kohlenbergbaues erhöht werden kann. Die Staatsregierung kann ohne das helfende Eingreifen der Mächte unmöglich für den nötigsten Bedarf aufkommen, sie wird jedoch mit Anspruchnahme des öffentlichen Kredites und der geplanten Verstaatlichung der Gruben alles daransetzen, die heimische Produktion zu steigern. Aber diese deckt nicht einmal den industriellen Bedarf und den Bedarf der Kraftwerke, geschweige die Anforderungen der Gasanstalten und des Hausbrandes.

Das Auskunftsmittel von Kompensationsverträgen mit den Nachbarstaaten kann gleichfalls nur in beschränktem Umfange zum Ziele führen, weil bei der Unfertigkeit unseres industriellen und gewerblichen Wiederaufbaues Kompensationsgüter in genügender Zahl und Wertigkeit nicht in kurzer Zeit bereit gestellt werden können. Lieferung auf Kredit, wenn auch nur auf kurzfristigen Kredit, wird ohne Intervention der Weltmächte nicht zu erzielen sein, ein Anschluß Österreichs an die im Werden begriffene internationale Kohlenorganisation ist anzustreben, aber kaum in so kurzer Zeit zu erreichen.

Bisher wurden unter Mithilfe der Kommanden zonenweise Kompensations- und Lieferungsverträge versucht, aber sie sind darnach angetan, eine planmäßige Vorsorge eher zu stören als eine wirksame Abhilfe herbeizuführen. Käme es dabei zu bloß einseitigen Versorgung der alliierten Gruppen mit Brennstoffen, so entstünden unerwünschte Spannungen, die im Interesse aller Teile möglichst vermieden werden müssen.

Dieses allerernsteste Problem der Brennstoffversorgung kann nicht anders bewältigt werden, als indem die vier Besatzungsmächte einen einzigen Beauftragten bestellen, der zusammen mit einem Spezialbe-

---

[37]) *Vgl. oben Anmerkung Nr. 3.*

auftragten der Zivilregierung, mit voller Unterstützung der alliierten Mächte und unter Mitarbeit der vier Kommanden die Versorgung im Inlande regeln und mit lieferbereiten Nachbarstaaten und mit der Weltkohlenorganisation unverzüglich in Verhandlung treten. In dieselbe Hand ist auch die oberste Verfügung über die Energiekräfte aller Wasserkraftwerke und weiters über die Stromleitungen zu legen.

Alle vorgeschlagenen Maßnahmen werden drittens nicht verhindern, daß infolge der Kälte und der Unterernährung sowie infolge des Flüchtlingszustromes aus Nord, Ost und Süd die Erkrankungen sich mehren und Epidemien drohen. Alle Zusicherungen der beteiligten Regierungen und alle Mahnungen der Mächte haben diesem Zustrom nicht gänzlich Einhalt geboten. Soweit der massenweise Einbruch verhindert wird, nimmt die unkontrollierte Grenzüberschreitung durch Einzelne ihren Fortgang. Zahllose Fremde, die bei den Herbstarbeiten in den Bauernhöfen Unterschlupf gefunden haben, schleichen sich jetzt in die Städte ein und fristen ohne Obdach bei unzulänglicher Bekleidung und ohne geregelte Subsistenzmittel ihr Leben. Ganz abnormal günstige Witterung hat bis vor kurzem das Äußerste verhütet, der Winter wird es herbeiführen.

Das österreichische Ärztepersonal ist infolge der Kriegsereignisse auf die verschiedenen Zonen derartig ungleichmäßig verteilt, daß wir derzeit vor allem in den westlichen und südlichen Bundesländern einen bedeutenden Ärzteüberschuß bei gleichzeitigem Mangel in den Gebieten zu verzeichnen haben, über die unmittelbar der Krieg hinwegging. Die Mithilfe der Alliierten bei der Rückführung der Ärzte in ihre früheren Arbeitsgebiete wäre im Interesse der eventuellen Seuchenbekämpfung zu erbitten. Österreich ist ganz unzulänglich mit Medikamenten versorgt, da die wenigen eigenen Produktionsstätten durch den Krieg außer Betrieb gesetzt und Zufuhren aus dem Ausland derzeit fast unmöglich sind. Noch befinden sich besonders in den westlichen Bundesländern teils von Privatfirmen verlagerte, teils von der Deutschen Armee verschleppte Medikamentenlager, die meist unter der Kontrolle der Besatzungsmächte stehen. Die Überlassung dieser Vorräte an die Staatsregierung zur zweckmäßigen Verteilung an die einzelnen Bundesländer sowie Hilfsmaßnahmen zur Ingangbringung der pharmazeutischen Industrie werden erbeten. Beim Auftreten von Seuchen wären Spitäler und Heilanstalten, die derzeit von den Alliierten für militärische Zwecke in Anspruch genommen sind, wieder dem zivilen Bedarf zur Verfügung zu stellen.

Um das ganze sanitäre Hilfswerk in Gang zu setzen, soll die Zusammenarbeit des Staatsamtes für soziale Verwaltung mit der bereits bestehenden gemeinsamen Stelle der vier Besatzungsmächte organisatorisch gesichert werden. Der Alliierte Rat ist aber gebeten, bei den Regierungen der verbündeten Mächte dahin zu wirken, daß endlich durch einen wirksamen Grenzschutz dem unkontrollierten Einströmen von Flüchtlingen nach Österreich Einhalt geboten werde, die Führung von Flüchtlingszügen tunlichst nicht über österreichisches Gebiet erfolge, schließlich, daß die Repatriierung derzeit in Österreich sich aufhaltender fremder Staatsangehöriger energisch durchgeführt wird. Für die Dauer der Notwendigkeit, Flüchtlingslager in Österreich zu unterhalten, wird die Hilfe der alliierten Mächte für deren Verpflegung und Versorgung mit Medikamenten erbeten. Im übrigen ist ein rascher Abtransport der Flüchtlinge aus ernährungspolitischen und sanitären Gründen geboten.

Im Zusammenhang damit erinnert die Länderkonferenz nochmals die alliierten Mächte an die wiederholt von der Staatsregierung vorgebrachten Bitten, die größte Aufmerksamkeit dem Transportproblem zuzuwenden, dessen Lösung mit den oben angeführten Fragen in engster Verbindung steht.

Weiters wird an die alliierten Mächte das dringende Ersuchen gerichtet, über die vorgeschlagenen Maßnahmen mit der Staatsregierung bzw. mit den beteiligten Staatsämtern in freimütige Aussprache zu treten, diese hier gemachten Vorschläge zu prüfen, zu ergänzen oder nach ihrem Ermessen zu verbessern und ehebaldigst zu einem gemeinsamen Plane der Alliierten unter sich und mit der österreichischen Staatsregierung zu gelangen, dessen prompte Durchführung das österreichische Volk vor dem drohenden Unheil einer wirtschaftlichen, sozialen und letzten Endes auch politischen Katastrophe bewahren möge.

Zugleich richtet die Republik Österreich an alle Hilfseinrichtungen der Völker, welche durch diesen unheilvollen Krieg weniger oder gar nicht getroffen sind, den Appell durch freiwillige Zuwendungen weiter dem österreichischen Volke zu Hilfe zu kommen, wie sie es bereits zu unserem aufrichtigen Danke begonnen haben.

Industrieplanung

I.

Die Länderkonferenz billigt die Absicht der Regierung

1. eine Reihung der Industrien nach der Wichtigkeit und Bedeutung für die österreichische Wirtschaft in ihrer jetzigen Übergangslage festzulegen, die die Grundlage für den Plan zum Wiederaufbau zu bilden hat unter Berücksichtigung des Grundsatzes der Verstaatlichung der Schlüsselindustrien,
2. dem beim Staatsamt für Industrie, Gewerbe, Handel und Verkehr zu errichtenden Planungsausschusses die Aufgabe zu übertragen, Detailpläne für die Ingangsetzung der Industrien unter Berücksichtigung der österreichischen Gesamtinteressen und der in Österreich vorhandenen und beschaffbaren Rohstoffe aufzustellen und sodann unter Rücksichtnahme auf die gegebenen Produktionsgrundlagen, sowie auf die Bedürfnisse der Wirtschaft ein allgemeines Produktionsprogramm zu entwerfen, insbesondere die vordringliche Frage der Neuordnung der österreichischen Eisen- und Stahlindustrie unter Heranziehung der beteiligten Länder in Angriff zu nehmen. Hiezu soll eine Studienkommission unter Heranziehung der beteiligten Länder und aller sonst in Betracht kommenden Faktoren eingesetzt

werden, die die Vorarbeiten zum Wiederaufbau der Eisenwirtschaft vorzunehmen hat,

3. in diesem Ausschusse die interessierten Kreise der Länder im Wege der zuständigen Kammern bzw. der Planungsämter, soweit solche in den Ländern bestehen, zur Mitarbeit heranzuziehen.

II.

Die Länderkonferenz ist mit der Regierung der Meinung, daß die unerläßliche Voraussetzungen für den Erfolg der Planung sind:

1. die vorhandenen Vorräte an Rohstoffen und Halbfabrikaten zu erfassen, um einen gerechten Materialausgleich zwischen allen Industriegebieten der Länder herbeizuführen.
2. Für eine rasche Wiedereinsetzung der verlagerten Güter an den orten zu sorgen, von denen sie verlagert wurden, bzw. wo sie am zweckmäßigsten und notwendigsten gebraucht werden.
3. Einen Maschinenausgleich mit dem Ziel der zweckmäßigsten Wiedereinschaltung in die Produktion durchzuführen und
4. auf die eheste Vereinheitlichung der Leitung der in mehrere Besatzungszonen hereinreichenden Großbetriebe hinzuwirken.

Geleitet von der Erkenntnis, daß die erfolgreiche Fortführung der in Österreich angesetzten Anbautätigkeit in erster Reihe davon abhängig ist, daß der Güteraustausch mit den Nachbarländern, insbesondere mit den Ländern des Donauraumes, in Gang gesetzt wird und zu diesem Zwecke die Aktivierung der Donauschiffahrt eine unerläßliche Voraussetzung bildet, beschließt die Länderkonferenz:

Das Staatsamt für Industrie, Gewerbe, Handel und Verkehr verfaßt eine Denkschrift, in der die dringende Notwendigkeit der Donauschiffahrt für den Güteraustausch zwischen Österreich und den übrigen Donauländern dargestellt und entsprechend belegt wird. In dieser Denkschrift sollen alle mit der Wiederingangsetzung der österreichischen Donauschiffahrt zusammenhängenden Fragen sachlich erörtert und praktische Vorschläge zur Lösung dieser einschlägigen Fragen erstellt werden.

Diese Denkschrift soll durch das zuständige Staatsamt der Alliierten Kommission mit der Bitte überreicht werden, die österreichischen Vorschläge zu prüfen und die Wiederinbetriebnahme der Donauschiffahrt bei den Regierungen der verbündeten Mächte bestens zu unterstützen, wodurch am wirksamsten dazu beigetragen würde, sowohl in Österreich als in allen anderen Donauländern rascher über die Kriegsfolgen hinwegzukommen.

Die Länderkonferenz stellt im Sinne des Artikels I, Ziffer 2, der Verfassungsnovelle vom Oktober 1945 an die Provisorische Staatsregierung den Antrag, eine Bundesgesetz vorzubereiten und nach Fühlungnahme mit den Ländern zu beschließen, worin die Landes-Landwirtschaftskammern in einer mit öffentlich rechtlichen Charakter ausgestatteten Spitzenorganisation der land- und forstwirtschaftlichen Interessenvertretungen zusammengefaßt werden.

Begründung:

Die Bedeutung der Land- und Forstwirtschaft in Österreich verlangt zwingend nach einer Interessenvertretung, die für das gesamte Bundesgebiet auftreten und sprechen darf. Die große Mannigfaltigkeit der natürlichen Produktionsbedingungen in den einzelnen Bundesländern macht es erforderlich, daß hiefür eine eigene Körperschaft des öffentlichen Rechtes geschaffen wird, in der die einzelnen Landes-Landwirtschaftskammern ihre Besonderheiten zur Geltung bringen können, die aber auch einen gerechten Ausgleich der verschiedenen Interessen herzustellen zu vertreten vermag. [...][38])

[38]) *Es folgen sodann zwei weitere Anträge der Ökonomischen Kommission der dritten Länderkonferenz, die hier nicht wiedergegeben werden, und zwar:* Antrag, ein Gesetz über den österreichischen Jagdverband als öffentlich rechtlichen Pflichtverband aller Jagdvereine zu erlassen *(mit einer zweiseitigen Begründung) und ein* Antrag zur Novellierung des § 10 des Gesetzes vom 5. September 1945, StGBl. Nr. 171 (Wirtschaftsverbändegesetz) *in dem Sinne, daß der „Ausschuß grundsätzlich je zur Hälfte aus Vertretern der Erzeuger und der Verbraucher bestehen (soll). Die Erzeugervertreter werden von den Landwirtschaftskammern, die Vertreter der Verbraucher vom Österreichischen Gewerkschaftsbund, von den Arbeiterkammern und den Industriegemeinden vorzuschlagen sein. Gesondert hievon soll bei jedem Wirtschaftsverband ein Fachbeirat geschaffen werden, der die verarbeitenden Industrien und Gewerbe sowie den Handel umfaßt. [...]"*

Nr. 12
Schlußrede des Staatskanzlers bei der dritten Länderkonferenz am 25. Oktober 1945

Quelle: *Österreichisches Staatsarchiv, Archiv der Republik, Staatskanzlei, Auswärtige Angelegenheiten, GZ 1163-pol aus 1945, Zl. 1892-pol aus 1945*

Meine Herren! Die Fülle der Gegenstände, die große Zahl der Beschlüsse, die gediegene Arbeit, die Sie geleistet haben, verpflichten die Staatsregierung, Ihnen zu danken. Es ist ein umfangreiches, reichhaltiges Bukett von Arbeiten, die Sie der Staatsregierung eingehändigt haben. Sie wird sich bemühen, Ihren Wünschen gerecht zu werden. [...]

Diese Länderkonferenzen haben bewirkt, daß neun Bundesländer eins geworden sind. Möge es uns vergönnt sein, daß unser bescheidenes Votum in der Länderkonferenz die Folge hat, daß auch die vier Besatzungsmächte in ihrem Wohlwollen und in ihrer Hilfe für Österreich eins sind und einmütig durch einheitliche, stetige Organe mit uns zusammenwirken! Sonst sind Doppelverwaltung und Wirrsal ohne Ende die notwendige Folge. Darauf müssen wir aufmerksam machen und diese unsere Kühnheit mögen uns die Mächte verzeihen. Wir können nicht anders!

Die Juridische Kommission hat ihr Werk beendet. Die ganze Gesetzgebungsarbeit von sechs Monaten wurde in zwei Tagungen aufgearbeitet und es wurde festgestellt, daß im großen und ganzen schon die Provisorische Regierung in der Gesetzgebung das gemeinsame Interesse ganz Österreichs und aller Bundesländer erfaßt und in Gesetzesform festgelegt hat, bis auf wenige Punkte. Jetzt aber ist diese Unifikation vollzogen und wir haben den Wunsch, daß sie so rasch als möglich in die Tat umgesetzt werde. Die Länderkonferenz bittet deshalb die Mächte, unseren Wunsch zur Kenntnis zu nehmen, daß der 10. November der Tag des Wirksamkeitsbeginns der Gesetzgebung für alle Bundesländer werde. [...]

Wir werden also Neuwahlen haben und aus ihnen wird eine Volksvertretung hervorgehen. Die Volksvertretung wird Länderkonferenzen wohl überflüssig machen, denn wir haben den Nationalrat und den Bundesrat, der ja als permanente Vertretung der Länder anzusehen ist. [...]

Das, was wir meiner Meinung nicht mehr brauchen, ist die Universalität der Länderkonferenz, die wichtige Aufgaben zu behandeln hatte, die in der Öffentlichkeit tagte und die vor allem die Aufgabe hatte, zu bekunden, daß wir eins sind. Diese Bekundung, verehrte Herren, ist geschehen, und zwar in einer Weise, daß sie die Anerkennung der Provisorischen Regierung und damit eigentlich des ganzen Staatswesens zur Folge hatte. [...]

Wir werden am 25. November Landtage und Nationalrat haben.[39]) Die Landtage werden den Bundesrat beschicken, Nationalrat und Bundesrat werden zusammentreten und über die Wahl des Bundespräsidenten schlüssig werden, und wenn alles glückt, so werden wir vor der Christbescherung oder als Christbescherung für unser Volk die vollständig fertige Volksvertretung haben. Und wenn es bis dahin auch zu einem vollständigen Einvernehmen in Bezug auf die Durchführung der Verwaltung, auf die Kooperation in der Verwaltung kommt, dann werden wir zu einem, wenn auch noch nicht voll souveränen, so doch durchaus arbeitsfähigen Staatswesen werden, und wenn uns nicht außerordentliche Elementarereignisse, etwa ein furchtbarer Winter, Seuchen und Epidemien heimsuchen, dann werden wir, so hoffe ich, diesen Winter überstehen. [...]

---

[39]) *Bei den Nationalratswahlen am 25. November 1945 errangen die ÖVP 85 Mandate (und damit die absolute Mehrheit), die SPÖ 76 und die KPÖ 4 Mandate. Aufgrund dieses Ergebnisses übernahm Leopold Figl die Regierungsgeschäfte (Vizekanzler Adolf Schärf), Karl Renner wurde am 20. Dezember 1945 von der Bundesversammlung zum Bundespräsidenten gewählt.*

Die Länderkonferenzen 1945: Geburtsstunde der Zweiten Republik?!

Interview mit Fritz Molden

von
Josef *Prinz*

Einleitung

„Die Länderkonferenz [im September 1945] war die Geburtsstunde der Zweiten Republik.“ Einer der letzten noch lebenden Teilnehmer an der ersten Länderkonferenz, der ehemalige Landesrat und Bundesrat Eugen Leissing aus Vorarlberg, rückt damit die Bedeutung dieser Konferenz zurecht, deren Stellenwert in der Darstellung der Vieldimensionalität der Ereignisse des Jahres 1945 stets nur am Rande gewürdigt wird.[1])

Bis dato findet sich eine einzige Gesamtdarstellung der Länderkonferenzen aus den sechziger Jahren, die primär deskriptiv ist und – dem damaligen Quellenzugang entsprechend – vor allem die Genesis der Konferenzen sowie die Position der Besatzungsmächte weitgehend ausklammert.[2])

Die Forschungen der letzten zwei Jahrzehnte über die Beziehungen der Alliierten zum Österreich des Jahres 1945 machen den Einfluß und die unterschiedlichen Erwartungen derselben hinsichtlich der Länderkonferenzen deutlich.[3])

Darüber hinaus haben wir heute auch Kenntnis über – ungeachtet der nach außen und im Ergebnis der Konferenzen sichtbaren, demonstrativen Einigkeit der politischen Teilnehmer an den Konferenzen – aufbrechende Konfliktlinien während der Sitzungen, etwa in der Frage der Erweiterung der Provisorischen Staatsregierung und der Zurückdrängung des

---

[1]) *Das Gespräch, das Dr. Wolfgang Weber vom Vorarlberger Landesarchiv mit Eugen Leissing führte, ist im Anschluß an das Interview mit Fritz Molden abgedruckt.*

[2]) *Franz Josef Feichtenberger, Die Länderkonferenzen 1945 - Die Wiedererrichtung der Republik Österreich (Phil. Diss. Wien 1965).*

[3]) *Vgl. etwa, Reinhold Wagnleitner, Großbritannien und die Wiedererrichtung der Republik Österreich. (Phil. Diss. Salzburg 1975).*
Wilfried Aichinger, Sowjetische Österreichpolitik 1943 - 1945 (= Materialien zur Zeitgeschichte 1, Wien 1977).
Alfons Schilcher, Österreich und die Großmächte. Dokumente zur österreichischen Außenpolitik 1945 - 1955 (= Materialien zur Zeitgeschichte 2, Wien-Salzburg 1980).
Derselbe, Die Politik der Provisorischen Regierung und der Alliierten Großmächte bei der Wiedererrichtung der Republik Österreich (Phil. Diss. Wien 1985).
Josef Leidenfrost, Die amerikanische Besatzungsmacht und der Wiederbeginn des Politischen Lebens in Österreich 1944 - 1947, 2 Bde. (Phil. Diss. Wien 1986).

kommunistischen Einflusses sowie des Umganges mit ehemaligen nationalsozialistischen Parteigängern innerhalb der Parteien angesichts der beschlossenen Wahlen vom November 1945.

Ungeachtet dessen waren die Länderkonferenzen, vor allem die erste vom 24. bis 26.September 1945, Basis für die Anerkennung der Provisorischen Staatsregierung für Gesamtösterreich durch die Alliierten und für das Selbstbewußtsein der jungen Zweiten Republik von entscheidender Bedeutung.

Diesen Stellenwert gibt auch Fritz Molden den Länderkonferenzen im hier abgedruckten Interview, wenn er – analog zu Eugen Leissing – von der „Geburtsstunde der Zweiten Republik bzw. Geburtsstunde der österreichischen parlamentarischen Demokratie“ spricht.[4])

Fritz Molden, geboren am 8. April 1924 in Wien als Sohn von Otto Molden und Paula von Preradovic, leistete 1942 bis 1944 Kriegsdienst in der Deutschen Wehrmacht und war nach seiner Desertion als Verbindungsmann zwischen der österreichischen Widerstandsgruppierung O5 und den westlichen Alliierten tätig.[5])

Unmittelbar nach Kriegsende war er engster Mitarbeiter des Tiroler Landeshauptmanns Gruber bzw.später Sekretär in dessen Funktion als Unterstaatssekretär für Äußeres (ab 26. September 1945) sowie als Bundesminister für Auswärtige Angelegenheiten unmittelbar nach den ersten Wahlen. Ab 1953 fungierte Molden als Herausgeber und später auch als Chefredakteur der „Wiener Presse“, eine Funktion, die bereits sein Vater vor 1938 innehatte.

1964 gründete er den nach seinem Namen benannten Verlag, der bis 1982 existierte. Seither ist er freier Schriftsteller, Mitarbeiter von verschiedenen Zeitungen und Präsident des Auslandsösterreicherwerkes.

In seiner Funktion als persönlicher Mitarbeiter von Landeshauptmann Gruber begleitete er diesen zu den ersten beiden Länderkonferenzen nach Wien. Zwar war Molden nicht Teilnehmer an einer der drei Kommissionen, jedoch hatte er als Verbindungsmann Grubers zu den anderen Delegierten, vornehmlich aus den Reihen der ÖVP, während der Sitzungspausen Einblick in den Verhandlungsprozeß.

Die folgenden Ausführungen Moldens werden – auch in ihrer Subjektivität und Positionierung als Mitarbeiter des „Wortführers“ der westlichen Bundesländer – weitgehend wörtlich wiedergegeben, soweit es die Diktion – in schriftliche Form ge-

---

[4]) *vgl. S.*

[5]) *O + der 5. Buchstabe des Alphabetes, E = OE für Österreich, Bezeichnung dür ein Sammelbecken verschiedene Widerstandbewegungen in Österreich.*

gossen – zuläßt. Dies erfolgt auch unter dem Gesichtspunkt des Oral History-Ansatzes, einer Methode zur Quellenerstellung, die der subjektiven Sicht und der persönlichen Einschätzung über Erlebtes Raum läßt.[6])

Hinweise zu bestimmten, aus dem Interviewtext nicht deutlich erkennbaren Ereignissen bzw. eventuellen Ungenauigkeiten finden sich im Anmerkungsapparat. Die im Interview genannten Personen werden fast alle im biographischen Teil vorgestellt.

Interviewtext:

Herr Molden, bevor wir zum eigentlichen Thema kommen, ersuche ich Sie, eine Kurzbiographie zu Ihrer Person bis zum Jahre 1945 diesem Gespräch voranzustellen.

Molden: 1924 geboren in Wien, 1938 sind mein Vater und mein Bruder von den Nationalsozialisten verhaftet worden. Mein Vater war der Chefredakteur der Neuen Freien Presse und hat außerdem eine Radio-Vortragsserie jeden Monat gehalten: „Ein Monat Weltgeschehen." Das hat die Nationalsozialisten fürchterlich geärgert, weil das in Deutschland natürlich verstanden worden ist. Diese Vorträge waren natürlich antinazistisch. Daher ist er und auch mein Bruder eingesperrt worden, weil dieser in einer Studentenverbindung, im sogenannten „Grauen Freikorps" war, das war eine antinazistische, katholische Studentengruppe. Ich war zu klein, um eingesperrt zu werden, ich war ja erst 13 Jahre alt. Aber im Herbst bin ich eingesperrt worden, da war ich dann schon 14, da war am Stephansplatz die berühmte Kundgebung[7]), da war ich dabei und da haben wir uns nachher geprügelt mit der HJ, und da bin ich erstmals verhaftet worden, aber gleich wieder freigelassen worden, weil ich ja noch sehr jung war.

Im Jahre 1940 wurde ich wieder arretiert, dann natürlich schon länger wegen antinazistischer Betätigung und verbotener Freizeitgestaltung. Aber das war noch relativ harmlos. 1941 neuerlich wegen versuchtem Hochverrat und Landesverrat sowie Bandenbildung etc. Ich habe deswegen eine längere Gefängnisstrafe bekommen und mich daraufhin freiwillig zur Wehrmacht gemeldet. Damals hatte es ja den Anschein, als ob

---

[6]) *vgl. Herwart Vorländer (Hrsg.), Oral History. Mündlich erfragte Geschichte (Göttingen 1990), bes. S. 17-26.*

[7]) *Jene Kundgebung von katholischen Jugendgruppen am 7. Oktober 1938, die zu einer Sympathieerklärung zugunsten von Kardinal Innitzer wurde und in deren Anschluß es am nächsten Tag zu einer Gegendemonstration von HJ-Gruppierungen, verbunden mit Schlägereien, bzw. zum „Sturm" auf das Erzbischöfliche Palais kam. Vgl. dazu Erika Weinzierl, Prüfstand. Österreichs Katholiken und der Nationalsozialismus (St. Gabriel/Mödling 1988), S. 143f*

die Deutschen den Krieg gewinnen und wir das „Tausendjährige Reich“ vor uns haben. In dieser Situation waren acht Jahre Gefängnis, zu denen ich verurteilt worden bin, für mich keine angenehme Perspektive. Daher habe ich mich lieber zur Wehrmacht gemeldet, ohne zu ahnen, daß ich zu einem Strafbataillon komme. Das war dort nicht sehr lustig, da die durchschnittliche Lebenserwartung bei dieser Einheit nur sechs Monate betrug.

Ich habe aber großes Glück gehabt: Am Weg nach Stalingrad wurden wir in der Ukraine zur Partisanenbekämpfung eingesetzt. Ich wurde verwundet und bin daher nicht nach Stalingrad gekommen, sondern wurde in ein Lazarett zurückgebracht.

So habe ich alles gut überstanden und war dann in Italien, auch an der Front. Ich bin dann aber desertiert, weil sie eine Widerstandsgruppe entdeckten bzw. Partisanen. Ich war dann schließlich der Verbindungsmann zwischen der österreichischen Widerstandsgruppe O5 und den Alliierten.[8])

Von welchem Standort haben Sie in dieser Funktion operiert?

Molden: Das Zentrum war die Schweiz. Von dort bin ich immer nach Wien, über die Berge, von Norditalien, andererseits von der Schweiz nach Frankreich zu den Alliierten. Es war etwas kompliziert, hat aber im Großen und Ganzen funktioniert.

Schließlich war ich im Frühjahr 1945 in Wien und habe an den Verhandlungen mit Schärf teilgenommen, durch die die Sozialdemokraten in eine gemeinsame Abwehrfront eingebunden wurden. Von den Kommunisten war Matejka dabei, der Rest waren Liberale und Christlich-Soziale, vor allem der Bundeswirtschaftsrat Spitz, der engste Kontakte mit Raab hatte, eigentlich dessen geistiger Nährvater war und später von der SS noch erschossen wurde.[9]) Bei Kriegsende habe ich die Befreiung von Innsbruck noch miterlebt. Anschließend war ich Verbindungsoffizier der Amerikaner zur Tiroler Landesregierung, weil ich die Funktion eines Verbindungsmannes zwischen österreichischem Widerstand und amerikanischen Einheiten ja bereits während des Krieges innehatte. Auf Bitte von Dr. Gruber, der damals Landeshauptmann von Tirol war, und den ich aus der Zeit des Widerstandes kannte, habe ich diese Aufgabe noch zwei Monate nach Kriegsende weitergeführt.

---

[8]) *Vgl. dazu auch Molden Fritz, Fepolinsky & Waschlapski auf dem berstenden Stern. Bericht einer unruhigen Jugend (Taschenbuchausgabe München 1991), S. 141ff.*

[9]) *Molden, Fepolinsky, S. 293f berichtet auch in seinen Büchern von dieser Unterredung mit Schärf am 25. 2. 1945, in deren Verlauf Schärf die Mitarbeit im POEN (Provisorisches Österreichisches Nationalkomitee) seitens der Sozialdemokratie zugesagt haben soll. Schärf erwähnt in seinen zahlreichen Büchern allerdings kein Wort davon.*

Als die amerikanischen Truppen aus Tirol abgezogen sind, habe ich abgerüstet. In dieser Situation hat mich Gruber gefragt, ob ich ihn unterstützen würde, da er höchstwahrscheinlich nach Wien zu Verhandlungen in absehbarer Zeit reisen müßte.

Zuvor sind wir nach Salzburg gefahren, wo die Länderkonferenz der bürgerlichen Gruppen am 29. Juli stattfand.[10]) Anschließend hat er mich nach Wien vorausgeschickt, etwas kompliziert bei den damaligen Verkehrsverhältnissen und Zonengrenzen.

Als Gruber auch nach Wien kam, haben die französischen Behörden ihn kurzfristig in einem Hotel in der Mariahilf festgesetzt, angeblich um ihn vor den Sowjets zu schützen. Das war sehr komisch. Meinem Vater, der darüber informiert wurde, hat er Zetteln mit Nachrichten aus dem Fenster zugeworfen.[11])

Anschließend kehrten wir wieder nach Tirol zurück. Als die große Länderkonferenz für September 1945 einberufen wurde, hat Gruber mich gefragt, ob ich bereit wäre, mit der Tiroler Delegation nach Wien mitzufahren und gegebenenfalls, so es zu einer Einigung kommen würde, als Sekretär in Wien bei ihm bleiben würde, da er sich in Wien nicht so gut zurechtfinde. Ich habe zugesagt, obwohl meine Kenntnisse von Wien auch nicht mehr die besten waren – denn meine letzten wirklichen Wienerlebnisse hatte ich mit 13, 14 Jahren, später war ich ja im Widerstand im Westen.

Wir fuhren dann zur Länderkonferenz im September, die sehr spannend war. Sie war gekennzeichnet durch gegenseitiges Mißtrauen, aber auch durch den gemeinsamen Willen, das Land Österreich wieder aufzubauen. Irgendwie haben alle Mitglieder im Unterbewußtsein gespürt: Jetzt oder nie. Und wenn diese Konferenz damals ein Mißerfolg gewesen wäre, wäre Österreich geteilt worden wie Deutschland.

Gruber schreibt in seinen Erinnerungen, daß er bei dieser Konferenz mit der Abreise der westlichen Delegationen gedroht hat, falls es zu keiner Regierungsumbildung, also zu einer Zurückdrängung des Einflusses der KPÖ innerhalb der Regierung Renner kommen würde. War das von ihm ein taktischer Schachzug oder tatsächlich geplant?[12])

---

[10]) *Das Protokoll dieser Bundesländerkonferenz der Bürgerlichen im Salzburger Chiemseehof ist abgedruckt in : Michael Gehler (Hrsg.), Karl Gruber: Reden und Dokumente 1945 - 1953 (= Institut für Zeitgeschichte der Universität Innsbruck. Arbeitskreis Europäische Integration. Historische Forschungen. Veröffentlichungen 2, Wien-Köln-Weimar 1994), S. 60-67*

[11]) *Vgl. dazu Karl Gruber, Zwischen Befreiung und Freiheit. Der Sonderfall Österreich (Wien 1953), S. 31f*

[12]) *ebda, S. 36*

Molden: Ich glaube, es stimmt beides. Er selbst wollte alles tun, um eine Einigung herbeizuführen, hat aber gleichzeitig immer sinngemäß gesagt: „Wenn wir nicht erreichen, daß die Wahlen bis spätestens Ende November stattfinden, wenn wir nicht erreichen, daß wir ab sofort gleichberechtigt in die Provisorische Regierung eingebunden werden, wenn wir nicht erreichen, daß die Wahlen in ganz Österreich in geheimer Form nach einem einzigen System stattfinden, dann hat es keinen Sinn. Dann fahren wir wieder nach Hause."[13])

Das waren die wesentlichen Punkte. Es gab darüber hinaus noch eine große Zahl von anderen, wichtigen, aber nicht so wesentlichen Themen. Über die genannten Punkte wurde mit Renner hin und her gestritten. Der Leiter dieser Verhandlungen auf sozialdemokratischer Seite war zweifellos Renner, obwohl Schärf und Helmer auch eine große Rolle gespielt haben.

Figl und Raab haben alles getan, um die westösterreichischen und südösterreichischen Vertreter zu überreden, einzuschwenken. Denn diese, sowohl die Sozialisten als auch die ÖVP hatten nur eine wirkliche Angst gehabt: Die westlichen Delegierten fahren wirklich weg und Ostösterreich bleibt endgültig im sowjetischen Machtbereich. Daher haben sie mit Recht darauf gedrungen. In der Nacht – die Verhandlungen haben ja immer bis Mitternacht gedauert – saßen wir immer noch mit Figl, Graf, Weinberger und Hurdes bis vier Uhr früh beisammen.

Die haben gesagt: „Freunde ihr müßt das verstehen, ihr habt es leichter mit den Franzosen und Amerikanern und den Engländern. Hier im Osten sitzen aber sie Russen. Helft uns doch!"

Gruber hat darauf gesagt: „Am meisten helfen wir euch, wenn wir Schwierigkeiten machen. Denn wir sind die einzigen, die etwas in der Hand haben. Wir können nämlich von hier wegfahren und dann haben die Russen ewig die Verbindung zwischen dem von den Alliierten besetzten Deutschland und Italien. Wenn wir aber ein vereintes Österreich wieder haben ..." – damals hat man noch geglaubt, 1946 bekommen wir den Friedens- bzw. Staatsvertrag und dann ist Österreich neutral – daher war das für die Sowjets auch interessant. Darüber hinaus haben sie ja geglaubt, daß die Kommunisten [bei den Wahlen] 25- 30% der Stimmen bekommen würden.

---

[13]) *Ähnlich auch in Grubers jüngster Darstellung: Meine Partei ist Österreich. Privates und Diplomatisches (Wien-München 1988), S. 79. Der damalige Staatssekretär Ernst Fischer (KPÖ) notierte während der Rede Grubers auf der ersten Konferenz: „Ultimatum der westlichen Länder. 1) Außenamt, westliche Bundesländer (VP), 2) Wechsel im Innenministerium (VP), Handel (VP), Landwirtschaft (VP)." Vgl. dazu: Aichinger, Sowjetische Österreichpolitik, S. 325, Anmerkung 23 und 24.*

Die Diskussion ging also hin und her – ein richtiges Pingpong. Am Ende war die Konferenz ganz knapp vor dem Auseinanderbrechen. Dann aber haben beide Seiten eingesehen, daß das Scheitern der Konferenz wahrscheinlich auch das Ende Österreichs – zumindest auf absehbare Zeit in der Zukunft – bedeutet hätte. Es kam daher dann zu der berühmten Einigung.

Eine nicht unwesentliche Rolle soll bei dieser Einigung – glaubt man den Schilderungen Grubers in seinen Büchern – der damalige Linzer Bürgermeister Koref als Mittelsmann gespielt haben.[14])

Molden: Richtig, und auch der Gleissner. Die waren milder. Der Gruber aber war hart. Eines darf man aber dabei nie vergessen. Der Gruber war der stärkste Mann von allen, aus einem ganz einfachen Grund: Das Land Tirol hat sich selbst befreit.

Er hat immer bei der Konferenz gesagt: „Ihr seid alle [von den Russen] eingesetzt worden in Eure Ämter, Herr Renner!" – Er hat immer gesagt: „Herr Renner!" – „Sie sind in Gloggnitz gesessen und dann ist ein russischer General gekommen und hat Sie geholt. Wir dagegen sind im Untergrund gewesen und haben unser Land selbst befreit. Das ist der Unterschied, Herr Renner! Das müssen Sie schon verstehen."[15])

Dadurch hatte Gruber natürlich auch eine ganz andere Position und auch Gleissner und Koref beeindruckt, obwohl auch diese stets antinationalsozialistisch eingestellt waren. Aber im wirklichen Widerstand waren von diesen Top-Politikern der Konferenz kaum einer, am ehesten noch der Hurdes und der Slawik von den Sozialisten, aber die hatten keine Spitzenpositionen in der Politik. Leopold Figl war im Konzentrationslager, ein großer Held, Raab war Baumeister und ist ständig herumgefahren und hat gegen die Nationalsozialisten geredet, aber wirklich im Widerstand war als einziger nur Gruber. Und dieser Umstand hat es ihm ermöglicht, bei der Konferenz hart aufzutreten, und er hat – so sehe ich es heute, vor zwei Jahren habe ich mit ihm noch darüber gesprochen – den wilden Zampano spielen müssen, und Gleissner auf ÖVP-, Koref auf SPÖ-Seite mußten als Vermittler auftreten. Diesen beiden hat er vertraut, Renner wiederum dem Koref vertraut. Gleissner stand ohnehin außer Streit; er war auch jahrelang im Konzentrationslager und ein besonders ehrenwerter Mann und jeder hat ihn hochgeschätzt. So kam daher die Einigung zustande.

---

[14]) *Gruber, Befreiung, S. 35f.*

[15]) *Zur Person Renners und den Ereignissen in Gloggnitz vgl. Walter Rauscher, Karl Renner. Ein österreichischer Mythos (Wien 1995), S. 280ff.*

Inwiefern hatten Sie als persönlicher Sekretär von Gruber Zugang und unmittelbare Informationsquellen aus den verschiedenen Kommissionen der Länderkonferenz, besonders der politischen Kommission, in der Gruber Mitglied war?

Molden: Ich war nicht Mitglied irgendeiner Kommission, sondern ich war das was man im Judentum „Schames" nennt. Ich war der „Schames" vom Gruber. Das bedeutet: Gruber hat mit mir alles besprochen, indem er Varianten probiert hat. Zum Beispiel: Kann man das machen, dieses vorschlagen, kommen wir damit in der Diskussion weiter, oder ist es Unsinn? Dann hat er mich mit richtigen und falschen Informationen zu irgendwelchen Mitgliedern der Länderkonferenz geschickt, um diese Leute einzubinden. Ich war also seine Vertrauensperson[16]), aber ich war offiziell nicht in einer der Kommissionen – das wäre rangmäßig auch nie in Frage gekommen. Ich war zwar Mitglied der Tiroler Delegation, aber erst knappe 21 Jahre alt, also sehr jung.[17])

Renner hat sich anfangs der Konferenz fürchterlich geärgert, daß da plötzlich ein junger Widerständler auftaucht. Das hat ihm nicht gepaßt. Renner hat gemeint: „Was ist denn das für ein Obergymnasiast?." Schärf hat ihn aber dann korrigiert: „Dieser Obergymnasiast hat mich im Februar dieses Jahres in die Widerstandsgruppe O5 eingeführt." Renner sagte darauf: „Ach ja, und was machen Sie hier bei dieser Konferenz?" Darauf antwortete ich: „Ich bin der Sekretär von Dr. Karl Gruber und im übrigen bin ich Mitglied der Tiroler Delegation. Hier ist mein Ausweis." Renner darauf: „Ja, ja, ist schon in Ordnung." Von diesem Augenblick hat sich sein Verhalten geändert. Aber prinzipiell wollten sie die jungen Leute aus dem Widerstand nicht dabei haben. Wäre ich nicht der Sekretär von Gruber gewesen, hätten sie mich sicher aus der Konferenz hinauskomplementiert. So, wie sie andere Leute von vornherein gar nicht zugelassen haben.[18])

Die Idee zu einer Länderkonferenz ist – analog zu 1918 – von Renner gekommen. Das heißt also, daß Wien – in der sowjetisch besetzten Zone – hier maßgeblich initiativ war, weniger der Westen, ...

---

16) *So auch Molden in: Fepolinsky (Ausgabe 1976), S. 421*

17) *Molden scheint allerdings nicht in der Liste der offiziellen Vertreter des Bundeslandes Tirol auf, wie sie im „Stenographischen Protokoll. Plenarsitzung der Ersten Länderkonferenz (Wien 1945) S. 2", abgedruckt ist. Sekretäre und Mitarbeiter der Delegierten zur Konferenz hatten inoffiziellen Status.*

18) *Zum Verhältnis „Provisorische Regierung Renner und Teilnahme von ehemaligen Widerstandskämpfern an der Regierung" ähnlich Rathkolb, der die diversen Widerstandgruppen zu den „Verlierern" des Jahres 1945 zählt. Oliver Rathkolb (Hrsg.), Gesellschaft und Politik am Beginn der Zweiten Republik. Vertrauliche Berichte der US-Militäradministration aus Österreich in englischer Originalfassung (Wien-Köln-Graz 1985), S. 166*

Molden: Ob Renner diese Konferenz wirklich selbst initiiert hat, kann ich nicht sagen. Aber sicher ging diese Initiative von Wien aus.[19]) Wir wollten nicht nach Wien zu den Russen, weil wir dachten, die Russen würden uns unter Druck setzen, und wir wollten ohne Druck verhandeln. Daher wollten wir alle nach Linz oder Salzburg einladen.

Die südlichen Bundesländer haben interessanterweise diesbezüglich keine allzu große Bedeutung gehabt, weil sie zuerst sowjetisch besetzt waren und erst im Sommer von den Briten übernommen wurden. Die Briten haben anfangs Steiermark und Kärnten wie eine deutsche Besatzungszone behandelt und ihnen fast keine Eigenständigkeit gegeben, zum Unterschied zur amerikanischen, aber auch französischen Zone. Daher haben sich die südlichen Bundesländer stärker an uns, den westlichen orientiert.[20])

Lag darin auch ein Grund, wieso Gruber – abgesehen von seiner Rolle als Widerstandskämpfer bei der Befreiung Tirols und seiner Wahl zum Landeshauptmann durch das Exekutivkommittee – zum Wortführer der westlichen und südlichen Bundesländer in der Länderkonferenz avancierte?

Molden: Zweifellos. Das war bereits ausgemacht. Im Grunde wurde das bereits in Salzburg beschlossen. Weil er eben die besten Trümpfe in der Hand hatte durch seine Rolle bei Kriegsende in Tirol, obwohl er einer der jüngsten Teilnehmer war, wurde er gleichsam zum Sprecher der nicht sowjetisch besetzten Gebiete Österreichs. Auch das hat Renner nicht gefallen. Renner hätte gerne als Ansprechpartner Gleissner, Rehrl, Schumy, oder einen ähnlichen braven Christlich-Sozialen oder Landbündler gehabt, jedenfalls einen, den er bereits aus den zwanziger, dreißiger Jahren gekannt hat. Und jetzt kommt die-

---

19) *Bereits in der Regierungserklärung vom 27. 4. 1945 wurde verkündet, daß die Regierung „nach Maßgabe der fortschreitenden Befriedung des Landes aus den hinzukommenden Gebieten Ergänzung oder Ersatz" finden sollte. Abgdruckt in: Eva-Maris Csaky, Der Weg zu Freiheit und Neutralität. Dokumentation zur österreichischen Außenpolitik 1945 - 1955 (=Schriftenreihe der österreichischen Gesellschaft für Außenpolitik und Internationale Beziehungen 10, Wien 1980), S. 39.*
In seiner Denkschrift „Drei Monate Aufbauarbeit der Provisorischen Staatsregierung der Republik Österreich", erschienen im Juli 1945 , S. 22 nannte Renner die Einberufung einer Länderkonferenz zur Neugestaltung der Regierung nach den Wünschen der Länder eine vordringliche Aufgabe, sobald die Verbindung mit den anderen Bundesländern wiederhergestellt ist.
Zu den Initiativen Renners für eine Länderkonferenz vor allem bei den Alliierten vgl. Leidenfrost, Amerikanische Besatzungsmacht, Bd. 1, S. 207ff

20) *Vgl. dazu Wagnleitner, der die Interventionsversuche von britischen Offiziellen bei dem Kärntner Delegierten Piesch(dem provisorischen Landeshauptmann) und dem Steirer Machold, bei der Länderkonferenz mindestens 5 Ministerien für die westlichen u. südlichen Bundesländer in der neuen Regierung zu fordern oder zumindest auf drei Kabinettsänderungen zu bestehen, skizziert. Wagnleitner, Großbritannien, S. 136f.*

ser für ihn uneinschätzbare junge Mann, der noch dazu von Beruf ein Techniker ursprünglich war, was dem Renner schon von vornherein nicht behagt hat, jedenfalls kein Philosoph oder Theoretiker, mit dem man über Marxismus diskutieren konnte oder über Christentum, sondern dem als erstes einfiel, daß unverzüglich die Autobahn nach Wien fertiggestellt werden müßte. Ein Ingenieur eben.

Wenn also Gruber bei den Länderkonferenzen der Wortführer der westlichen Bundesländer, aber auch der ÖVP insgesamt war, welche Rolle kam dann anderen prominenten VP-Mitgliedern wie Figl, Hurdes etc. zu? Gruber schreibt ja dazu sinngemäß, daß er den Parteikollegen aus der sowjetisch besetzten Zone deutlich gemacht hätte, diese mögen am besten während der Verhandlungen sich zurückhalten und ihn bzw. die Vertreter der westlichen Bundesländer die Gespräche primär führen lassen.[21])

Molden: Genauso war es auch. Das war diesen aus dem Osten auch recht. Denn der Figl, der Raab, der Hurdes, der Weinberger und die anderen aus dem Osten, die mußten sich ja jeden Tag mit den Sowjets oder deren kommunistischen Statthaltern, wie Fischer oder Honner auseinandersetzen. Sie konnten also nicht so agieren wie Gruber. Dieser hat – vollkommen zu Recht – in Wien so gesprochen wie in Innsbruck wenn er meinte: „Wir können mit Euch nur dann zusammenarbeiten, wenn diese Vorstellungen, die ich früher schon erwähnt habe, realisiert werden. Wir wollen keine russischen Zustände in Tirol. Bei uns in Tirol wird nicht vergewaltigt!" Das hätte ja der Figl nie sagen könne, wenn das einer gehört hätte und es denn Russen weitererzählt hätte, dann wäre er fertig gewesen.

Gab es bei dieser Länderkonferenz, besonders bei der ersten, auch Zuhörer von den Alliierten Mächten?

Molden: Nein, die Kommunisten, die österreichischen waren natürlich dabei.

Welche Rolle haben die kommunistischen Delegierten, die der verschiedenen Bundesländer bzw. der Staatsregierung bei den Verhandlungen während der Länderkonferenzen gespielt?

Molden: In der Tiroler Delegation war der Ronczay. Er war ein sehr freundlicher Herr, war aber ein echter Kommunist, wir haben ihn damals immer „Kummerl" genannt. Natürlich hat er den Herren Kolpenig und Honner erzählt, was er wußte. Seine Loyalität galt zwar den Kommunisten, allerdings und das muß ich sagen – ich erinnere mich an einen Abend, wir gingen

---

[21]) *Gruber, Befreiung, S. 34f*

durch die Herrengasse und er sagte zu mir: „Fritz, laßt mich nicht an allen Besprechungen teilnehmen.“ Ich sagte darauf: „Ja aber, du mußt bei den Besprechungen [der Bundesländer] teilnehmen, das ist doch überparteilich.“ „Ja“, meinte er, „aber ich muß ja nicht alles hören. Du kannst dir ja denken, daß ich das alles weitererzählen muß.“ Roncay war also Tiroler, zumindest hat er sich so gefühlt, ich glaube sogar in erster Linie, und in zweiter Linie Kommunist. Ich meine, daß ihm in Wien die Freude am Kommunismus etwas vergangen ist, denn das war eine andere Welt als in Tirol. Die Kommunisten waren bei den Konferenzen präsent, auch aus Salzburg, Oberösterreich, von überall waren welche dabei. Wortführer unter ihnen waren Fischer und Honner, der Koplenig hielt sich mehr im Hintergrund, für mich war er geradezu etwas scheu.

War die Verhandlungslinie der kommunistischen Delegierten von Pragmatismus gezeichnet oder zeigte sich auch das ideologische Element?

Molden: Fischer war unglaublich intelligent. Was er sich während der Verhandlungen gedacht hat, war nur sehr schwer herauszubekommen. Sicher haben damals alle kommunistischen Delegierten gedacht, daß sie bei den ins Auge gefaßten Wahlen wesentlich besser abschneiden würden als sie es dann tatsächlich taten. Das hat man bereits gemerkt. Sie waren daher voll guter Dinge. Eine Reihe von Fragen haben sie bei den Verhandlungen aufgeworfen. Da gab es dann lange Diskussionen: Selbstverständlich waren auch sie für freie Wahlen. Damit es aber nicht allzu kompliziert mit den Erlaubnisscheinen der Alliierten, wozu immer unzählige Stempel nötig waren, wäre, sollten immer nur Kandidaten für die Wahl in jener Besatzungszone als Wahlwerber auftreten, in der sie lebten. Sie wollten also keinen Gruber und keinen Gleissner im Burgenland, im Wald- und Mühlviertel als Wahlwerber haben, das war ganz klar. Wir wußten aber genau, wir können die Wahl nur gewinnen, wenn wir Westleute in der Wahlkampagne nach Osten bringen.[22]

Denn wenn wir auch noch Angst gehabt hätten vor möglichem russischen Terror bei den Wahlen wie etwa in Niederösterreich, vor dem Terror der Sowjets und auch schon von USIA-Garden, wäre es nichts geworden. Wenn etwa vor dem Wahllokal zwei russische Soldaten mit der Kalaschnikov stehen, hätte sich so manche alte Dame gefürchtet und vor Furcht kommunistisch gewählt; und daneben steht womöglich der

---

[22] *Vgl. Michael Gehler, Dr. Ing. Karl Gruber, Erster Landeshauptmann von Tirol nach dem Zweiten Weltkrieg. In: Lothar Höbelt/Othmar Huber (Hrsg.), Für Österreichs Freiheit. Karl Gruber - Landeshauptmann und Außenminister 1945 - 1953 (= Innsbrucker Forschungen zur Zeitgeschichte, hrg. von Rolf Steininger, Bd.7, Innsbruck 1991), S. 420f.*

Obmann der kommunistischen Partei und sagt neben dem Wahllokal: „Frau X., darf ich Ihnen helfen?“ Denn das waren ja viele von den Nationalsozialisten gewohnt.

Daher wußten wir: Wir müssen unbedingt Leute aus dem Westen während der Wahlkampagne im Osten auftreten lassen. Daher hat Gruber in Tirol nur eine einzige Wahlrede gehalten, sehr viele aber im Osten.

Eine Aufgabe war es nach Gruber, wie er selber schreibt, der Bevölkerung im Osten die Furcht vor freien, demokratischen, geheimen Wahlen zu nehmen.?[23])

Molden: Genau, und ihnen klar zu machen, daß Angst unnötig ist, denn in der Wahlzelle wären alle allein.

Der ehemalige Landesamtsdirektor Grabherr aus Vorarlberg meinte einmal zu den Länderkonferenzen, daß die Vorgabe, alle Bundesländer müßten bei den Konferenzen mit Vertretern aller drei zugelassenen Parteien präsent sei, wäre für Vorarlberg beinahe nicht zu erfüllen gewesen, da man im Lände nur mit Mühe kommunistische Funktionäre gefunden hätte.[24])

Molden: Nun, das mag sein. Landeshauptmann war Dr. Ilg, ein hervorragender Mann, der es allerdings nicht sehr leicht hatte. Vorarlberg wurde von den Franzosen besetzt und diese haben zwar nicht vergewaltigt, aber sehr viele Industrieanlagen abmontiert. In dieser Hinsicht standen sie den Sowjets um nichts nach. Sie haben in Vorarlberg ziemlich wild gehaust. In Tirol, wohin sie noch 1945 kamen, fanden sie ein Land vor, das ursprünglich von den Amerikanern besetzt war, wo überall riesige Tafeln standen mit der Aufschrift „Liberated Austria“. Die Franzosen haben zwar auch hier versucht, Anlagen auszubeuten – z. B. die „Tiroler Röhrenwerke“, deren Anlagen nach Lyon gebracht wurden. Aber es war für sie schon viel schwieriger, weil zuvor bereits drei Monate die Amerikaner hier waren, und der Gegensatz zwischen amerikanischen und französischen Besatzern wäre allzu offensichtlich und international kein Ruhmesblatt geworden. Daher haben die Franzosen in Tirol wesentlich weniger gewütet, zwar einige Waggons verschwinden lassen, aber sie haben nicht wie in Vorarlberg ganze Industrieanlagen beschlagnahmt, abgebaut und wegtransportiert.[25] Insofern hatte es Landeshauptmann Ilg in gewisser Hinsicht wesentlich schwerer als Gruber. In den Verhandlungen während der Länderkonferenz hat er sich nicht besonders bemerkbar

---

[23]) *Gruber, Meine Partei, S. 79*

[24]) *Feichtenberger, Die Länderkonferenzen, Interview mit Grabherr, zit. im Anhang o.S.*

[25]) *Zu diesen Deportationen von Industrieanlagen vgl. Manfried Rauchensteiner, Der Sonderfall. Die Besatzungszeit in Österreich 1945 bis 1955 (Graz-Wien-Köln 1979), S. 122f*

gemacht, da gab es eine geschlossene Front der Westösterreicher.

Unter den west- und südösterreichischen Delegationen wurden etwaige Differenzen, die es natürlich auch in großer Zahl gegeben hat, so unterspielt, so daß für die Ostösterreicher der Eindruck erweckt wurde, daß der Westen und der Süden Österreichs als ein einheitlicher Block auftritt. Die Ostösterreicher sind hingegen nie als ein Block aufgetreten: Da gab es den Renner mit den Sozialisten, die Kommunisten, und da gab es die ÖVP mit Figl, die ein bißchen unter dem Rock des Westen Schutz gesucht hat, wenn ich das pointiert ausdrücken darf.

Welches Verhältnis hatten Renner und Gruber, sieht man von den anfänglichen inhaltlichen Auffassungsunterschieden bei den Verhandlungen ab?

Molden: Nach den Länderkonferenzen gut. Gruber hat Renner dann sehr schätzen gelernt, als er Außenminister war. Er hat sich mit Renner wesentlich besser verstanden als etwa mit Schärf. Grotesk insofern, als Gruber einem völlig anderen Milieu entstammte als Renner, aber auch Figl und andere. Er selbst kam nicht aus einer parteipolitisch vorgefertigten Lebenswelt. Sein Vater war zwar Eisenbahner und Sozialdemokrat, Gruber selbst als Kind den „Roten Falken", die er aber wieder verlassen hat, ganz einfach, weil ihm dort langweilig war und es ihn nicht interessiert hat. Er ist also ideologisch völlig unpolitisch aufgewachsen. Er war nur gegen Hitler, weil er ein freidenkender Mensch war. In Wien hat er in der Zensurabteilung, wo die Telefone von „Illegalen" abgehört wurden, gearbeitet. Dort haben sie nur zuverlässige Leute genommen. Das war sein Beruf bis 1938. Daher mußte er dann Wien sofort verlassen, weil die Nationalsozialisten ihn sofort eingesperrt hätten. Siemens hat ihn sofort in Deutschland beschäftigt, weil er ein guter Ingenieur war. Dann hat er nebenbei das Jusstudium absolviert. Der Mann war also politisch nicht sofort einzuordnen. Er hat auch 1945 in Innsbruck sofort die „Österreichische Staatspartei" gegründet, die eine liberale Partei war.

Was waren die eigentlichen Beweggründe für die Gründung dieser Staatspartei durch Gruber? War es einerseits die Sorge, daß die traditionelle christlich-soziale Partei wieder neu belebt werden könnte und die Bruchlinien wie in der Ersten Republik verlaufen würden, oder war es andererseits die Unsicherheit im Mai 1945, ob es angesichts der Besatzungsrealität überhaupt zur Gründung einer bürgerlichen Partei kommen könnte?[26])

[26]) *Zum Stellenwert der „Österreichischen Staatspartei" vgl. Gehler, Dr. Ing. Karl Gruber, S. 52*

Molden: Meiner Ansicht nach haben die Verhältnisse im Osten bei dieser Gründung keine besondere Rolle gespielt, weil man damals überhaupt noch nicht wußte, was sich in Ostösterreich abspielt. Als die Österreichische Staatspartei im Mai 1945 gegründet wurde, gab es heftige Diskussionen. Bei einigen dieser Sitzungen war ich dabei. Gruber ging es damals um eine liberale Partei. Denn Tirol war in der Vorkriegsperiode sehr klerikal. Gamper, der sofort wieder Landeshauptmannstellvertreter wurde, wollte wieder das klerikale politische Österreich des Jahres 1934, am liebsten den Ständestaat, wenngleich er meinte, daß die Auflösung des Parlamentes durch Dollfuß ein Unsinn war. Aber im Grunde wollte er eine erzkonservative, klerikale Welt. Das war sein Traum. Gruber hingegen war keineswegs klerikal, zwar katholisch, aber keineswegs tiefreligiös, er ist meines Wissens auch nie in die Kirche gegangen, außer aus kunsthistorischem Interesse.

Gruber wollte eine nichtklerikale, liberale Partei haben, westlich orientiert.[27]) Er begann sofort Bücher zu lesen. Er selbst konnte sich in Englisch kaum unterhalten, aber er hat während des Krieges Englischkurse besucht. Mit dem Lesen hatte er daher weniger Probleme und nach dem Krieg hat er englische und amerikanische politische Literatur gelesen. Für ihn war das angelsächsische Demokratiemodell Vorbild. Mit den traditionellen Parteien der Ersten Republik konnte er nicht viel anfangen. Er war in seinen Jugendjahren z. B. nicht beim Cartellverband, obwohl er später Ehrenmitglied wurde, unter scharfem Druck von Julius Raab. Er war natürlich auch kein Linker, sondern ein echter Liberaler. Er sagte immer, die bürgerlichen Gruppen müßten kooperieren, da der Druck aus dem Osten in Form des Marxismus sehr stark wäre.

Kann man Gruber als klassischen Antikommunisten bezeichnen?

Molden: Ja, das kann man sicher.

Werfen wir einen Blick auf die sogenannten „Vorkonferenzen" des bürgerlichen Lagers vor den eigentlichen Länderkonferenzen. Die erste fand am 29. Juli in Salzburg statt, die zweite am 19. August ebenfalls in der Festspielstadt. Ging es bei diesen Besprechungen primär um die Errichtung einer Volkspartei, bzw. inwiefern spielte hier Grubers „Österreichische Staatspartei" noch eine Rolle?

Molden: Gruber ist am 29. Juli noch mit dem Konzept einer „Staatspartei" nach Salzburg gefahren und hat während der

---

[27]) *Diese Abneigung Grubers gegen klerikalen Einfluß in der Politik brachte er deutlich bei der Bundeländerkonferenz der ÖVP am 29. 7. 1945 zum Ausdruck, vgl. Gehler, Karl Gruber, Reden und Dokumente, S. 63*

Fahrt, die übrigens durch ständige Kontrollen französischer und amerikanischer Soldaten erschwert war, zu mir gesagt: „Diese Staatspartei werden wir dort teuer verkaufen."

Gab es im September 1945, kurz vor der ersten Länderkonferenz eine weitere Besprechung innerhalb der ÖVP?

Molden: Ich persönlich kann mich nur an die zwei Konferenzen im Chiemseehof in Salzburg erinnern. Sicherlich gab es darüber hinaus inoffizielle Kontakte. Ich weiß von Besprechungen zwischen Rehrl und Gruber in Innsbruck bzw. zwischen Ilg und Gruber. Gruber selbst fuhr einmal nach Linz, um sich mit den dortigen VP-Spitzen zu akkordieren. Die Möglichkeit, telefonisch sich zu verständigen, gab es ja damals noch nicht. Ich selbst wurde von Gruber nach Oberösterreich geschickt mit dem Auftrag, dort die Aufbauarbeit zu studieren, etwa in Ried im Innkreis und in Gmunden, und habe ihm anschließend darüber berichtet. Aber an eine weitere Vorkonferenz kann ich mich nicht erinnern.[28])

Welche Themen wurden bei diesen Vorkonferenzen der Bundesländer in Salzburg neben der Neukonstituierung einer bürgerlichen Partei noch erörtert? In den diesbezüglichen Protokollen ist vom Verhalten der Alliierten bzw. dem Umgang mit den ehemaligen Nationalsozialisten sowie der „Entnazifizierung" die Rede, ein Problem, das ja auch bei der zweiten Länderkonferenz eine wichtige Rolle spielte?[29])

Molden: Im Hochsommer 1945 waren vielen Beteiligten an diesen Konferenzen noch die Erlebnisse in den Konzentrationslagern in lebhafter Erinnerung. Es gab daher damals überhaupt keine Sympathien für die ehemaligen Nationalsozialisten und es war undenkbar, daß diesen die Teilnahme an den Wahlen gestattet werden sollte. Das stand noch gar nicht zur Debatte.

Allerdings gab es damals bereits unterschiedliche Entnazifizierungskommissionen mit unterschiedlichen Vorgangsweisen. Darüber wurde [bei den Vorkonferenzen] diskutiert bzw. über die Rückgabe von Vermögen, sowie über die Frage, ob man die Fabriksanlagen bestimmter Industrieller, die Nationalsozialisten waren, beschlagnahmen lassen sollte. Einhellig herrschte die Meinung vor, daß alles, was in der nationalsozialistischen Ära beschlagnahmt worden war, rückerstattet werden müsse.

---

[28]) *Eine weitere Konferenz der ÖVP fand tatsächlich am 23. 9. 1945 in Salzburg statt, wo die akkordierten Forderungen für die erste Länderkonferenz festgelegt wurden. Vgl Dokument Nr. 5 der hier abgedruckten Quellensammlung zu den Länderkonferenzen von Leopold Kammerhofer.*

[29]) *Vgl. Gehler, Karl Gruber, Reden und Dokumente, S. 68-85*

Im Westen Österreichs war es überhaupt keine Frage, daß das arisierte jüdische Vermögen den rechtmäßigen Eigentümern zurückgegeben werden muß. Allerdings war dieses ja wesentlich geringer. In Wien und im Osten Österreichs gab es jedoch Bedenken, daß eine solche Maßnahme bei der Bevölkerung, besonders in manchen Arbeiterschichten, denen es etwa in den „Herrmann-Göhring-Werken“ besser ergangen war als unter manchen früheren –jüdischen – Fabriksherren, nicht so gut ankommt. Da gab es also eine andere Konstellation, die ich ad hoc nicht so genau darlegen kann. Zweifellos war aber im Westen die Bereitschaft zur Rückerstattung von beschlagnahmtem Vermögen und zur Verfolgung von ehemaligen Nationalsozialisten größer. Nicht ohne Grund waren die größten Internierungslager für ehemalige Nationalsozialisten in Glasenbach und in Wolfsberg. Im Osten Österreichs gab es ja keine derartig großen Lager. Zweifellos haben aber dort die sowjetischen Militärbehörden viele nach Sibirien deportiert. Dennoch: Die österreichischen Behörden im Osten waren wesentlich milder als im Westen.[30])

Welche Haltung haben die Sozialdemokraten im Westen und Süden Österreichs bei den Länderkonferenzen eingenommen, vor allem bei den zum Teil heftigen Diskussionen im Rahmen der ersten Länderkonferenz. Fühlten sie sich primär als Vertreter ihrer Partei oder als Delegierte ihres Bundeslandes?

Molden: Sie waren natürlich Sozialdemokraten und in erster Linie loyal zu Renner oder Schärf, aber, wie etwa der Kommunist Ronczay zuerst Tiroler war, war Koref zuerst einmal Oberösterreicher, der sich für sein Bundesland, bzw. für die Stadt Linz verantwortlich fühlte. Allen war klar, daß die Situation, die im Osten Österreichs gegeben war, der Terror, die Angst vor der Besatzungsmacht, für ihre Bundesländer nicht in Frage kommen konnte. Das war allen klar. Daher sagten sie: „Wir können keiner Vereinbarung zustimmen, die solche Verhältnisse, wie sie in Wien und Niederösterreich herrschen, auch im Westen schafft. Vielmehr muß alles getan werden dem Osten zu helfen, indem die Lebensbedingungen des Westens auch im Osten möglich werden.“

Renner hat bei der ersten Länderkonferenz im September ursprünglich seine Weigerung, die provisorische Staatsregierung

---

[30]) *Die Internierungslager im Westen und Süden Österreichs wurden allerdings von den Alliierten errichtet, die in der Frage des Umganges mit ehemaligen Nationalsozialisten bzw. des Problems der „Entnazifizierung“ eine wesentlich aktivere Rolle einnahmen als die sowjetischen Behörden im Osten. Darüber hinaus waren viele ehemalige nationalsozialistische Funktionäre und Wehrmachtsangehörige bei Kriegsende nach Westen geflohen, um der Gefangennahme durch die Sowjets zu entgehen. Vgl. dazu Dieter Stiefel, Entnazifizierung in Österreich (Wien-München-Zürich 1981), bes. S. 21-45*

nach den Intentionen der westlichen Delegierten grundlegend umzubilden, unter anderem auch damit begründet, daß die ersten freien Wahlen ohnehin in wenigen Monaten stattfinden würden und daher so die politischen Machtverhältnisse neu geregelt werden würden.[31]) *Wie wir heute wissen, scheint hier vielmehr die Furcht, daß die sowjetische Besatzungsmacht einer solchen Umbildung zuungunsten der Kommunisten nicht zustimmen würde, im Vordergrund gestanden zu sein, wobei ...*

Molden: Ich glaube, es waren zwei Überlegungen im Spiel: Sicher war es der ständige Druck, der zum Teil auch über die Kommunistische Partei ausgeübt wurde. Renner war aber auch selbst jeden zweiten Tag im Hotel Imperial bei der sowjetischen Führung. Und das war nicht leicht. Die haben sich lustig gemacht über die österreichischen Anliegen. Ich selber habe gehört, wie Kurasov[32]) einmal meinte: „Ja, was wollt ihr denn noch alles von uns haben? Wollt ihr womöglich wieder den Kaiser einsetzen?" Das hat also sicher auch eine Rolle gespielt.[33])

Ein weiterer Gesichtspunkt war, daß Renner, der ein unglaublicher „shrewed politican" war, wie die Engländer sagen, sehr deutlich zum Ausdruck brachte: „Auf der einen Seite hier steht Gruber, der im Widerstand war und großen Anteil an der Befreiung von Innsbruck hatte, auf der anderen Seite stehe ich, der ich Staatskanzler bin." Renner hat das Interesse verfolgt, die sozialdemokratische Partei gegenüber den Kommunisten zu stärken; auch er hatte die Befürchtung, daß die KPÖ bei den Wahlen sehr gut abschneiden werde, womöglich besser als die Sozialdemokratie. Was wäre dann? Allen aber – auch Renner – dürfte bewußt gewesen sein, daß die ÖVP als stärkste Partei aus den ersten Wahlen hervorgehen wird. In den inoffiziellen Gesprächen mit Vertretern der anderen Parteien wurde das auch bestätigt. Man konnte sich das ja ausrechnen: In Westösterreich herrschte in weiten Bevölkerungsschichten die Ansicht vor, Renner sei ein Mann der Sowjets, von diesen eingesetzt, der unter Umständen diese Karte auch ausspielen würde. Das hat dieser überhaupt nicht gemacht, aber man hat es zumindest geglaubt.

Gruber hat im übrigen nach der zweiten Länderkonferenz gemeint: „Ich habe dem Renner Unrecht getan. Er ist keineswegs ein Mann der Sowjets."

---

[31]) *Vgl. Dokument Nr. 4 von Kammerhofer: Sitzungsprotokoll des Kabinettsrates der Provisorischen Staatsregierung Nr. 31 vom 19. 9. 1945 (Auszug)*

[32]) *Gen. Vladimir V. Kurasov, sowjetischer Militär-bzw. Hochkommissar Mai 1946 bis April 1949*

[33]) *Ähnlich zitiert Rauscher Renner gegenüber dem britischen Hochkommissar Gen. McCreery. Rauscher, Karl Renner, S. 340.*

Zu meinem persönlichen Weg: Bei der dritten Länderkonferenz war ich nicht mehr dabei. Denn am Ende der ersten Konferenz hat mich Gruber gefragt, ob ich als sein Sekretär in seiner zukünftigen Funktion als Unterstaatssekretär für Äußeres am Ballhausplatz arbeiten möchte. Als ich ihn darauf hinwies, daß es in den vorgesehenen Räumen noch kein elektrisches Licht gäbe, meinte er: „Na, dann werden wir eben bei Kerzenlicht arbeiten.“

Ab diesem Zeitpunkt war ich mit dem Aufbau des Ministeriums beschäftigt. Meine wesentlichste Aufgabe aber war es, die Verbindungen mit den Amerikanern und Franzosen aufrechtzuerhalten. Später reiste ich im Auftrag Grubers in die Schweiz, um Geld für die Wahlen bzw. den Wahlkampf aufzutreiben. Daher nahm ich an der dritten Länderkonferenz nicht mehr teil. Ich war stets mit politischen Angelegenheiten beschäftigt bis zum Wahltag, die entweder das Außenministerium oder die Wahlen direkt betrafen.

Die erste Länderkonferenz war also zweifellos die wichtigste Konferenz?

Molden: Ja, weil hier der Durchbruch zu einem einheitlichen Österreich erreicht wurde.

Im Rahmen der drei Länderkonferenzen tagten verschiedene Kommissionen: die politische, die juridische und die ökonomische. Alle drei verfaßten Resolutionen das zukünftige Österreich und wichtige Probleme betreffend, die von allen Delegierten abschließend fast immer einstimmig angenommen wurden. Der politischen Kommission kam eine besondere Rolle zu.

Molden: Natürlich, da die beiden anderen Kommissionen von den Ergebnissen der Diskussion in der politischen Kommission abhängig waren. Wenn man sich in ersterer nicht geeinigt hätte, wären die anderen sinnlos gewesen. Daher war die politische Kommission der Kern der Konferenz. Wenn wiederum die erste Länderkonferenz nicht zu einem Resultat geführt hätte, wäre wahrscheinlich nie mehr eine zweite zustande gekommen. Das ist meine Meinung. Denn die Amerikaner haben gehofft, daß die erste Länderkonferenz scheitert.[34]) Meine Hauptbeschäftigung war, den US-Diplomaten wie Ehrhardt sowie der militärischen Führung unter Gen. Clark bzw. den Spitzen der OSS-Österreich[35]) klarzumachen, daß diese Länderkonferenz eine einmalige Chance ist und eine Zentralregie-

---

34) *Völlig anders war nach den Forschungen von Leidenfrost die Einschätzung der Amerikaner. Leidenfrost, Amerikanische Besatzungsmacht, S. 246*

35) *OSS = Office of Strategic Services, 1942 als von der US-Armee unabhängige Geheimdienstorganisation etabliert mit einer eigenen Österreich-Abteilung, in der die Planung der Nachkriegszeit bewerkstelligt wurde. Vgl., Rathkolb, Gesellschaft und Politik, S. 13f.*

rung für ganz Österreich keine Gefahr darstellt. Sie waren nämlich stets der Ansicht, daß das Ganze eine Falle der Sowjets wäre. So wie diese den Renner für ihre Interessen instrumentalisiert hätte, so würden sie es auch nun mit den Politikern der anderen Besatzungszonen machen.

Ihre Kontakte zu amerikanischen Militär- und Geheimdienstkreisen stammten noch aus der Zeit des Krieges?

Molden: Ja, Gruber hat mich als Verbindungsmann zu diesen eingesetzt, weil ich aus der Zeit des Widerstandes – ich trug damals ja auch einige Zeit eine amerikanische Uniform – sehr gute Kontakte hatte und das politische Denken dieser Leute gut kannte.

Mitarbeiter des OSS waren als Zuhörer auch bei den Vorkonferenzen des bürgerlichen Lagers in Salzburg anwesend. In ihren Berichten an die Zentrale über diese Konferenzen, besonders über jene vom 29. Juli machten sie deutlich, daß es Anzeichen gäbe, die neue Volkspartei in den westlichen Bundesländern würde sich von Ostösterreich abschotten und wäre gewillt, eine Allianz mit den westlichen Alliierten zu bilden.[36])

Molden: Nach meiner Erinnerung waren mindestens vier OSS-Angehörige bei dieser Konferenz zugegen, die unter Umständen vier verschiedene Berichte verfaßt haben. Sicher waren Ripper und Hudson anwesend. Ich glaube auch Frankenstein, ein Neffe des Botschafters in London, und noch ein weiterer, ich glaube, Frank Harris. Ripper und Frankenstein waren geborene Österreicher, Hudson wiederum war in Amerika geboren. Er hat mich stets gebeten, ihm zu sagen, worüber gerade gesprochen wurde, da er selbst fast nichts verstand. Was sie geschrieben haben, weiß ich nicht, aber der Wille, eine gesamtösterreichische Regierung zu bilden, war im Juli 1945 auf VP-Seite auf jeden Fall bereits vorhanden.

Unter den damaligen Umständen bedurfte die Abhaltung der Länderkonferenzen der Genehmigung seitens der Alliierten. Die sowjetischen Behörden machten keine Schwierigkeiten, als Renner diesen Vorschlag machte, ...

Molden; ...natürlich, da sie der Ansicht waren, ihre Stellung bzw. der kommunistischen Einfluß könnte dadurch ausgebaut werden.[37])

Wie standen die westlichen Alliierten zu diesen Länderkonferenzen, besonders die Franzosen?

---

[36]) *Rathkolb, Gesellschaft und Politik, S. 166 u. 181, Anmerkung k.*

[37]) *Vgl dazu, Aichinger, Sowjetische Österreichpoltik, S. 324*

Molden: Nun, die Franzosen standen der Konferenz und einer Teilnahme von westlichen Delegationen negativ gegenüber. Sie wollten ursprünglich auch Gruber nicht fahren lassen.

Auch Bethouart[38]) war anfangs sehr erbost über ihn, da dieser nicht zum Empfang kam. Gruber selbst hatte vor dem Wechsel der Besatzungsmacht in Tirol an den Präsidenten Henry Truman ein Telegramm geschickt – ich selbst habe es ins Englische übersetzt –, in dem er ihn bat, daß Tirol in der amerikanischen Besatzungszone bleiben sollte unter Hinweis auf die guten Beziehungen Tirols mit den USA und der Zerstörung Tirols durch die Franzosen im Jahre 1809 sowie der Hinrichtung des „freien Führers der Tiroler" durch dieselben, der mit George Washington und Thomas Jefferson vergleichbar wäre. Dieses Telegramm ging über den OSS nach Washington an Truman, der es an Außenminister Burns weiterreichte.[39] Dieser besprach mit dem französischen Botschafter kurz das Problem und gab ihm das Telegramm. Mit diesem in der Hand kam Bethouart nach Innsbruck. Gruber hatte das erfahren und hat sich bei der Ankunft Bethouarts unter Vorgabe von Zahnschmerzen entschuldigt. Erst am nächsten Tag bei der offiziellen Begrüßung war auch der Landeshauptmann anwesend. Die Situation war daher anfänglich sehr schlecht, aber allmählich haben sich die Verhältnisse gebessert.

„Gefahr aus Innsbruck" war ein Schlagwort im Frühsommer 1945 in Wien: Die Sorge, daß eine Art Gegenregierung im Westen Österreichs etabliert werden würde.[40])

Molden: Nun, das bezog sich meiner Ansicht nach weniger auf Pläne Grubers, sondern vielmehr auf den Umstand, daß die Brüder von Otto Habsburg nach Volders gekommen waren und zwar in französischen Offiziersuniformen, so daß man ihnen nichts anhaben konnte. Gruber hat später mit ihnen gesprochen und mit viel Mühe gelang es, diese zum Verlassen des Bundeslandes zu bewegen. Das war höchst unerfreulich.[41])

Gab es im Mai/Juni 1945 in Tirol bzw. im Westen Österreichs, also zu einem Zeitpunkt, wo man noch keine genauen Informationen über die Situation im Westen Österreichs hatte, politische

---

[38]) *General Marie Emile Bethouart, französischer Militär-bzw. Hochkommissar September 1945 bis September 1950*

[39]) *Vgl. dazu Rauchensteiner, Der Sonderfall, S. 94*

[40]) *Vgl. zu diesem Schlagwort Gehler, Dr. Ing. Karl Gruber, S. 53*

[41]) *dazu Rauchensteiner, Der Sonderfall, S. 128*

Modelle für ein Staatsgefüge ohne Ostösterreich, das von den Sowjets besetzt war?

Molden: Diese Modelle gab es, wenn auch sehr vage. Damals wußte man ja nicht einmal, wie die Verhältnisse in der Steiermark waren. Es war noch alles in Schwebe. Viel konkreter waren diese Pläne in den Jahren 1948-50, als man fürchtete, daß die Sowjets auch Ostösterreich endgültig in den entstehenden Ostblock einbinden möchten und damit ein Westösterreich entsteht, das zwar nicht sehr lebensfähig, aber für die USA von strategischem Interesse ist, da es als Verbindungsblock diente.

In diesen Jahren wurden verschiedene Modelle für den Ernstfall entwickelt, die aber alle mit der Regierung in Wien akkordiert waren. Es gab da zwei Varianten: Variante A besagte, daß die Bundesregierung im Krisenfall in Ostösterreich nach Salzburg übersiedeln sollte, Variante B, daß die Regierung im Falle einer europäischen Krise, falls die Sowjets auch Westösterreich besetzten, nach New York übersiedeln sollte. Nie wieder sollte es – wie im Jahre 1938 – ein besetztes Österreich ohne Exilregierung geben.

Gruber hat mich 1948 mit Martin Fuchs in die USA geschickt, um Variante B vorzubereiten. In New York haben wir zahlreiche Vorbereitungsmaßnahmen für diesen Fall getroffen. Später kam auch Franz Olah und verhandelte mit den amerikanischen Gewerkschaften, Ferdinand Graf von der VP gesellte sich dazu. Wir haben auch Pläne für die Reisen vorbereitet und waren in Österreich bei diversen diesbezüglichen Gesprächen anwesend, einmal bei einem Gespräch mit Figl, Schärf und Helmer. Zum Glück ist es aber nicht so weit gekommen.[42])

Wenden wir uns noch einmal kurz der ersten Länderkonferenz zu: Sie verlief also keineswegs so harmonisch, wie es das Ergebnis vermuten läßt, sie stand z. T. sogar vor dem Abbruch, ein Abbruch, der im Bewußtsein dessen, was dann folgen würde, aber von allen Teilnehmern vermieden werden wollte. Würden Sie dem zustimmen?

Molden: Ja, am zweiten Tag wäre ich keine Wette eingegangen, daß die Konferenz ein Erfolg wird. Da war die Stimmung furchtbar schlecht. Aber Gott sei Dank kam in der Nacht zum dritten Verhandlungstag der Durchbruch.

Welche Funktion hatten Sie bei der zweiten Länderkonferenz?

Molden: Meine Tätigkeiten standen überwiegend im Zusammenhang mit meiner Funktion als Sekretär des Außenmi-

---

[42]) *Zu diesen Plänen auf bürgerlicher Seite im Zuge der Tschechoslowakeikrise vgl. Rauchensteiner, Der Sonderfall, S. 232.*

nisters. Vorwiegend galt mein Bemühen der Errichtung von Botschaften oder zumindest Gesandtschaften in den Hauptstädten der alliierten Mächte.

Die zweite Länderkonferenz hatte primär die Wahlrechtsproblematik zum Gegenstand. Bereits bei der ersten Länderkonferenz spielte diese im Rahmen der Regierungsumbildung, das Innenministerium betreffend, eine große Rolle. In der Frage des Wahlrechtes von ehemaligen Nationalsozialisten zeigten sich bei der zweiten Länderkonferenz gravierende Differenzen unter den Parteien. Die Frage, wer Mitläufer, getrieben von der damaligen Situation, und wer aktiver Nationalsozialist gewesen wäre und ob man alle Mitglieder bzw. Anwärter von der Wahl ausschließen sollte, sorgte für heftige Diskussionen. Erstmals zeigten sich deutliche Gräben zwischen den Parteien. Waren diese nur „Parteigräben" oder gab es in dieser Frage auch unterschiedliche Auffassungen zwischen den Bundesländern?[43])

Molden: Ich meine, daß man im Westen konsequenter und strenger bezüglich der ehemaligen Nationalsozialisten war als im Osten Österreichs. Das hing auch mit den Besatzungstruppen zusammen: Den Sowjets waren die einfachen Mitglieder ziemlich egal – natürlich nicht wichtige Funktionäre oder Kommandanten – aber die anderen waren für sie in erster Linie Leute, die man im besten Fall erpressen konnte. Ich bin der Ansicht, daß in Österreich zwei Faktoren für dessen günstiges Schicksal ausschlaggebend waren: Freie Wahlen und die Alliierten. Das Beispiel „Ungarn 1945-1955" zeigt es deutlich. Hier gab es zwar auch freie Wahlen 1945, aber keine westlichen Alliierten.

Kurz nach Ende der zweiten Länderkonferenz wurden von VP-Seite das Ergebnis der Konferenz, wonach mit wenigen Ausnahmen sämtliche ehemaligen Mitglieder der NSDAP bzw. deren Suborganisationen und Anwärter von der Wahl ausgeschlossen waren, in verschiedenen Medien heftig kritisiert, obwohl man nach außen und offiziell die mit Mehrheit gefällte Entscheidung mittrug.[44]) *Welche Bedeutung hat für Sie die zweite Länderkonferenz?*

Molden: Ich vermag eine wirkliche Einschätzung nicht vorzunehmen. Wichtiger als die unterschiedlichen Auffassungen in der Frage des Wahlrechts für ehemalige Nationalsozialisten war, daß die Details der Wahl ausgearbeitet wurden und die

---

[43]) *Zu den unterschiedlichen Auffassungen der Parteien während der zweiten Länderkonferenz vgl., Feichtenberger, Die Länderkonferenzen, S. 84-98*

[44]) *z. B. Kleines Volksblatt, 11. 10. 1945, S. 2*

Wahl selbst gut verlaufen ist. Die Geburtsstunde der zweiten Republik war meiner Ansicht nach die erste Länderkonferenz und die Geburtsstunde der österreichischen parlamentarischen Demokratie war die zweite Länderkonferenz. Für so wichtig halte ich sie, wenngleich sie nicht so spektakulär war wie die erste. Es wurden aber eben mehr verwaltungstechnische Probleme gelöst, die einer freien Wahl noch im Wege standen.

Die dritte Länderkonferenz hatte primär Probleme der Wirtschaft, der Volksernährung, der Gesundheit, des Wiederaufbaues von Industrie und Infrastruktur sowie der Übernahme von Gesetzen der provisorischen Staatsregierung durch die Bundesländer und der gesetzlichen Angleichung allgemein zum Gegenstand.

Molden: Ja, sowie Fragen des Transportes über die Zonengrenzen und des Verhältnisses zu den Alliierten, alles Dinge eben, die sich aus den Ergebnissen der ersten Länderkonferenz ergaben.

Halten Sie die Länderkonferenzen des Jahres 1945 für ein typisches Modell österreichischer Problemlösungskompetenz?

Molden: In Deutschland ist es nicht einmal andeutungsweise zu einem derartigen Versuch gekommen. Deutschland ist das einzig vergleichbare Beispiel zu Österreich. Dort hat man es nicht einmal geschafft, sich an einen Tisch zu setzen, wenngleich – und das muß man betonen – die Alliierten in Deutschland eine andere Rolle innehatten als in Österreich. Die Alliierten haben Österreich sehr wohl als befreites Land behandelt, so meine Meinung im Unterschied zur Publizistik mancher Gruppierungen, die Österreich als ein zum großen Teil Hitlerdeutschland bejahendes Land bezeichnen. Die Alliierten haben das aber sehr wohl anders gesehen, daher haben sie uns auch anders behandelt. Ohne die Hilfe der Alliierten wären die Länderkonferenzen nicht zustandegekommen. Wenn die Sowjets dem Figl nicht erlaubt hätten, nach Salzburg zu den Vorkonferenzen zu fahren, bzw. dem Gruber, nach Wien zu reisen, wäre das alles nicht zustande gekommen.

Die Alliierten hatten zwar individuelle und zum Teil sehr verschiedene Interessen, aber alle zusammen waren sie der Ansicht, daß ein geeintes Österreich sowohl den Interessen des Westens als auch denen des Ostens – zugegebenermaßen mit unterschiedlichen Erwartungen – nützt.

Herr Molden, danke für das Gespräch.

Die „Gefahr aus Innsbruck“ – Tirols Landeshauptmann Gruber (2. v.r.)

Interview mit Bundesrat a. D. Eugen Leissing

von
Wolfgang *Weber*

Herr Bundesrat Leissing, welche Erinnerungen verbinden Sie mit der Länderkonferenz im September 1945?

Leissing: Ich kann die Darstellungen von Landeshauptmann Ilg und LAD Dr. Grabherr nur bestätigen [verweist auf die beiden Bücher dieser Herren, Anm. d. Verf.]. Die Vorarlberger Landesdelegation bestand aus Ilg, Bertsch, Vögel, Zerlauth, Ulmer und mir. Auf Wunsch der Franzosen mußten wir auch den Kommunisten Haller mitnehmen. Ob die beiden sozialistischen Landesregierungsmitglieder Nesler und Mayer auch daran teilnahmen, daran kann ich mich nicht mehr erinnern. Ich glaube, Nesler war wegen Krankheit verhindert, das läßt sich aber sicherlich aus einer Teilnehmerliste eruieren.

Wir sind am 23. September (1945) mit zwei PKW aus Vorarlberg abgereist. Diese PKW wurden uns von der Privatwirtschaft zur Verfügung gestellt, da die Landesregierung damals über keine eigenen Fahrzeuge verfügte. Es waren schlimme Zeiten damals.

Wir sind dann nach Innsbruck gefahren und haben dort bei der französischen Zonenverwaltung die Reisepapiere ausgestellt bekommen. Das war ja sehr kompliziert damals, die ganzen Formalitäten und Grenzen, die überschritten werden mußten.

In Salzburg mußten wir dann nächtigen und zwar in einer Jugendherberge am Nonnberg. Am zweiten Tag [24. 9. 1945] ging die Fahrt weiter, bei Linz hat dann ein amerikanischer Lastwagen ein Fahrzeug beschädigt, Gottseidank wurde niemand verletzt, die oberösterreichische Landesregierung half uns dann aus und stellte uns ein Ersatzfahrzeug zur Verfügung. – Das muß man also schon festhalten. – Durch diesen Zwischenfall sind wir dann auch etwas verspätet in Wien eingelangt. Wir wurden als die letzte eingelangte Delegation aus dem Westen im Niederösterreichischen Landtagssitzungssaal in der Herrengasse als Weißenfahnenträger wirklich stürmisch begrüßt. Es wurden dann durch den damaligen Kanzler Dr. Renner Ausschüsse zur Vorbereitung der Länderkonferenz gebildet, wobei wir allergrößten Wert darauf legten, daß Ilg in den politischen Ausschuß delegiert wurde. In diesem waren Verfassungsfragen zu behandeln. Dieser politische Ausschuß hat dann auch bis Mitternacht getagt. Ilg als Vertreter des Landes Vorarlberg und unser Wortführer, kann man ruhig sagen, hatte sich sehr für die Wiederinkraftsetzung der Verfassung aus dem Jahre '29 eingesetzt. Er setzte sich dann auch erfreulicherweise durch mit seinem Antrag bei der Vollversammlung. Die Rückreise haben wir dann besser bewältigt.

In Wien waren wir untergebracht im Pazmaneum, im 9. Bezirk, praktisch also in einem Kloster, und ich hatte die Ehre, meine Zelle mit dem Kommunisten Haller zu teilen. Natürlich war in diesem Kloster auf den Stehpulten die Bibel aufgelegt und ich erinnere mich, wie ich zu Haller sagte: „Die werden Dich noch katholisch machen hier herunten in Wien."

Der Erfolg dieser Länderkonfernz war eindeutig gegeben, Österreich bekam wieder seine Verfassung und es folgten dann die Wahlen am 25. November '45. Und am 11. Dezember ist dann der erste Landtag gewählt worden.

Die Heimfahrt vollzog sich dann Gottseidank reibungsloser und wir waren alle glücklich, wieder gesund in der Heimat angekommen zu sein. Auf mich persönlich machten die unübersehbaren Zerstörungen in Wiens Innenstadt einen besonders starken Eindruck und ich muß offen gestehen, ich hätte nie geglaubt, daß man innert so kurzer Zeit die Bundeshauptstadt wieder in jenen Zustand versetzen kann, in der sie sich heute präsentiert. Das war eine ungeheure Leistung, das muß man also immer wieder betonen, das muß man neidlos anerkennen. Ich war erstaunt, mit welchem Tempo und mit welchem Eifer die Wiener am Werk waren und ihre Bundeshauptstadt wieder in Hochglanz brachten. Es ist für mich immer ein Vergleich gewesen, der Wiener Stephandsdom war längst fertig und eingeweiht als man in Köln noch am Kölner Dom gebaut hatte. Das war also für mich irgendwie symptomatisch. Dieses kleine Land war also in der Lage, im 55er Jahr hat man die Staatsoper wieder eröffnet, also es waren schon gewaltige Wiederaufbauleistungen, die auch den sogenannten Provinzler tief beeindruckt haben. Mich haben sie also jedenfalls sehr beeindruckt.

Die Wahlergebnisse waren im Lande so eindeutig, daß auch der Herr Renner einsah, daß eine Umkehr der Regierungspolitik – das war ja eine zentralistische Regierung, die der Renner da gebildet hatte – und durch die Wahlen dann in den Ländern hat sich das Bild, die Zusammensetzung der österreichischen Bundesregierung wesentlich verändert. Das ist also das wesentliche was ich dazu zu sagen habe.

Wie war das Verhältnis der Vorarlberger zu den anderen Ländervertretern?

Leissing: Das war sehr herzlich. Das Verhältnis zu den anderen Ländervertretern war ein außerordentlich herzliches, da hat es nichts gegeben, wir haben alle am gleichen Strang gezogen, es war jedem klar, es muß wieder ein föderativer Staat aufgebaut werden und man wird alle Anstrengungen machen müssen, daß das gelingt. Und das ist meiner Auffassung nach gelungen. Schon im ersten Anlauf. Dank der starken Haltung Ilgs, das muß also auch gesagt werden. Ilg hat natürlich in aller Deutlichkeit zum Ausdruck gebracht, wie LAD Grabherr schreibt, S. 279, „Dr. Renner sah sich aufgrund dieser Entwicklung veranlaßt, für den 24. September eine allgemeine Länderkonferenz nach Wien einzuberufen. Gleichzeitig mit der überfallsartigen Einladung wurde der ganze Stoß "Staatsgesetzblätter" mit den von der Regierung Renner ...“ – Also diese Einladung zur Länderkonferenz ist sehr kurzfristig erfolgt, so daß man den ganzen Stoß der inzwischen erlassenen Staatsgesetzblätter auf dem Weg nach Wien lesen hat müssen.

Ich kann mich erinnern, wie man auf dem Weg nach Wien Gelegenheit genommen hat, im Auto noch die ganze Literatur an Staatsgesetzblättern, an Entwürfen, zu lesen. Das können Sie aber bei Dr. Grabherr nachlesen.

Die wesentlichen Dinge habe ich gesagt. Der einzige Zweifel besteht nur darin, ob Nesler und Mayer mit dabei waren. Aber das müßte man durch die Anwesenheitsliste feststellen können. Das kann ich also nicht mehr mit Sicherheit sagen. Das der Haller dabei war, weil er mein Zimmerkollege war, ist sicher. Und Ilg, Bertsch, Ulmer, Zerlauth und Leissing und Vögel, das ist amtlich. Alle acht (Vorarlberger) Regierungsmitglieder waren jedenfalls nicht dabei.

Ansonsten, wie gesagt, die Hinunterfahrt war strapaziös, das Herauf ist dann besser gegangen, das haben wir in einem Tag geschafft, das Herauf, aber beim Hinunter brauchten wir zwei Tage, weil die Schikanen an den Grenzen, das war ja furchtbar, bis wir die Papiere in Innsbruck bekamen, haben wir schon einen Haufen Zeit versäumt, dann haben uns die Russen hingehalten an der russischen Grenze, die Papiere nahmen sie verkehrt in die Hände, das war äußerst mühsam, Gottseidank verloren wir nicht den Humor.

Eines vergesse ich nie: Als wir den Unfall mit dem amerikanischen Lastwagen (Camillon) hatten, hat der Bertsch, der Sozialist Bertsch, der hatte Proviant, eine Flasche Schnaps, dabei, und da sagte er, Gottseidank haben wir noch einen kräftigen Trunk dabei, und als er die Flasche auspacken wollte, fiel sie ihm auf die Straße und zerbrach in tausend Scherben. Der hätte gerne geweint, der gute Trunk war dahin. Er (der Schnaps) hätte ja ein Trösterle sein sollen, an das kann ich mich sehr gut erinnern. Die Auffassung von Ilg (verweist auf das Buch), dies wäre auf der Rückreise geschehen, ist daher falsch. Passiert ist es am Hinweg. Aber da sei ihm über sein Grab hinaus gerne entschuldigt. Das kann passieren. Aber die Karambolage war am Weg nach Wien. Deshalb auch die Verspätung bei unserer Ankunft. Aufgrund des Unfalls waren wir die letzten, die in Wien eingetroffen sind. Und die Aufnahme, wir sind also stürmisch begrüßt worden, wir waren die weitaus letzten, die Sitzung war also schon im Gange, wir haben die Sitzung sichtlich gestört durch unser verspätetes Kommen, aber deswegen sind wir nicht weniger herzlich aufgenommen worden. Die Aufnahme war ausgesprochen herzlich.

Wie würden Sie die Stimmung innerhalb aller Ländervertreter beschreiben?

Leissing: Es war eine euphorische Stimmung. Man war das erstemal zusammengekommen, und natürlich dieses erstemal Beisammensein, wirklich als Bundesvertretung oder Ländervertreter, anstrebend das große Ziel, die neue Bundesverfassung, d.h. das Wiederinkraftsetzen der Verfassung vom Jahre '29, das war das große Ziel aller, damit in den Ländern wieder die Regierung gewählt werden können. Und in der Folge kam es ja dann schon sehr bald Ende November '45 zur ersten Landtagswahl.

Wie verhielten sich die Kommunisten bei der Länderkonferenz?

Leissing: Die Kommunisten sind dann natürlich schwer zurückgedrängt worden, aufgrund der trostlosen Wahlergebnisse, die in Innerösterreich etwas besser waren, aber in der Provinz geradezu katastrophal, der Haller hatte nichts mehr zu melden gehabt als Kommunist, er ist auch nicht mehr in die Regierung gekommen, auch nicht in den Landtag. Die ÖVP machte 70 %, die Sozialisten 30 %. So war das Mandatsverhältnis. Also eindeutig. Es war auch in den anderen Bundesländern so, lediglich in Wien machten die Kommunisten noch Stimmen, aber das ist ganz klar, sie hatten dort auch ein paar sehr geschichte Leute, wenn ich etwa an den Kommunisten Fischer denke, der ein außergewöhnlicher Redner war, ein ganz ein geschliffener Vogel, obwohl er aus einer österreichischen Offiziersfamilie stammte; ein berühmter sehr geistreicher Mensch, der berühmte Helmer, der Sozialist Helmer, war eine tolle Figur, der Koref, der Bürgermeister von Linz, das waren schon große Leute, und der Schärf, das waren natürlich schon starke Persönlichkeiten, darüber besteht kein Zweifel.

Welche Rolle spielten denn die Kommunisten bei der Länderkonferenz?

Leissing: Die Kommunisten mußten mitziehen. Die wären ohnehin unter die Räder gekommen. Die mußten mittun, weil die bürgerliche Übermacht aus dem Westen, so darf man das ruhig bezeichnen, auch die Sozialisten in Vorarlberg haben ja lange die Meinung vertreten, daß sie im Landesauschuß auch die Auffassung der Kommunisten vertreten. Das ist also klar zum Ausdruck gekommen, das ist im Büchlein von Ilg festgehalten, die Sozialisten vertraten also auch die Interessen der Kommunisten. Das waren sehr eindeutige Verhältnisse, da besteht kein Zweifel, und wie gesagt, man kann nicht genug betonen, wir sind außerordentlich, es war geradezu ein stürmischer Applaus als wir da den Landtagssaal in der Niederösterreichischen betreten haben; im Parlament konnte man ja nicht tagen, weil das noch weitgehend zerstört war, aber wir sind also freundlich aufgenommen worden, auch Renner hat uns in sehr netten Worten begrüßt und Ilg hatte sich dann im politischen Ausschuß gleich sehr stark in Szene gesetzt. Und hat dann sozusagen den Zeigefinger erhoben „Net war, meine Herren, die Länder müssen wieder zu ihren Rechten kommen und diese autoritäre Herrschaft die er (Renner) bislang ausüben konnte dank der Intervention der Russen, die ist vorbei“ – nicht, das war also gar keine Frage, da hat sich also Ilg sehr stark durchgesetzt und hat natürlich die anderen Ländervertreter, Tiroler, Steirer, Oberösterreicher, hinter sich gehabt. Deshalb hat dann der Herr Renner müssen einen Rückzieher antreten und müssen einiges in seinem Konzept, vorgesehenen Konzept, streichen müssen. Es war dann jedenfalls eine sehr ausgewogene Atmosphäre.

Wie würden Sie das ursprüngliche Konzept von Renner beschreiben?

Leissing: Ein absolut zentralistischer Staat. Gar keine Frage. Er hat übersehen, das wir in den Ländern ja schon um eine große Strecke voraus waren. Wenn ich denke, wie uns die Nachbarschaft der Schweiz zu Hilfe kam, wie wir die Wirtschaft im Ländle schon ankurbeln konnte, wo man in Wien noch davon geträumt hat, net wahr: Wirtschaftsstelle Vorarlberg–Schweiz, wir hatten Voraussetzungen schon geschaffen gehabt, von denen man in Innerösterreich nur träumen konnte. Unsere Kompensationsgeschäfte, ich weiß noch gut, Fertigware, Schnittholz, ist nach Deutschland, nach Württemberg, gegen Schuhe, damit wir Schuhe reinbekommen, und Gemüse und Obst usw. Das haben wir alles innerhalb unseres Landes und unter vernünftigen politischen, diplomatischen Vertretern – Ing. Bitz, Konsul Bitz, Zumstein, der deutsche Konsul – das waren Leute, die uns schwer geholfen haben. Und da hat man natürlich in Wien schon teilweise auch vernommen, aber man hat das auch nicht an die große Glocke gehängt, wir waren froh, daß man uns hilft, und das war natürlich dann schon spürbar und man hat nicht umsonst in Wien immer vom Musterländle gesprochen – was ich auch heute noch nicht gerne höre – weil unsere Maschinen etwas schneller anliefen als in Wien. Man darf auch nicht übersehen, daß sie (die Wiener) es schwerer hatten, die Russen waren natürlich eine harte Besatzungsmacht, die abgeräumt haben, Sonderzüge mit Maschinen Richtung Osten – als Repressalie. Das ist keine Frage, sie waren zu bedauern, umso mehr muß ich immer wieder sagen, habeich als Provinzler bewundert wie die Wiener ihre Stadt aufgebaut haben. Das muß schon gesagt werden, da wäre man ungerecht, wenn man das verleugnen würde. Das verdient Respekt, ich habe das auch damals bei der Reportage „Österreich II" von Portisch klar zum Ausdruck gebracht. Das war eine Leistung, die einfach Bewunderung verdient, auch wenn es vielleicht nicht alle Landsleute gerne hören.

Wer war denn die treibende Kraft hinter dem von ihnen angesprochenen Konzept des föderalistischen Bundesstaates?

Leissing: Das waren alle. Das war nicht nur einseitig zu sehen. Der Jakob Bertsch z.B. war doch ein grundvernünftiger Sozialist, ich meine, der war genauso ein Vorarlberger wie ich, daß er traditionsgebundenerweise ein Sozi war, dagegen war ja nichts einzuwenden. Er war ein anständiger mensch, ja alle drei waren tadellose Leute von denen ich nur mit Ehrfurcht sprechen kann. Daher haben auch diese Leute erkannt, der föderative Aufbau des Bundesstaates – und ich meine, der LAD Grabherr ist ja fast zugrunde gegangen, weil er es nicht erlebt hat, dies Aktion „Pro Vorarlberg", das war natürlich ein Schuß nach hinten, der wollte zuviel. Man hätte weniger wollen müssen, dann wäre es vielleicht besser gegangen. Wie zäh es geht, sehen wir ja in verschiedenen Fragen auch heute, die Anlässe sind ja höchst aktuell siehe Illwerke usw. Ich meine, das ist ja zäh, das sind alles Zangengeburten, aber durch das Reden kommen die Leute eben zusammen, das nützt nichts, darum haben wir auch so darauf gedrängt, daß diese Länderkonferenz, und da standen die Franzosen restlos hinter uns, daß diese Länderkonferenz zustande kommt. Die Franzosen waren sehr interessiert daran, daß dieser österreichische Bundesstaat, die Verfassung, wieder ihre Gültigkeit bekommt.

Die Initiative zur Länderkonferenz kam von wem?

Leissing: Das ging parallel. Die Franzosen haben erkannt, die Länder können nicht nur aufgrund ihrer eigenen Landesverfassung – natürlich haben wir die sofort in Wirksamkeit gesetzt – aber es braucht eine Bundesverfassung, sonst blieben die Landesverfassungen Utopie. Ich meine, daß ist keine Frage und das hat also gut zusammengewirkt, da besteht gar kein Zweifel. Politische Differenzen gab es überhaupt keine, man hat das Land gesehen, man muß zusammenhalten, man muß miteinander tun, das war ein einmütiges Bekenntnis. Wie gesagt, bei der ganzen Geschichte ist nur noch offen die zwei Fragen: war der Mayer und der Nesler dabei, das ist die offene Frage, die konnte ich nicht klären, aber das kann man feststellen.

Welches war ihre Funktion bei der Länderkonferenz?

Leissing: Meine war die eines Ausschußmitgliedes des Landesauschusses. Ich habe an den Hausberatungen teilgenommen, aber nicht in an den Ausschüssen teilgenommen. Da war der Ilg als Sprecher im politischen Ausschuß die Zentralfigur. Wir waren dann bei der als die Gesamtergebnisse der zwei Hauptausschüsse – Finanzen und politischer Ausschuß – bei der Sitzung waren wir dann wieder dabei, natürlich, da waren wir schon involviert bei den gemeinsamen Haussitzungen, es wurde ja in Detaillbesprechungen auch entschieden, aber da war ich nirgends dabei, ich war ja ein junger Spund, ich hatte ja nicht allzuviel zu reden. Landeshauptmann Ilg war im politischen Ausschuß der maßgebliche Mann, genauso wie der Vögel im Finanzausschuß, der Zerlauth für die Ding; ich glaube, ich war, ich war im Kulturausschuß, da war ich glaub' ich schon dabei. Irgendwo durfte ich schon mitmischen, aber ehrlich gesagt, das war sekundär. Die entscheidenden Weichen wurden gestellt im politischen Ausschuß, im außenpolitischen Ausschuß, im landwirtschaftlichen Ausschuß, im Finanzausschuß. Da waren wir überall vertreten.

Hat die Vorarlberger Landesdelegation eigene Beratungen unter sich durchgeführt?

Leissing: Wir hatten schon beim Runterfahren reichlich Gelegenheit gehabt, uns mit den Gesetzesvorlagen, die da der Grabherr (verweist auf Literatur) auch erwähnt, und die in Hülle und Fülle kamen, das war ja eine ad hoc Aktion vom Herrn Renner, diese Länderkonferenz, so plötzlich, das ging so schnell, aber er war unter Druck, auch seitens der Alliierten, weil die Franzosen haben gesagt: „Ja meine Herren, so kann man nicht weiter machen, was ist mit den Ländern los.“

Woher kam dann die Initiative zur Länderkonferenz?

Leissing: Sehr stark von den Ländern. Dieses föderative Prinzip, das ist keine Frage.

Herr Bundesrat Leissing, ist es möglich die Ereignisse bei der Länderkonferenz 1945 in einem Satz zusammenzufassen?

Leissing: Der Satz ist sehr einfach zu präzisieren. Die Länderkonferenz war die Geburtsstunde der Demokratie, der Zweiten Republik. Das ist gar keine Frage.

Plenum der Länderkonferenz:
Reinhold Machold (SPÖ, LH der Steiermark, 1. R. 2. v. l.), Paul Speiser (SPÖ, Vzbgm. von Wien, 1. R. 4. v. l.) und Theodor Körner (SPÖ, Bürgermeister von Wien)

Kurzbiographien*

von

Josef *Prinz* und Leopold *Kammerhofer*

Altmann, Dr. Karl (* 8. 1. 1904 Wien, † 29. 12. 1960 Wien), ab 1927 Beamter beim Wiener Magistrat, 1934 in polizeilicher Untersuchungshaft, Oktober 1938 Versetzung in den Ruhestand, ab 1942 Tätigkeit in einer Nahrungsmittelfabrik, später als Betriebsleiter, 1945 reaktiviert als Stellvertreter des Leiters der Magistratsdirektion, 27. 4.—20. 12. 1945 Unterstaatssekretär, 20. 12. 1945—20. 11. 1947 Bundesminister für Elektrifizierung und Engergiewirtschaft, 1946—1960 Mitglied des Politbüros und Zentralkomitees der KPÖ.

Amschl, Dr. Hans (* 23. 10. 1896, † 2. 3. 1964 Puerto de La Cruz), Jurist, 1920 Eintritt in den Gerichtsdienst und nach der Richteramtsprüfung der Staatsanwaltschaft Leoben zugeteilt, seit 1934 Leiter dieser Staatsanwaltschaft, 1935—1936 Leiter der Staatsanwaltschaft Klagenfurt, ab 1936 stellvertretender Leiter der Staatsanwaltschaft Graz, 1941 Versetzung nach Klagenfurt, 1945 bis Herbst Landeshauptmannstellvertreter und Landesrat in Kärnten, ÖVP, 18. 11. 1949—28. 2. 1962 Bürgermeister von Graz.

---

* Die vorliegenden biographischen Angaben in alphabetischer Reihenfolge beziehen sich auf Personen, die im Dokumententeil und in den Interviews mit Fritz Molden bzw. Eugen Leissing genannt werden. Die Teilnehmer der ersten Länderkonferenz vom 24.–26. September 1945 sind alle aufgenommen worden und durch Unterstreichung der Familiennamen gekennzeichnet. Der Regierungsumbildung nach der ersten Länderkonferenz (zur zweiten und dritten Länderkonferenz (vgl. Wiener Zeitung Nr. 19 vom 12. Oktober 1945, S. 1-2; ebenda Nr. 31 vom 26 Oktober 1945; S. 1 und ebenda Nr. 32 vom 27. Oktober 1945, S. 1-2) wurde hier nicht Rechnung getragen.
Die biographischen Daten sind größtenteils folgenden Publikationen entnommen:
Protokolle des Ministerrates der Ersten Republik. Kabinett Dr. Kurt Schuschnigg. Band 1, bearbeitet von Gertrude Enderle-Burcel (Wien 1988).
Christlich — Ständisch — Autoritär. Mandatare im Ständestaat 1934-1938 — Biographisches Handbuch der Mitglieder des Staatsrates, Bundeskulturrates und Länderrates sowie des Bundestages, hrsg. vom Dokumentationsarchiv des Österreichischen Widerstandes und der Gesellschaft für Historische Quellenstudien. Bearbeitung: Gertrude Enderle-Burcel unter Mitarbeit von Johannes Kraus (Wien 1991).
Protokolle des Kabinettsrates der Provisorischen Regierung Karl Renner 1945. Band 1: „... im eigenen Haus Ordnung schaffen". Protokolle des Kabinettsrates 29. April 1945 bis 10. Juli 1945, hrsg. von Gertrude Enderle-Burcel, Rudolf Jerábek, Leopold Kammerhofer (Wien 1995).
Hermann Riepl, 50 Jahre Landtag von Niederösterreich, Bd. 2: Der Landtag in der Zweiten Republik 1945-1970 (Wien 1973).
Peter Macalka, 40 Jahre Arbeit für Niederösterreich. Die SPÖ NÖ von 1945 bis 1985 (Wien 1985).
Burgenland. Geschichte, Kultur und Wirtschaft in Biographien, XX. Jahrhundert, hrsg. von der Burgenländischen Landesregierung. Texte: Gerald Schlag Bd. 1 (Eisenstadt 1991).
Die Zweite Österreichische Republik und ihre Repräsentanten, hrsg. vom Österreichischen Pressebüro Wien und Linz (Wien 1960).
Harry Slapnicka, Oberösterreich — Die politische Führungsschicht ab 1945 (= Beiträge zur Zeitgeschichte Oberösterreichs 12, Linz 1989).
Max Haller. Ein Internationaler — Literatur, Kunst, Politik, hrsg. vom Vorarlberger Landesmuseum (Bregenz 1992).
Wilhelm Wadl, Das Jahr 1945 in Kärnten (Klagenfurt 1985).
Teile der biographischen Angaben wurden auch von verschiedenen Landesarchiven, bzw. von den Landesparteien der ÖVP und SPÖ zur Verfügung gestellt. Diesen und besonders Dr. Wilhelm Weinert (Alfred-Klahr-Gesellschaft), der biographisches Material für viele Teilnehmer der KPÖ zusammengestellt hat, sei herzlich gedankt.

Babitsch, Ing. Leopold (* 7. 11. 1903 Wien, † 15. 6. 1960 Graz), Forst- und Landwirtschaftsfachmann, 1926—1934 Kammersekretär der Bezirksbauernkammer Weitra, 1934 Direktor des steirischen Bauernbundes, 1934—1938 Mitglied des Bundeswirtschaftsrates, 1938 Enthebung von seinen Funktionen und Belegung mit „Gauverbot", 1945 Leitung des steirischen Bauernbundes und Teilnahme an den ersten ÖVP-Konferenzen, 1945 Gründung des „Steirerblattes", der späteren „Süd-Ost-Tagespost", 19. 12. 1945—18. 3. 1953 Nationalratsabgeordneter, ÖVP, 15. 4. 1953—15. 6. 1960 Bundesrat, 1. 1.—30. 6. 1958 Vorsitzender des Bundesrates, zahlreiche Funktionen im Genossenschafts- und Landwirtschaftskammerbereich.

Bauer, Johann (* 7. 9. 1889 Ritzing/Burgenland, † 28. 8. 1971 Wien), Landwirt, ab 1918 Mitglied des Landbundes, 1924—1926 Mitglied der Landesparteileitung, 1922 Gründer der ersten Raiffeisenkasse im Burgenland und Mitbegründer des landwirtschaftlichen Genossenschaftswesens, 1934—1938 Obmann des Verbandes, 1927 Austritt aus dem Landbund und Beitritt zur CSP, ab 1934 Landtagsabgeordneter, 1934—1938 Vertreter der Bauern im Landtag, 1934 Landesführer des Bauernbundes und Vizepräsident des Ständischen Landtages, 1938 Enthebung von allen Funktionen, einmonatige Internierung, 1945 Mitglied des „Provisorischen Landesausschusses", ab 1. 10. 1945 Agrarreferent und Leiter der burgenländischen Landwirtschaftskammer, November 1945—1956 Landtagsabgeordneter, ÖVP und Landesrat für Agrar- und Ernährungswesen, 1946—1955 Präsident der burgenländischen Landwirtschaftskammer 1945—1955 Obmann des burgenländischen Bauernbundes, 1946—1954 Obmann des Landesverbandes der landwirtschaftlichen Genossenschaften des Burgenlandes.

Bertsch, Jakob (* 26. 5. 1890 Frastanz/Vorarlberg, † 13. 4. 1957 Feldkirch), 1907 Eintritt in den Staatsdienst, ab 1919 Mitglied des Bregenzer Gemeinderates, SDAP, 6. 11. 1923—3. 3. 1934 Landtagsabgeordneter, 1924—1938 Stadtrat von Feldkirch, 1938—1945 NS-Ratsherr in Feldkirch, 24. 5.—10. 12. 1945 Vizepräsident des Vorarlberger Landesausschusses, 1945—1955 Stadtrat von Feldkirch, SPÖ, 11. 12. 1945—25. 5. 1957 Landtagsabgeordneter und Mitglied der Vorarlberger Landesregierung, zuständig für soziale Verwaltung, die Landesanstalten und das Gesundheitswesen.

Blöchl, Johann (* 12. 7. 1895 Siegelsdorf/Oberösterreich, † 4. 4. 1987 Siegelsdorf), Landwirt, 1922 Bezirksschulrat von Freistadt, ab 1924 Mitglied des Gemeinderates von Lasberg, Bezirksobmann des Bauernbundes in Freistadt, Gründer einer Gemeindekrankenkasse für Landarbeiter, 30. 6. 1931—2. 5. 1934 Nationalrat, CSP, 1934—1938 Mitglied des Bundeswirtschaftsrates, 1938 Enthebung von sämtlichen Ämtern, 22. 8. 1941 Verhaftung und Internierung in verschiedenen Gefängnissen bis 19. 1. 1943, nach dem Attentat auf Hitler erneute Verhaftung am 23. 8. 1944 und Internierung bis 18. 9. 1944, 24. 1. 1945 Anklage vor dem Volksgerichtshof wegen Hochverrat, Freispruch, jedoch Verurteilung wegen „Nichtanzeige

Leonfelden) zu neun Monaten Arrest, Juli 1945—Mai 1955 Staatsbeauftragter für das Mühlviertel, 26. 10. 1945—18. 11. 1955 Mitglied der Landesregierung, ÖVP, 19. 11. 1955—15. 1. 1966 Landeshauptmannstellvertreter, bis 1953 Vizepräsident, 1953—1958 Präsident der Landwirtschaftskammer Oberösterreich, 1953—1965 Obmann des oberösterreichischen Bauern- und Nebenerwerbsbauernbundes.

Blum, Dr. Franz (* 14. 2. 1890 Leutkirch (Deutsches Reich), † 27. 8. 1947 Linz), Journalist, ab 24. 7. 1934 Chefredakteur des „Linzer Tagblattes", ab 1945 Stellvertretender Staatsbeauftragter für das Mühlviertel, 13. 12. 1945—27. 8. 1947 Landtagsabgeordneter, SPÖ.

Böhm, Johann (* 26. 1. 1886 Stögersbach/Ungarn, † 13. 5. 1959 Wien), Maurer, 1918—1928 Sekretär der Baugewerkschaft, 1927—1930 Gemeinderat von Wien, SDAP, 1929—1934 Obmann der Bau- und Holzgewerkschaft, 2. 12. 1930—17. 2. 1934 Nationalratsabgeordneter, 1932—1934 Präsident der burgernländischen Arbeiterkammer bzw. Obmann der Landesexekutive der Gewerkschaft Burgenland, 13. 2. 1934 verhaftet und 7 Monate im Anhaltelager Wöllersdorf interniert, 1944 Gestapohaft, 27. 4.—20. 12. 1945 Staatssekretär, 1945 Mitbegründer des Österreichischen Gewerkschaftsbundes, 1945—1950 Obmann des Ausschusses für soziale Verwaltung, 19. 12. 1945—13. 5. 1959 Nationalratsabgeordneter und 2. Präsident des Nationalrates, SPÖ, 1945—1949 Mitglied im SPÖ-Vorstand, Mai 1945—1959 Präsident des Österreichischen Gewerkschaftsbundes, Präsident des Hauptverbandes der österreichischen Sozialversicherungsträger.

Börecz, Vinzenz (* 22. 12. 1915 Breitenbrunn, † 1995), Buchbinder, als Lehrling poltische Tätigkeit in der Sozialistischen Arbeiterjugend, 1934 Beitritt zur illegalen KPÖ, April 1935 wegen Verbreitung von kommunistischen Publikationen verhaftet und 2½ Monate Internierung, März 1938 neuerliche kurzfristige Verhaftung, 1945 Mitarbeit beim Aufbau der KPÖ-Burgenland, Mitglied des „Provisorischen Landesausschusses" und der provisorischen Landesregierung, ab April 1945 Sekretär der Land- und Forstarbeitergewerkschaft, ab 1946 Landesparteiobmann der KPÖ und Mitglied des Zentralkomitees der KPÖ, 1953—1956 Abgeordneter der „Volksopposition" im burgenländischen Landtag, 1983 Rücktritt vom Amt des Landesparteiobmannes der KPÖ.

Brachmann, Hans (* 14. 12. 1891 Zwentendorf, † 19. 4. 1969), Lehrer, 1923 Bürgermeister von Zwentendorf, 1926—1927 Mitglied des Bundesrates, SDAP, 1927—1934 Mitglied des Nationalrates, 1934 Verhaftung und Internierung bis August 1934, 1945 Mitglied des provisorischen Landesausschusses, 1945—1949 Nationalratsabgeordneter, SPÖ, ab 1949 Mitglied der niederösterreichischen Landesregierung, zuständig für Gesundheitswesen und soziale Verwaltung.

Buchinger, Rudolf (* 7. 3. 1879 Staasdorf bei Tulln, † 20. 2. 1950 Tulln), Gemeinderat von Staasdorf, 4. 3. 1919—9. 11. 1920 Mitglied der Konstituierenden Nationalversammlung, CSP, 10. 11. 1920—1. 10. 1930 Nationalratsabgeordneter, 31. 5. 1922—17. 4. 1923 Bundesminister für Land- und Forstwirtschaft und mit der Leitung des Bundesministeriums für Volksernährung betraut, 17. 4. 1923—15. 1. 1926 Bundesminister für Land- und Forstwirtschaft, ab 28. 4. 1927 Obmann der Niederösterreichischen Genossenschafts-Zentralkasse, 16. 8. 1927 Wahl zum Präsidenten der Girozentrale der Österreichischen Genossenschaften, 23. 1. 1931 Bestellung zum Generalanwalt der Girozentrale der Österreichischen Genossenschaften, 1932 Mitglied des Generalrates der Oesterreichischen Nationalbank, 1. 11. 1934—20. 6. 1936 Mitglied des Bundeswirtschaftsrates, 20. 6. 1936—12. 3. 1938 Mitglied des Staatsrates, März 1938 von allen Funktionen enthoben und kurze Zeit inhaftiert, 1944 neuerlich in Gestapohaft, 27. 4.—26. 9. 1945 Staatssekretär für Land- und Forstwirtschaft, ÖVP, nach 1945 führend im bäuerlichen Genossenschaftswesen tätig, 1946—1950 Generalrat der Oesterreichischen Nationalbank.

Bumballa, Dr. Raoul (* 10. 9. 1895 Troppau/Schlesien, † 26. 7. 1947 Wien), Journalist, 24. 5. 1938 verhaftet und bis 1939 im KZ Dachau, wo er enge Kontakte zu Vertretern der zukünftigen ÖVP bzw. SPÖ knüpfte, 1939—9. 11. 1942 im KZ Buchenwald, nach eigenen Angaben im Kampf gegen den NS-Staat tätig, Führer einer Gruppe der Widerstandsbewegung O5, April—November 1945 Mitglied des Bundespräsidiums der ÖVP, 27. 4.—20. 12. 1945 Unterstaatssekretär für Inneres, Dezember 1946—Jänner 1947 wegen des Verdachtes des Vergehens gegen das Bedarfsdeckungsgesetz inhaftiert.

Clark, Mark Wayne (* 1896, † 1984), amerikanischer General, September 1945—Dezember 1946 Oberbefehlshaber der amerikanischen Besatzungstruppen in Österreich (Militär- bzw. Hochkommissar).

David, Dr. Franz (* 18. 5. 1900 Pöchlarn/Niederösterreich, † 2. 4. 1992 Wien), Arzt, Primarius des Hanusch-Krankenhauses, 1928 in die Sowjetunion ausgewandert, 1930—1932 Primarius im Rayonskrankenhaus des Molotschansker Rayons, 1932—1933 Primarius der chirurgischen Abteilung des Krankenhauses von Vologda, März 1935 Rückkehr nach Wien, 2. 5. 1935 Verhaftung wegen Betätigung für die KPÖ, bis 1937 inhaftiert, 1937—1944 Aufenthalt in der Sowjetunion, ab 1940 Leiter der III. Chirurgischen Klinik des II. Moskauer Institutes, 1944/45 in Jugoslawien an der Organisation des österreichischen Freiheitsbataillons tätig, April 1945 Rückkehr nach Österreich, 27. 4.—20. 12. 1945 Unterstaatssekretär, 1945—1965 Mitglied des Zentralkomitees der KPÖ, 1946—1947 Chefarzt der Wiener Gebietskrankenkasse.

Dienstleder, Dr. Alois (* 17. 6. 1885 Graz, † 31. 1. 1946 Graz), 1922 Eintritt in den Dienst bei der Steiermärkischen Landesregierung,

CSP, 13. 11. 1933—2. 11. 1934 Landeshauptmann der Steiermark, 1. 11. 1934—12. 3. 1938 Mitglied des Staatsrates, 28. 12. 1934 Ernennung zum a.o. Univ.-Prof. , 1937 o. Univ.-Prof. für Rechts- und Staatswisssenschaften an der Universität Graz, März 1938 Enthebung von allen Funktionen, 13. 11. 1939 Pensionierung, Gestapohaft, 20. 5.—28. 12. 1945 Landeshauptmannstellvertreter der Steiermark, 19. 12. 1945—31. 1. 1946 Bundesrat und Stellvertretender Vorsitzender, 1945—1946 Landesparteiobmann der ÖVP-Steiermark.

Egger, Ing. Wilfried (* 10. 8. 1908 Innsbruck, † 26. 2. 1972 Innsbruck), ab 1930 Techniker beim Elektrizitätswerk Innsbruck, Exponent der Tiroler Widerstandsbewegung, ab Mai 1945 Regierungskommissär für die Stadtwerke Innsbruck und ab April 1946 deren Direktor.

Eigl, Dr. Adolph Karl (* 14. 2. 1883 St. Pölten, † 5. 3. 1958 Linz) Beamter der oberösterreichischen Landesregierung, 1936—1938 kommissarischer Leiter der Kammer für Handel, Gewerbe und Industrie, von 15. 3. 1938—1939 Regierungsdirektor Oberösterreichs, April 1940 Ernennung zum Direktor des Oberversicherungsamtes, war von 16. Mai 1945 bis zu seiner Verhaftung durch die amerikanische Besatzungsmacht am 22. August 1945 Landeshauptmann von Oberösterreich, 22. 8. 1945—1. 6. 1946 Internierung in Glasenbach.

Elser, Viktor (* 18. 4. 1893 Oberzeirung, † 18. 8. 1979 Graz), Bierbrauer, 1919—1934 Sekretär der Metall- und Bergarbeitergewerkschaft, 1924—1934 Vizebürgermeister von Köflach, KPÖ, 1926—1934 Landtagsabgeordneter für die Steiermark, 1937—1942 Gastwirt, 15. 5.—28. 12. 1945 Landeshauptmannstellvertreter der Steiermark, zuständig für Gemeinden und Sanitätsanstalten, 19. 12. 1945—8. 6. 1956 Nationalratsabgeordneter, 1946—1956 Mitglied des Politbüros und des Zentralkomitees der KPÖ, 1956 Austritt aus der KPÖ.

Emhardt, Maria (* 27. 5. 1901, † 9. 9. 1981), Fabrikarbeiterin, seit 1917 politische Arbeit, Gewerkschafterin, ab 1928 Gemeinderätin in St Pölten, SDAP, 1934 Inhaftierung, Freispruch in einem Hochverratsprozeß, illegale Landesleiterin der Revolutionären Sozialisten von Niederösterreich, 1936—1938 Inhaftierung, 1938 Versetzung nach Bischofshofen, 1945 Mitglied der provisorischen Gemeindevertretung, SPÖ, ab 1945—1954 Landtagsabgeordnete, ab 1954 Nationalratsabgeordnete.

Enslein, Josef (* 8. 3. 1870 Wien, † 5. 1. 1952 Wien), Lehrer, Mitbegründer des Zentralvereins der „Wiener Lehrerschaft“ und der „Freien Schule“, als Mitarbeiter Otto Glöckels maßgeblich an der Schulreform in Wien beteiligt, 1922—1934 Mitglied des Wiener Stadtschulrates, Jänner 1937 acht Tage in Polizeihaft, 16. 4. 1945 mit der Reorganisation der Pflichtschulen betraut, 27. 4.—20. 12. 1945 Unterstaatssekretär, SPÖ.

Erhardt, John George (* 1889, † 1951), amerikanischer Diplomat, 1945 politischer Berater des US-Militär- bzw. Hochkommissars in Österreich, 1946—1950 Gesandter.

Figl, Dipl.-Ing. Leopold (* 2. 10. 1902 Rust im Tullnerfeld, † 9. 5. 1965 Wien), 1. 11. 1934—12. 3. 1938 Mitglied des Bundeswirtschaftsrates, 1934 Direktor des Niederösterreichischen Bauernbundes, 12. 3. 1938—9. 6. 1943 in den Konzentrationslagern Dachau und Flossenbürg inhaftiert, 4. 10. 1944—6. 4. 1945 im KZ Mauthausen, 1945 Mitbegründer der ÖVP, 27. 4.—20. 12. 1945 Staatssekretär ohne Portefeuille, Mitglied des Politischen Kabinettsrates, 1. 5.—15. 10. 1945 Landeshauptmann von Niederösterreich, 19. 12. 1945—9. 5. 1965 Nationalratsabgeordneter, 20. 12. 1945—2. 4. 1953 Bundeskanzler, 26. 11. 1953—16. 7. 1959 Bundesminister für Auswärtige Angelegenheiten, 10. 6.—16. 7. 1959 Bundeskanzler, 1959—1962 Präsident des Nationalrates, 31. 1. 1962—9. 5. 1965 Landeshauptmann von Niederösterreich.

Fischer, Dr. Ernst (* 3. 7. 1899 Komotau/Böhmen, † 31. 7. 1972 Deutschfeistritz/Steiermark), Redakteur und Schriftsteller, 1927 Redakteur der „Arbeiter Zeitung", Februar 1934 Emigration nach Prag, 1934 Beitritt zur Kommunistischen Partei, Mitglied des Zentralkomitees, 1939 Flucht nach Moskau, April 1945 Rückkehr nach Wien, 1945—1947 Chefredakteur der Zeitung „Neues Österreich", 1945—1969 Mitglied des Politbüros und Zentralkomitees der KPÖ, 27. 4.—20. 12. 1945 Staatssekretär, 19. 12. 1945—9. 6. 1959 Nationalratsabgeordneter, 1969 Ausschluß aus der KPÖ.

Frenzel, Ing. Mag. Dr. Hans (* 7. 9. 1945 Herzogenburg, † 25. 8. 1966 Linz), Jurist und Pharmazeut, 1918 Beitritt zur SDAP, 1919—1938 Beamter beim Magistrat Linz, 1919—1934 Obmann der „Kinderfreunde" in Linz, ab 1926 Direktor des Marktamtes Linz, 1938 Verhaftung und bis August 1938 Gestapohaft, 1945 von den amerikanischen Militärbehörden als Ernährungsreferent in die oberösterreichische Landesregierung berufen (bis Oktober 1945), Ende 1945—Anfang 1947 Bundesminister für Ernährungsfragen in der Regierung Figl, 1947 Vizepräsident des Rechungshofes, 1953 Präsident des Rechnungshofes, Mitarbeit in zahlreichen nationalen und internationalen Gremien.

Fuchs, Martin (1903—1969), östereichischer Diplomat, 1938 entlassen, Emigration nach Frankreich, bis 1940 im KZ, 1945 reaktiviert, 1946—1952 politischer Vertreter, dann Gesandter bzw. Botschafter in Washington.

Gamper, Dr. Hans (* 27. 2. 1890 Kappl/Tirol, † 19. 12. 1970 Innsbruck), 1915 Eintritt in den Dienst bei der Lehrerbildungsanstalt Innsbruck, 1925 in den Tiroler Landtag gewählt, CSP, 17. 1. 1928—14. 5. 1929 nichtständiger Landesrat von Tirol, zuständig für Schulwesen, 14. 5. 1929—27. 9. 1935 ständiger Landesrat von Tirol, 20. 9. 1935 Ernennung zum Direktor der Lehrerbildungsanstalt, 1936 zum Landesschulinspektor bestellt, 1938 inhaftiert und 16 Monate im KZ Dachau, 4. 5.—20. 10. 1945 Landesrat für Tirol, zuständig für Schulwesen und Kultur, ÖVP, 20. 10. 1945—24. 10.

1949 Stellvertretender Landeshauptmann von Tirol, 25. 10. 1949—24. 10. 1953 und 25. 5. 1954—6. 11. 1961 Landesrat von Tirol, 7. 11. 1961—1. 11. 1965 Stellvertretender Landeshauptmann von Tirol.

Genner, Laurenz (* 5. 8. 1894 Irnfritz/Niederösterreich, † 11. 7. 1962 Wien), bis 1924 Redakteur der „Arbeiter Zeitung“, 10. 5. 1932—17. 2. 1934 Nationalratsabgeordneter, SDAP, 1934 Haft, 1938 Beitritt zur KPÖ, 17. 11. 1938—15. 5. 1940 in Gestapohaft, bis April 1945 ins Ausland geflüchtet, 27. 4.—20. 12. 1945 Unterstaatssekretär, KPÖ, 15. 10.—12. 12. 1945 Stellvertretender Landeshauptmann von Niederösterreich, 13. 12. 1945—6. 7. 1949 und 18. 11. 1949—21. 9. 1954 Landesrat von Niederösterreich, 1946—1954 Mitglied des Politbüros und des Zentralkomitees der KPÖ, 1956 Austritt aus der KPÖ.

Gerö, Dr. Josef (* 23. 9. 1896 Maria Theresiopel/Ungarn, † 28. 12. 1954 Wien), 1921 Eintritt in den Staatsdienst, 1927—1929 Staatsanwalt in Wiener Neustadt, 1929—1934 in Wien, 1934 Einberufung in das Präsidialbüro des Justizministeriums und Tätigkeit als Leiter der politischen Strafabteilung und der Personalabteilung, März 1936 Ernennung zum I. Staatsanwalt in Korneuburg, 1938 Entlassung, 1. 4. 1938 Verhaftung, bis Juli 1939 in den Konzentrationslagern Dachau und Buchenwald, August 1939 Flucht nach Jugoslawien, 1941 neuerliche Verhaftung, 27. 4.—20. 12. 1945 Staatssekretär für Justiz, parteilos, 20. 12. 1945—8. 11. 1949 und 16. 9. 1952—28. 12. 1954 Bundesminister für Justiz, bis 1949 Präsident des Oberlandesgerichtes.

Gleissner, Dr. Heinrich (* 26. 1. 1893 Linz, † 18. 1. 1984 Linz), 1920 Eintritt in den Landesdienst, ab 1926 Mitglied des Ausschusses des Katholischen Volksvereins, ab 28. 7. 1933 Kammeramtsdirektorstellvertreter der oberösterreichischen Landwirtschaftskammer, ab 1. 8. 1933 Landesleitung der Vaterländischen Front Oberösterreichs, 1. 9. 1933 Ernennung zum Staatssekretär für Land- und Forstwirtschaft in der Regierung Dollfuß, 1. 3. 1934: Landeshauptmann von Oberösterreich, 29. 11. 1934—12. 3. 1938 Mitglied des Länderrates, Mai—November 1936 Vorsitzender des Länderrates, 29. 11. 1934—12. 3. 1938 Mitglied des Bundestages und dritter Vizepräsident dieses Gremiums vom 6. 5. 1936—5. 11. 1936, zahlreiche weitere Funktionen in der Zeit des „Ständestaates“,, März 1938 Enthebung von allen Ämtern, 15. 3. 1938 Verhaftung, 24. 5. 1938—17. 6. 1939 Inhaftierung im KZ Dachau, ab 5. 10. 1939 neuerliche Inhaftierung im KZ Buchenwald und später in Berlin, nach der Entlassung am 31. 12. 1939 Aufenthaltsverbot für das Gebiet des ehemaligen Österreich und Tätigkeit in Berlin als Industriearbeiter, 1945 Rückkehr nach Linz, 16. 5.—26. 10. 1945 Fachmann für Fragen der Landwirtschaft in der provisorischen Landesregierung, 26. 10. 1945—2. 5. 1971 Landeshauptmann von Oberösterreich und Landtagsabgeordneter, ÖVP; 1951—1968 Landesparteiobmann der ÖVP Oberösterreich, 1951

Kandidatur zum Bundespräsidentschaft, in der er Theodor Körner unterlag.

Grabherr, Dr. Elmar (* 10. 10. 1911 Bludenz, † 6. 10. 1987 Bregenz), Jurist, 1. 8. 1937 Eintritt in den Landesdienst beim Amt der Vorarlberger Landesregierung, 1938—1945 Angestellter des rechtskundlichen Dienstes beim Gau Tirol-Vorarlberg mit dienstverwendung für Nord- und Südtirol, 1945—1955 Leiter der Abteilung Präsidium beim Amt der Vorarlberger Landesregierung und Schriftführer des Vorarlberger Landtages, 1955—1976 Landesamtsdirektor, 1960 Berufung zum Mitglied des Liechtensteinischen Staatsgerichtshofes, Obmann des landeskundlichen Vereines „Rheticus-Gesellschaft", Mitbegründer der Initiative „Pro Vorarlberg".

Grabmayr, Dr. Meinhard (* 1. 5. 1885 Bozen, † 26. 8. 1969 Innsbruck), Jurist, 1909 Eintritt in den Verwaltungsdienst der Statthalterei Innsbruck, 1910—1912 Dienst bei der Bezirkshauptmannschaft Bozen, 1912—1914 Dienst bei der Bezirkshauptmannschaft Borgo, 26. 5. 1919 Übernahme in den Dienst der Vorarlberger Landesregierung, 1936—1938 Sicherheitsdirektor in Vorarlberg, 1938—1940 Leiter des Referats für Gewerbe- und Wasserrecht, 1940—1943 Dienst bei der NS-Reichsstatthalterei in Innsbruck, 1943/44 Dienst beim Regierungspräsidium in Kassel, 1945—1950 Landesamtsdirektor beim Amt der Vorarlberger Landesregierung.

Graf, Ferdinand (1907—1969), 1933—1938 Kärntner Bauernbunddirektor, 1938—1940 KZ-Haft, 1945—1956 Staatssekretär im Innenministerium, 1956—1961 Bundesminister für Landesverteidigung (ÖVP).

Grossauer, Johann (* 15. 5. 1893 Kindberg, † 4. 12. 1967 Klagenfurt) Hammerschmied, Mitglied des Kärntner Landtages 1923—1934, CSP, Staatssekretär für die Angelegenheiten des gesetzlichen Schutzes der Arbeiter und Angestellten 13. 8. 1934—17. 10. 1935, Mitglied des Staatsrates 1938—1938.

Gruber, Dr. Hermann (*6. 6. 1900 Gasslhof/Kärnten, † 10. 8. 1984 Klagenfurt), Landwirt, seit 1927 Mitglied und leitende Position in der landwirtschaftlichen Genossenschaft, 1934—1938 Landtagsabgeordneter, 1935—1937 Präsident der Landwirtschaftskammer, 1945—1959 Landtagsabgeordneter, ÖVP, 1945—1966 Präsident der Landwirtschaftskammer Kärnten, 1945—1959 Obmann der ÖVP-Kärnten, 1959—1966 Nationalratsabgeordneter, 1967 Rückzug aus der Politik.

Gruber, Dr. Ing. Karl (* 3. 5. 1909 Innsbruck, † 1. 2. 1995 Innsbruck), Diplomat, 1934 Eintritt in den Dienst der Postverwaltung, März 1938 Enthebung vom Amt, 1939—1944 Ingenieur in der Elektroindustrie, 1945 führend in der Tiroler Widerstandsbewegung, 4. 5.—20. 10. 1945 Landeshauptmann von Tirol, ÖVP, 26. 9.—20. 12. 1945 Unterstaatssekretär für Äußeres, 19. 12. 1945—19. 5. 1954 Nationalratsabgeordneter, 20. 12. 1945—26. 11. 1953

Bundesminister für Auswärtige Angelegenheiten, 1954—1958 Botschafter in Washington, 1958 Sonderberater bei der Internationalen Atomenergie-Organisation, 1961—1966 Botschafter in Madrid, 1966 in Bonn, 19. 4. 1966—13. 5. 1969 Staatssekretär für Verwaltungsreform im Bundeskanzleramt, 1969—1974 Botschafter in Bern, Juli 1987 Sonderbotschafter in den Vereinigten Staaten von Amerika.

Haider, Franz (* 11. 9. 1907 Linz, † 15. 3. 1968 Linz), kaufmännischer Angestellter und später Beamter, Funktionär der Gewerkschaftsjugend der Sozialistischen Arbeiterjugend und der SDAP, 1933 Beitritt zur bereits illegalen KPÖ und Mitglied der Landesleitung von Oberösterreich, 1934 kurzfristige Verhaftung, Herbst 1935—März 1935 neuerliche Verhaftung, anschließend Emigration nach Prag und Moskau, nach der Rückkehr Verhaftung im März 1939 in Prag, Internierung bis September 1939 in Linz, 1941 neuerliche Verhaftung und Verurteilung in einer Volksgerichtprozeßverhandlung zu 13 Jahren Kerker, 5. 5. 1945 Befreiung aus der Strafanstalt Garsten, ab Juni 1945 Landesobmann der KPÖ Oberösterreich bis 1968, 20. 4. 1946—15. 3. 1968 Mitglied des Zentralkomitees der KPÖ, 26. 10. 1945—13. 12. 1945 Landeshauptmannstellvertreter, 1946 kurzfristige Internierung durch die amerikanischen Truppen, 1946—1955 Mitglied der Zivilverwaltung Mühlviertel, 1955—1968 Gemeinderat von Linz, 1948—1955 Herausgeber des Landesorganes der KPÖ Oberösterreich „Neue Zeit“.

Haller, Max (* 13. 10. 1895 Bregenz, † 19. 7. 1971 Bregenz), Ausbildung zum technischen Zeichner, 1914 Auswanderung nach Argentinien, 1920 Rückkehr nach Vorarlberg, ab 1928 mit Unterbrechungen Tätigkeit im Straßenbau und Schottergewerbe, erste Übersetzungen von spanischsprachigen Autoren, 1938 kurzfristige Verhaftung durch die Gestapo, 30. 5.—13. 6. 1945 Stadtrat für Bauwesen, 14. 6.—18. 12. 1945 Vizebürgermeister von Bregenz, KPÖ, mit Referat für Bausachen, Stadtplanung, Natur- und Denkmalpflege, Bücherei, Gärtnerei und städtische Betriebe, 18. 12. 1945—6. 6. 1947 Stadtrat, bis 13. 5. 1950 Gemeindevertreter, bis 20. 4. 1965 Stadtvertreter von Bregenz, seit 1945 Landesleiter der KPÖ, 1948—1949 Mitglied des Zentralkomitees der KPÖ, Mitarbeit und später Herausgeberschaft der „Tageszeitung“, des Organes der Vorarlberger KPÖ (1945—1950), Förderer zeitgenössischer Kunst.

Hefel, Dr. Ernst (* 25. 11. 1888 Schruns/Vorarlberg, † 21. 3. 1974 Salzburg), 1912 Eintritt in den Staatsdienst, ab 1921 im Unterrichtsministerium verwendet, 20. 12. 1932 Ernennung zum Ministerialrat, 18. 11. 1938 Pensionierung, 15. 4. 1945 Wiedereintritt in das Unterrichtsministerium, 27. 4.—20. 12. 1945 Unterstaatssekretär, ÖVP, 31. 8. 1945 Ernennung zum Sektionschef, ab 31. 7. 1949 Präsident des österreichischen Kulturinstitutes in Rom, 31. 12. 1953 Versetzung in den dauerhaften Ruhestand.

Heinl, Eduard (* 9. 4. 1880 Wien, † 10. 4. 1957 Wien), 4. 3. 1919—9. 11. 1920 Mitglied der Konstituierenden Nationalversammlung, CSP, 1919—1938 Direktor des Gewerbeförderungsinstitutes, 7. 7.—20. 11. 1920 Staatssekretär für Handel und Gewerbe, Industrie und Bauten, 10. 11. 1920—2. 5. 1934 Nationalratsabgeordneter, 20. 11. 1920—21. 6. 1921 Bundesminister für Handel und Gewerbe, Industrie und Bauten, 1926—1938 Präsident der Ravag, 30. 9. 1930—20. 5. 1932 Bundesminister für Handel und Verkehr, 1935—1938 Präsident der Wiener Messe AG , 1938 von allen offiziellen Funktionen enthoben, März—9. 4. 1938 Gestapohaft, 27. 4.—20. 12. 1945 Staatssekretär für Industrie, Gewerbe, Handel und Verkehr, ÖVP, 31. 5. 1946—18. 2. 1948 Bundesminister für Handel und Wiederaufbau, ab 1946 Präsident der österreichischen Liga für die Vereinten Nationen, ab 1946 Präsident der Wiener Messe AG, 1946—1957 Vorsitzender des Aufsichtsrates der Creditanstalt-Bankverein, 20.—24. 11. 1947 Bundesminister mit der Leitung des Bundesministeriums für Elektrifizierung und Energiewirtschaft betraut, Direktor der NÖ Handelskammer.

Heinz, Alois (* 22. 8. 1889 Neudorf/Böhmen, † 6. 2. 1967 Innsbruck), Geschäftsführer der Wohn- und Siedlungsgesellschaft „Neue Heimat" in Innsbruck, 1945—1960 Abgeordneter zum Tiroler Landtag und Landesrat, SPÖ.

Helmer, Oskar (* 16. 11. 1887 Gattendorf/Burgenland, † 13. 2. 1963 Wien), Schriftsetzer, 1918 Mitglied des Arbeiter- und Soldatenrates in Pola, 1918—1927 Gemeinderat von Wiener Neustadt, SDAP, 1919—1934 Landtagsabgeordneter für Niederösterreich, 10. 3. 1921—5. 3. 1922 Mitglied der Verwaltungsstelle für das Burgenland, 11. 5. 1921—28. 3. 1927 Landesrat für Niederösterreich, 1923—1934 Parteivorstand der SDAP, 20. 5. 1927—Februar 1934 Stellvertretender Landeshauptmann von Niederösterreich, Februar 1934 für 9 Monate Einzelhaft im Landesgericht Wien, bis April 1935 im Anhaltelager Wöllersdorf, 1938 und 1944 in Gestapohaft, 1945—1957 Obmann der SPÖ-Niederösterreich, 1945—1959 Stellvertretender Vorsitzender der SPÖ, Obmann der Landespartei der SPÖ Niederösterreichs und 3. Vorsitzender des SPÖ-Parteivorstandes, 27. 4.—20. 12. 1945 Unterstaatssekretär für Inneres, 1. 5.—12. 12. 1945 Stellvertretender Landeshauptmann von Niederösterreich, 19. 12. 1945—9. 6. 1959 Nationalratsabgeordneter, 20. 12. 1945—16. 7. 1959 Bundesminister für Inneres, 9. 6. 1959—1963 Mitglied des Bundesrates, 1959 Präsident des Aufsichtsrates der Österreichischen Länderbank.

Herglotz, Dr. Heinrich (* 23. 6. 1892 Wien, † 12. 8. 1953 Wien), 1927—1938 im Vorstand der Österreichischen Girozentrale, ab 1934 als leitender Direktor, 4. 5.—20. 12. 1945 Unterstaatssekretär in der Staatskanzlei, ÖVP, ab 1946 Generaldirektor der Genossenschaftlichen Zentralbank AG, Generalrat der Österreichischen Nationalbank, 1947—1953 Stellvertretender Obmann der Bundessektion Geld-, Kredit- und Versicherungswesen der Bundeskammer der gewerblichen Wirtschaft.

Hohenlohe, Dr. Hubert (* 13. 4. 1893 Wien, † 30. 11. 1969 Salzburg), in der Zwischenkriegszeit unter anderem kaufmännischer Angestellter in Deutschland und Spanien, Mai 1945 Eintritt in den Tiroler Landesdienst, Leiter des Verbindungsdienstes zur Alliierten Militärregierung bzw. Leiter der Dolmetschabteilung, später Sachgebietsleiter in der Landesamtsdirektion des Amtes der Tiroler Landesregierung, 1959 Pensionierung.

Honay, Karl (* 22. 11. 1891 Wien, † 5. 6. 1959 Wien), Feinmechaniker, ab 1920 Landtagsabgeordneter für Wien, SDAP, 1920—1932 Leiter des Sekretariates der sozialdemokratischen Gemeinderäte Wiens, 1922—1932 Herausgeber der „Rathauskorrespondenz", Redakteur der „Österreichischen Gemeindezeitung", 1932—12. 2. 1934 Gemeinderat, zuständig für allgemeine Verwaltungsangelegenheiten, 1933—12. 2. 1934 Amtsführender Stadtrat, zuständig für das Gesundheitswesen, 12. 2. 1934 Verhaftung und Internierung im Anhaltelager Wöllersdorf, 1934—1945 im Versicherungsgewerbe tätig, 1939 Inhaftierung und bis 1940 im KZ Buchenwald, Juli 1944—Februar 1945 KZ Dachau, 17. 4. 1945—11. 11. 1947 Amtsführender Stadtrat für Wien, zuständig für das Finanzwesen, SPÖ, 19. 12. 1945—5. 12. 1949 Bundesratsmitglied, 19. 12. 1945—30. 6. 1946 Vorsitzender des Bundesrates, 1. 7. 1946—5. 12. 1949 Stellvertretender Vorsitzender des Bundesrates, 11. 11. 1947—5. 6. 1959 Vizebürgermeister und Amtsführender Stadtrat, zuständig für Finanzwesen und Personalangelegenheiten, ab 1949 für das Wohlfahrtswesen, 1947—1959 Mitglied der Parteikontrolle der SPÖ.

Honner, Franz (* 4. 9. 1893 Friedberg/Böhmen, † 10. 2. 1964 Wien), Elektriker, 1920 Beitritt zur KPÖ, Funktionär der Metall- und Bergarbeitergewerkschaft, 1933 Mitglied der illegalen Parteileitung, 1935—1936 im Anhaltelager Wöllersdorf, 1936 Flucht aus Wöllersdorf über Prag nach Moskau, 1937 in Spanien Kämpfer auf Seite der republikanischen Volksarmee, Herbst 1939 Flucht über die Schweiz nach Jugoslawien, Mai 1940 über Bulgarien nach Moskau, wo er in der Komintern arbeitete, 1943 Leiter der österreichischen Sektion der Komintern-Schule Kusnarenkovo, 1943—1944 Kontaktperson für Verhandlungen mit der jugoslawischen Befreiungsarmee, ab August 1944 Ausbildner von Kampfgruppen, April 1945 Rückkehr nach Wien, 27. 4.—20. 12. 1945 Staatssekretär für Inneres, 19. 12. 1945—9. 6. 1959 Nationalratsabgeordneter, bis 1964 Mitglied des Zentralkomitees und des Politbüros der KPÖ.

Horvatek, Norbert (* 8. 10. 1888 Gußwerk bei Mariazell, † 2. 1. 1982 Graz), Lehrer, 1924—1934 Bürgermeister von Fohnsdorf, SDAP, 1934 im Anhaltelager Wöllersdorf interniert, 1938 und 1944 Gestapohaft, 20. 5. 1945—30. 1. 1954 Landesrat für die Steiermark, zuständig für Finanzen und Landesbetriebe, 1946—1952 Stellvertretender Vorsitzender der SPÖ Steiermark, 30. 1. 1954—9. 4.

1957 und 15. 4. 1957—15. 6. 1960 Stellvertretender Landeshauptmann der Steiermark, Aufsichtsrat in mehreren Unternehmungen, ab 1960 Mitglied des Vorstandes der Creditanstalt-Bankverein, 1957—1959 Mitglied der Parteikontrolle der SPÖ.

Hradetzky, Dipl.-Ing. Anton Franz (* 25. 10. 1900 Ödenburg/Sopron, † 14. 5. 1972 Innsbruck), Kommerzialrat, Wirtschaftstreibender in Innsbruck, ÖVP, 4. 5. 1944—1946 Landesrat für Tirol, zuständig für Verkehrswesen.

Hurdes, Dr. Felix (* 9. 8. 1901 Bruneck, † 12. 10. 1974 Wien), Rechtsanwalt und ÖVP-Politiker, 1936—1938 Landesrat in Kärnten, 1938/39 und 1944 KZ-Lagerhaft, ÖVP-Generalsekretär und Unterrichtsminister 1945—1952, Abgeordneter zum Nationalrat 1945—1966, Erster Nationalratspräsident 1953—1959.

Hüttenberger, Franz (* 23. 11. 1884 Freinberg/OÖ, † 28. 3. 1966 Innsbruck), Bäcker, 1918—1934 Landtagsabgeordneter für Tirol, SDAP, Sekretär der Kreiskrankenkasse Innsbruck, 1927—1934 Landesobmann der SDAP Tirol, 1934 inhaftiert und zwangspensioniert, während der NS-Zeit im KZ, 4. 5.—20. 10. 1945 Landesrat für Tirol, zuständig für soziale Verwaltung, SPÖ, 20. 10. 1945—6. 11. 1961 Stellvertretender Landeshauptmann von Tirol, 19. 12. 1945—25. 6. 1946 Bundesrat, Vorsitzender des Landesparteivorstandes der SPÖ Tirol, Vorsitzender der Landesgewerkschaftskommission Tirol, Direktor der Gebietskrankenkasse Innsbruck.

Ilg, Ulrich (* 7. 4. 1905 Dornbirn, † 9. 5. 1986 Dornbirn), Landwirt, 1927 und 1936 Obmann des Vorarlberger Bauernbundes, 1930 Mitglied der Vorarlberger Landwirtschaftskammer, 1. 3.—25. 9. 1934 Mitglied des Beirates des Regierungskommissärs für Dornbirn, 5. 3.—24. 7. 1934 Landesrat von Vorarlberg, CSP, 27. 4.—2. 5. 1934 Mitglied des Bundesrates, 13. 7.—3. 8. 1934 Staatssekretär für Land- und Forstwirtschaft, ab August 1934 Vizepräsident der Vorarlberger Landwirtschaftskammer, ab 15. 12. 1934 Mitglied des Stadtrates von Dornbirn, 1. 11. 1934—12. 3. 1938 Mitglied des Bundeswirtschaftsrates, 28. 11. 1934—12. 3. 1938 Mitglied des Bundestages, März 1938 seiner Ämter enthoben, 24. 5.—10. 12. 1945 Präsident des Vorarlberger Landesausschusses, ÖVP, 11. 12. 1945—28. 10. 1964 Landeshauptmann von Vorarlberg, 1945—1964 Landesparteiobmann der ÖVP Vorarlberg, 1947—1951 Ländervertreter in der Bundesparteileitung der ÖVP, 29. 10. 1964—18. 10. 1969 Landesrat für Vorarlberg.

Iser, Karl (* 4. 11. 1908 Salzburg, † 6. 9. 1987 Salzburg), Journalist, Mitbegründer der ÖVP Salzburg, 23. 6. 1945—1. 9. 1945 Landesparteisekretär der ÖVP, 20. 8. 1945—1974 Leiter des Landespressedienstes der Salzburger Landesregierung.

Kammerer, Fritz (* 1. 12. 1896, † Ende März 1979), nach 1938 im kommunistischen Widersstand tätig, Verhaftung und Einlieferung in das KZ Buchenwald, August 1945 Mitglied der Zivilverwaltung des Mühlviertels, später Landesrat für Soziales bis 1949, langjähriger Sekretär des Verbandes der Widerstandskämpfer.

Karall, Dr. Lovro (Lorenz) (* 10. 8. 1894 Großwarasdorf/Burgenland, † 17. 3. 1965 Walbersdorf/Burgenland), ab 1922 Redakteur und Herausgeber der kroatischen Wochenschrift „Hrvatske Novine" sowie Tätigkeit im Bereich der Raiffeisen und der landwirtschaftlichen Genossenschaften, 1927 Überleitung der Gradijanska Hrvatska Stranka/Christlichen Kroatischen Bauernpartei in die Christlichsoziale Partei, 20. 5. 1927—31. 10. 1934 Vertreter der kroatischen Minderheit im burgenländischen Landtag, ab 24. 7. 1929 Mitglied der Landesregierung, zuständig für Kultus und Gewerbe, 28. 6. 1932—16. 10. 1934 zweiter Obmannstellvertreter in der CSP Burgenland, ab Mai 1934 Landesrat für Finanzen und Sanitätsangelegenheiten, 29. 5. 1934—31. 10. 1934 Landeshauptmannstellvertreter, 31. 10. 1934—12. 3. 1938 Mitglied des Staatsrates, März 1938 Enthebung von allen Ämtern und Überwachung durch die Gestapo, ab 11. 4. 1945 Mitglied des provisorischen Landeskomitees, später Landeshauptmannstellvertreter, 4. 1. 1946—22. 6. 1956 Landeshauptmann, Landesparteiobmann der ÖVP, 1956—1960 erster Landtagspräsident, ab 27. 6. 1956 Präsident der Handelskammer, zahlreiche weitere Funktionen in öffentlichen und halböffentlichen Institutionen.

Kargl, Ing. August (* 25. 4. 1898 Langenlois, † 6. 1. 1960 San Remo), Baumeister, von Jugend auf im niederösterreichischen Gewerbebund tätig, Landtagsabgeordneter 1934—1937, CSP, Landesrat 1937—1938, zuständig für Gewerbe, März 1938 Verhaftung und Internierung im KZ Dachau, nach der Entlassung Arbeit in Wien als Maurer, nach dem 20. Juli 1944 neuerliche Verhaftung, 1945 Mitglied des provisorischen Landesausschusses, 1945—1960 Landtagsabgeordneter, ÖVP und Landesrat, zuständig für Gewerbe sowie Landeshauptmannstellvertreter, 1945—1960 Obmann des Wirtschaftsbundes, 1946—1954 Präsident der Handelskammer Niederösterreich.

Kazianka, Johann (* 23. 6. 1897, † 18. 12. 1963), Metaller ab 1913 bei der sozialistischen Jugend und dem Metallarbeiterverband, ab Mai 1921 Mitglied der KPÖ, in den 20er Jahren Gewerkschaftsfunktionär, Arbeiterkammerrat und Funktionär der KPÖ-Kärnten, 1931 Verhaftung im damaligen königlichen Jugoslawien und vier Jahre Kerker, als Soldat der Wehrmacht knüpfte er Verbindung zu Österreichern im kommunistischen Widerstand, 1944 Verhaftung und Internierung in den Konzentrationslagern Buchenwald und Mauthausen, nach 1945 Vizepräsident der Landesexekutive des ÖGB in Kärnten und Landtagsabgeordneter bis 1963 sowie bis 1963 Landesobmann der KPÖ Kärnten als Nachfolger von Josef Tschofenig, vom 13. Parteitag bis 1963 Mitglied des Zentralkomitees der KPÖ.

Kleinwächter, Ludwig (* 1882, † 1973), österreichischer Diplomat, u. a. in Chicago (Konsulat), Washington und Ottawa, 1938 ohne Pension entlassen, bis 1940 KZ-Haft, 1945 reaktiviert, 1946—1952 zunächst Politischer Vertreter, dann Gesandter bzw. Botschafter in Washington.

Koban, Dr. Ludwig (* 24. 2. 1881 Murau, † 8. 6. 1956 Graz), 1904 Eintritt in den Dienst des Grazer Stadtrates, 1. 5. 1933 Ernennung zum Landesamtsdirektorstellvertreter, 10. 9. 1935 Ernennung zum Regierungsdirektor, 1945 Landesamtsdirektor der Steiermark, bis 1956 Leiter der Landes-Hypothekenanstalt Graz, bis 1956 Aufsichtsrat der österreichischen Credit-Institut AG.

Koplenig, Johann (* 15. 5. 1891 St. Laurenzen bei Hermagor/ Steiermark, † 13. 12. 1968 Wien), Schuhmacher, 1918—1920 Mitglied des Arbeiter- und Soldatenrates von Niznyj Novgorod, 1922 Landessekretär der KPÖ Steiermark, 1924 Zentralsekretär der KPÖ, 1927—1934 Vorsitzender der KPÖ, Juli 1927 und Oktober 1928 Haft, 1934—1945 Emigration in die Tschechoslowakei und die Sowjetunion, 1945 Rückkehr nach Österreich, 1945—1965 Parteivorsitzender, Mitglied des Politbüros und ZK der KPÖ, 27. 4.—20. 12. 1945 Staatssekretär ohne Portefeuille, Mitglied des Politischen Kabinettsrates, 19. 12. 1945—9. 6. 1959 Nationalratsabgeordneter.

Koref, Dr. Ernst (* 11. 3. 1891 Linz, † 15. 11. 1988 Linz), Lehrer, 1919 Eintritt in den Staatsdienst, Juli 1920 Einberufung in den oberösterreichischen Landesschulrat, 1927—1934 Gemeinderat der Stadt Linz, SDAP, 2. 12. 1930—17. 2. 1934 Nationalratsabgeordneter, 1934 Zwangspensionierung und Haft, 1935—1945 Privatlehrer, 1944 Gestapohaft, 1945 als Lehrer reaktiviert, 7. 5. 1945—10. 9. 1962 Bürgermeister von Linz, SPÖ, ab 1945 Mitglied des Parteivorstandes der SPÖ, 1945—1957 Landesparteiobmann der SPÖ, 19. 12. 1945—19. 5. 1958 und 21. 5. 1958—8. 1. 1965 Nationalratsabgeordneter, 1957 Ernennung zum Landesschulinspektor, 1958 und 1965 Mitglied des Bundesrates.

Körner, Theodor (* 24. 4. 1873 Komorn/Ungarn, † 4. 1. 1957 Wien), General, 18. 8. 1894 Eintritt in den Militärdienst, 10. 3. 1923 Ernennung zum Generalmajor, 1. 2. 1924 Versetzung in den dauernden Ruhestand als General, 8. 2. 1924—17. 2. 1934 Mitglied des Bundesrates, SDAP, 1. 12. 1933—17. 2. 1934 Vorsitzender des Bundesrates, Mitglied der Zentralleitung des Republikanischen Schutzbundes, Februar 1934 Verhaftung, bis 24. 12. 1934 Haft, 1944 Gestapohaft, 17. 4.—21. 10. 1945 provisorischer Bürgermeister von Wien, SPÖ, 1945/46 Mitglied des Parteivorstandes der SPÖ, 1947—1950 Präsident des Bundes Sozialistischer Akademiker, 21. 10. 1945—18. 6. 1951 Landeshauptmann und Bürgermeister von Wien, 19. 12. 1945—16. 6. 1951 Nationalratsabgeordneter, 21. 6. 1951—4. 1. 1957 Bundespräsident.

Korp, Andreas (* 15. 5. 1897 Graz, † 8. 10. 1983), Direktor der Großeinkaufsgesellschaft des österreichischen Konsumvereins, ab 1959 Obmann des Zentralverbandes der Konsumgenossenschaften Österreichs, 27. 4.—20. 12. 1945 Staatssekretär, SPÖ, 1946—1952 Mitglied des Generalrates der Österreichischen Nationalbank, 23. 1.—2. 4. 1953 Staatssekretär für Inneres, ab 1947 Vorsitzender des Aufsichtsrates der Arbeiterbank AG in Wien, 1948—1956 Stellvertretender Vorsitzender des Aufsichtsrates der Creditanstalt-

Bankverien, 1955—1972 Vizepräsident der Österreichischen Nationalbank.

Kraus, Josef (* 23. 2. 1890 Kronberg/NÖ, † 11. 7. 1971 Kronberg), Landwirt, ab 1920 Vizebürgermeister von Kronberg, 1924—1938 Bürgermeister von Kronberg, ab 1927 in der Landesführung der niederösterreichischen Heimwehr tätig, 1927—1930 niederösterreichischer Landtagsabgeordneter, CSP, 2. 12. 1930—2. 5. 1934 Nationalratsabgeordneter, 1. 11. 1934—12. 3. 1938 Mitglied des Staatsrates, 18. 12. 1934—12. 3. 1938 Mitglied des Bundestages, 1938 Enthebung von allen Funktionen und Verhaftung, 27. 4.—26. 9. 1945 Unterstaatssekretär für Volksernährung, ÖVP, 27. 4.—2. 8. 1945 Präsident der NÖ Landwirtschaftskammer, 26. 9.—20. 12. 1945 Staatssekretär für Land- und Forstwirtschaft, 19. 12. 1945—18. 3. 1953 Nationalratsabgeordneter, 20. 12. 1945—23. 1. 1952 Bundesminister für Land- und Forstwirtschaft, 1945—1960 Obmannstellvertreter des NÖ Bauernbundes, 30. 10. 1947—28. 4. 1960 Präsident des Österreichischen Bauernbundes, 1951—1960 stellvertretender Bundesparteiobmann der ÖVP, 1966 Rückzug aus allen Funktionen.

Kritscha, Dr. Viktor (* 1. 8. 1885 Wien, † 29. 6. 1963 Prigglitz/Niederösterreich), 1911 Eintritt in den Dienst der Stadt Wien, 1928 Bestellung zum Leiter der Magistratsabteilung für Personalangelegenheiten, 1935 Ernennung zum Senatsrat, 1941 Ernennung zum Stadtdirektor, ab 22. 6. 1945 Wiener Magistratsdirektor und Landesamtsdirektor, 30. 11. 1953 Pensionierung.

Kunschak, Leopold (* 11. 11. 1871 Wien, † 13. 3. 1953 Wien), Politiker, 1891 Gründer des Christlichsozialen Arbeitervereines, 1897—1934 Obmann dieses Vereines, 1904—1918 Mitglied des Wiener Gemeinderates, CSP, 1907—1911 Reichsratsabgeordneter, 1913—1919 Niederösterreichischer Landesrat, 4. 3.—9. 11. 1920 Mitglied der Konstituierenden Nationalversammlung, 1. 3. 1920—Juni 1921 Obmann der CSP, bis 2. 5. 1934 Nationalratsabgeordneter, 1934—1938 Mitglied des Staatsrates, 1938 und 1944 Gestapohaft, 1945 Mitbegründer der ÖVP, 1945 Vizebürgermeister von Wien, 19. 12. 1945—13. 3. 1953 Nationalratsabgeordneter und 1. Präsident des Nationalrates, 1945—1947 Präsident des Präsidiums der ÖVP, 1945/46 Obmann des ÖAAB.

Lauscher, Josef (* 1. 2. 1912 Wien, † 23. 5. 1975 Wien), Automechaniker, seit jungen Jahren in der Arbeiterbewegung tätig, 1935 als Funktionär der kommunistischen Bewegung kurzfristig verhaftet, 1938 neuerliche Verhaftung und Internierung in verschiedenen Konzentrationslagern, Anfang 1945 Flucht aus dem Konzentrationslager Mauthausen, in dem er im Widerstand der politischen Häftlinge aktiv war, weitere Widerstandsaktivitäten nach der Flucht in Wien, ab November 1945 Landtagsabgeordneter und Gemeinderat der Stadt Wien, KPÖ, Obmann der Wiener Organisation der KPÖ, Mitglied des Präsidiums des Verbandes der Widerstandskämpfer und Opfer des Faschismus.

Leissing, Eugen (* 26. 11. 1913 Bregenz), Kaufmann, Geschäftsführer einer Papierfachhandlung in Bregenz und Führer des Reichsbundes der Katholischen Jugend für Vorarlberg, 1936 Gründer des Arbeitslosenfürsorgewerkes „Jugend am Werk“, März—Juni 1938 Gestapohaft, 24. 5.—10. 12. 1945 Mitglied des Landesausschusses für Vorarlberg, ÖVP, 19. 12. 1945—25. 10. 1949 Mitglied des Bundesrates.

Leser, Dr. h. c. Ludwig (* 11. 8. 1890 Neufeld an der Leitha, † 30. 10. 1946 Wien), Journalist, Privatbeamter, 1921 Haft in Ungarn, 5. 3.—19. 7. 1922 Mitglied der Verwaltungsstelle für das Burgenland, SDAP, 19. 7. 1922—4. 1. 1924 Stellvertretender Landeshauptmann für das Burgenland, 15. 5.—9. 6. 1925 mit den Amtsgeschäften des burgenländischen Landeshauptmanns betraut, 9. 6. 1925—12. 4. 1934 Stellvertretender Landeshauptmann für das Burgenland, 1934 Flucht nach Preßburg, 1934 Dozent der Masaryk-Volkshochschule, 1938 Emigration nach Prag, 1939 Gestapohaft, 1945 Rückkehr nach Österreich, 1. 10. 1945—4. 1. 1946 Landeshauptmann von Burgenland, SPÖ, 19. 12. 1945—23. 1. 1946 Nationalratsabgeordneter, 4. 1. 1946—30. 10. 1946 Stellvertretender Landeshauptmann von Burgenland.

Lichtenegger, Herrmann (* 14. 9. 1900 Knittelfeld/Steiermark, † 11. 3. 1984 Wien), Schlosser, 1918—1934 Mitglied der SDAP, ab 1934 Mitglied der KPÖ, 1921 Eintritt in den Dienst der Österreichischen Bundesbahnen, 1934 Verhaftung und Entlassung, 28. 9. 1937—24. 1. 1938 wegen Betätigung für die „Freie Gewerkschaft“ in Haft, 24. 1. 1938—17. 2. 1938 wegen Betätigung für die KPÖ in Haft, Oktober 1938 Wiederaufnahme in den Dienst, 1942 Verhaftung und Suspendierung, 4. 5.—20. 12. 1945 Unterstaatssekretär, KPÖ, danach Vizepräsident der ÖBB, ab 1946 Mitglied des Zentralkomitees der KPÖ.

Lorenzoni, Dr. Franz (* 30. 11. 1890 Urfahr bei Linz, † 5. 6. 1948 Linz), 1920 Eintritt in den Landesverwaltungsdienst, 1925—1934 Landtagsabgeordneter, Christlicher Landarbeiter- und Kleinhäuslerbund, ab März 1934 Mitglied der Landesregierung, 1934—1938 Mitglied des Länderrates, ab Jänner 1935 Landesführer des Freiheitsbundes, der Wehrformation der christlichsozialen Arbeiterbewegung, März 1938 Rückstufung als Beamter und Juni 1939 Versetzung, nach dem Attentat auf Hitler vom 20. 7. 1944 kurzfristige Verhaftung, 16. 5. 1945—25. 10. 1945 Mitglied der provisorischen Landesregierung, 13. 12. 1945—5. 6. 1948 Landeshauptmannstellvertreter und Landtagsabgeordneter, ÖVP.

Lueger, Dr. Karl (* 24. 10. 1844 Wien, † 10. 3. 1910 Wien), Rechtsanwalt, christlichsozialer Politiker und Bürgermeister von Wien 1897—1910.

Lugmayer, Dr. Karl (* 25. 2. 1892 Ebensee/Oberösterreich, † 16. 4. 1972 Wien), Volksbildner, Tätigkeit in der Zentralkommission der christlichen Gewerkschaften, bis 1934 Volksbildungsreferent für Niederösterreich, 1. 11. 1934—12. 3. 1938 Leiter des Volksbildungsamtes Wien, März 1938 Enthebung von seinen Funktionen,

April 1939 Versetzung in den Ruhestand, April 1945 Mitwirkung bei der Gründung des ÖAAB, 27. 4.—20. 12. 1945 Unterstaatssekretär, ÖVP, 19. 12. 1945—11. 12. 1959 Mitglied des Bundesrates, 1945—1958 Beamter des Unterrichtsministeriums, ab 1946 Honorarprofessor für Philosophie an der Hochschule für Bodenkultur, 1. 7. 1951—31. 12. 1956 Stellvertretender Vorsitzender des Bundesrates, 1952/1953 Geschäftsführender Bundesobmann des ÖAAB.

Machold, Reinhard (* 11. 11. 1879 Bielitz/Schlesien, † 6. 2. 1961 Graz), Schriftsetzer, 1916—1926 Vorstand und Direktor der steirischen Konsumgenossenschaft, 11. 3. 1919—14. 12. 1930 Landesrat für die Steiermark, SDAP, 26. 11. 1920—20. 11. 1923 Mitglied des Bundesrates, ab 1925 Vorsitzender der Sozialdemokraten der Steiermark, 1926—1934 Direktor der Kreiskrankenkasse Graz, 24. 11. 1928—4. 12. 1930 Mitglied des Bundesrates, 4. 12. 1930—12. 3. 1934 Stellvertretender Landeshauptmann der Steiermark, Februar—Oktober 1934 in Haft, 1944 Gestapohaft, 20. 5.—28. 12. 1945 Landeshauptmann der Steiermark, SPÖ, ab 1945 Mitglied des Parteivorstandes der SPÖ, 28. 12. 1945—21. 1. 1954 Stellvertretender Landeshauptmann der Steiermark, 12. 2. 1954—6. 2. 1961 Mitglied des Bundesrates.

Maleta, Dr. Alfred (* 15. 1. 1906 Mödling, † 17. 7. 1990 Salzburg), Jurist und ÖVP-Politiker, 1938—1941 KZ-Lagerhaft, 1945—1970 Abgeordneter zum Nationalrat, 1961/62 3., 1962—1970 2., 1970—1975 1. Nationalratspräsident, 1951—1960 ÖVP-Generalsekretär, 1960—1971 Obmann des ÖAAB und Stellvertretender Bundesobmann der ÖVP.

Matejka, Viktor (* 4. 12. 1901 Korneuburg, † 3. 4. 1993 Wien), Redakteur, Autor, 1938—1944 in KZ-Haft, 1945—1953 Stadtrat für Kultur und Volksbildung in Wien (KPÖ).

Meissnitzer, Hans (* 7. 3. 1915 St. Magdalen/Kärnten, † 30. 10. 1965 Salzburg), Elektromeister, 23. 5.—12. 12. 1945 Landtagsabgeordneter für Salzburg, zuständig für das Sicherheitswesen, KPÖ.

Mentasti, Alois (* 15. 2. 1887 Sooß/Niederösterreich, † 23. 4. 1958 Sooß), Weinhauer, 1919—1934 Gemeinderat und Vizebürgermeister von Sooß, SDAP, 1922—1934 Bezirks- und Landeskammerrat, 1923—1934 Obmann des „Verbandes der freien Arbeitsbauern Österreichs“, 1927—1934 niederösterreichischer Landtagsabgeordneter, Obmann des Bezirksstraßenausschusses Baden, Vizepräsident der NÖ Landwirtschaftskammer, 1934 und 1944 in Haft, ab 9. 4. 1945 provisorischer Bürgermeister von Sooß, 27. 4.—20. 12. 1945 Unterstaatssekretär, SPÖ, 1946—1953 Mitglied des Parteivorstandes der SPÖ, 1945—1949 niederösterreichischer Landtagsabgeordneter, 8. 11. 1949—18. 3. 1953 Nationalratsabgeordneter.

Mödlagl, Ing. Otto (* 23. 9. 1899 Wien, † 21. 12. 1974 Eisenstadt), 1. 5.—15. 10. 1945 Stellvertretender Landeshauptmann von Niederösterreich, KPÖ, 4. 5.—20. 12. 1945 Unterstaatssekretär, 1. 10.

1945—4. 1. 1946 Stellvertretender Landeshauptmann von Burgenland, 1945—1949 3. Präsident des burgenländischen Landtages.

Mrazek, Hugo (* 2. 4. 1891 Wien, † 24. 3. 1962), Absolvent der Militärakademie, dann Landesbeamter, 1938 mit 50%igem Pensionsanspruch zwangspensioniert, ab 20. 11. 1945 wieder im Landesdienst, zuletzt Rechnungsrat in der Landesbuchhaltung Steiermark, 1950 Versetzung in den Ruhestand, 1945—1949 Landtagsabgeordneter der Steiermark (ÖVP).

Muigg, Josef (* 20. 8. 1894 Kössen/Tirol, † 1. 8. 1976 Steinach/Tirol), ab 1932 Obmannstellvertreter des Tiroler Bauernbundes, 1. 11. 1934—12. 3. 1938 Mitglied des Bundeswirtschaftsrates, CSP, ab 30. 12. 1935 Bürgermeister von Steinach, März 1938 aller Ämter enthoben und kurzfristig inhaftiert, stand in Kontakt mit Widerstandskreisen und war zuletzt Mitglied des Exekutivausschusses der österreichischen Widerstandsbewegung in Tirol, 1945 Mitwirkung an der Wiedererrichtung des Tiroler Bauernbundes, 4. 5. 1945—24. 10. 1949 Landesrat für Tirol, zuständig für Landwirtschaft, ÖVP, 1945—1948 Präsident der Tiroler Landwirtschaftskammer, 1945—1949 und 1951—1961 Landtagsabgeordneter, Mitglied des Landesparteivorstandes der ÖVP.

Nagl, Dr. Ferdinand (* 19. 6. 1891 St. Pölten, † 30. 6. 1977 Türnitz/NÖ), 25. 10. 1920 Eintritt in das Kreisgericht St. Pölten, später verschiedenen Staatsanwaltschaften zugeteilt, 1921—1927 Gemeinderat in St. Pölten, CSP, 1928—1933 Gemeinderat in Korneuburg, 1. 1. 1938 zum Ersten Staatsanwalt in Ried im Innkreis ernannt, März 1938 von der Funktion enthoben und zur Staatsanwaltschaft Wien I versetzt, 27. 4.—20. 12. 1945 Unterstaatssekretär für Justiz, ÖVP, ab 20. 12. 1945 Leiter der Staatsanwaltschaft beim Jugendgerichtshof Wien, 5. 6. 1946 Ernennung zum Ersten Staatsanwalt, 23. 1. 1954 Ernennung zum Oberstaatsanwalt, 31. 12. 1956 Pensionierung.

Neumayr, Anton (* 1. 6. 1887 Salzburg, † 18. 6. 1954 Salzburg), Hauptschullehrer, 1919—1934 Bürgermeister von Hallein, SDAP, ab 1919 Landtagsabgeordneter, 1928—1932 Landtagspräsident, 13. 2. 1934 Verhaftung, 1. 1. 1937 Anstellung im Landesjugendamt als Leiter, März 1938 für drei Monate seiner Ämter enthoben, 1942 zwangsweise Versetzung ins Landesbauamt, 24. 4. 1944—27. 1. 1945 im KZ Dachau, 25. 5. 1945—1946 Stellvertretender Landeshauptmann von Salzburg, SPÖ, 25. 11. 1945—1953 Landtagsabgeordneter, Mai 1946—31. 12. 1951 Bürgermeister von Salzburg, 1. 1. 1952 Pensionierung.

Newole, Karl Ernst (* 1. 10. 1896, † 16. 11. 1968), nach dem Studium Beamter beim Wiener Magistrat, 1926—1934 1. Sekretär der Kärntner Arbeiterkammer, ab 7. 5. 1955 Landesamtsdirektor von Kärnten, 1934 entlassen, 1938 inhaftiert, 1941—1945 Kriegsdienst, 1945 Regierungsdirektor, 1955—31. 12. 1959 Landesamtsdirektor.

Oswald, Emil (* 29. 5. 1897 Pinkafeld, † 16. 12. 1964 Wien), 1914—Hauptmann des Generalstabes, 1927—1935 Direktor der Deutschen Autorengesellschaft (München), 1936—1938 Direktor der Autorengesellschaft Wien, in den 30er Jahren in Österreich Proponent der monarchistischen Bewegung, 1938—1945 KZ Dachau bzw. Mauthausen, Frühjahr 1945 Mitglied im „Siebenerausschuß" in der Widerstandsbewegung O5, Gründungsobmann der ÖVP, September—Dezember 1945 Landesobmann der ÖVP-Wien, anschließend Generaldirektor der AKM.

Pernter, Dr. Hans (* 3. 10. 1887 Wien, † 25. 7. 1951 Bad Ischl), Ministerialbeamter, Staatssekretär für Unterricht 30. 7. 1934—14. 5. 1936, Bundesminister für Unterricht 14. 5. 1936—11. 3. 1938, nach 1938 drei Jahre KZ-Lagerhaft, 17. 4.—8. 9. 1945 Bundesobmann der ÖVP.

Petrak, Wilhelm, Ländervertreter Oberösterreichs, KPÖ.

Peyerl, Franz (* 26. 6. 1897 Linz, † 13. 9. 1967 Salzburg), 1923—1934 Gemeinderat von Salzburg, SDAP, ab 1924 Landessekretär der Salzburger SDAP, 1938 Gestapohaft, ab 1945 Obmann des sozialistischen Landtagsklubs und Salzburger Parteiobmann, 25. 5. 1945—1946 Landesrat für Salzburg, zuständig für Gemeindeverwaltung, Sport, Gewerbewesen und Heimatpflege, SPÖ, ab 1945 Mitglied der Parteikontrolle der SPÖ, 1946—1966 Stellvertretender Landeshauptmann von Salzburg.

Piesch, Hans (* 15. 6. 1889, † 3. 3. 1966) Lehrer, 8. 5. 1945—25. 4. 1947 Landeshauptmann von Kärnten und Landesrat, zuständig für das Schulwesen, ab 20. 10. 1945 Mitglied der SPÖ-Landesparteileitungab 1. 2. 1948 Direktor des Fremdenverkehrsamtes, 1955 Pensionierung.

Podratzky, Karl (* 1. 8. 1895 Wien, † ?), Angestellter, Tätigkeit in der SDAP, Februar 1934 Verhaftung und kurzfristige Internierung, 1935 Beitritt zur KPÖ, März 1938 kurzfristige Internierung, Dezember 1942 wegen illegaler Betätigung vor einem Sondergericht, ab Juli 1945 Mitglied des provisorischen Landesausschusses, Kammerrat.

Pölzl, Dietrich (Ditto) (* 1907 in Eggenberg, † ?), Werkmeister bei der Waagner Biró AG, Gemeinderat in Eggenberg, SDAP, 1934/35 Aufenthalt in der UdSSR, nach seiner Rückkehr 1935 bis Dezember 1935 inhaftiert wegen Betätigung für die „Freien Gewerkschaften", ausgebürgert und später wieder „geduldet", 1938—1945 Überwachung und mehrere Verhaftungen durch die Gestapo, 15. 5.—28. 12. 1945 Landesrat für die Steiermark, zuständig für Kunst und Schule, KPÖ, 1946—1957 Mitglied des Zentralkomitees der KPÖ.

Popp, Franz (* 14. 9. 1891 Dobermannsdorf, † 18. 9. 1981), Lehrer, 1921—1934 Bürgermeister von Hohenau und Landtagsabgeordneter, SDAP, 1923 Gründer der Freien Lehrergewerkschaft Österreichs, Februar—April 1934 Internierung, danach bis 1938 unter Polizeiaufsicht, 1938/39 Gestapo-Untersuchungen, Mai 1945 Mitglied des provisorischen Landesausschusses, anschließend Zentralsekretär der SPÖ, 1945—1960 Landtagsabgeordneter, SPÖ,

Klubobmann der sozialistischen Fraktion und Landeshauptmannstellvertreter.

Posch, Dr. Karl (* 23. 1. 1897 Jennersdorf, † 25. 12. 1970 Eisenstadt), Jurist, ab 1. 3. 1928 Tätigkeit im burgenländischen Landesdienst, seit 1932 burgenländischer Landeskommandant der Ostmärkischen Sturmscharen, 1. 2.—30. 6. 1934 Bezirkshauptmann von Güssing, ab 1. 7. 1934 Bezirkshauptmann von Eisenstadt, ab 11. 11. 1934 Mitglied der burgenländischen Landesregierung, zuständig für Finanzen, SDAP, 1934—1938 Mitglied des Länderrates, März 1938 Enthebung von allen Ämtern, 11. 3.—31. 5. 1938 Inhaftierung, 5. 10. 1938 Entlassung aus dem Beamtenverhältnis ohne Pensionsanspruch, 1939—1945 Rechtsberater der Finanzkammer und des Apostolischen Administrators für das Burgenland, nach dem Attentat auf Hitler erneute Inhaftierung vom 29. 8.—19. 10. 1944, 1945 aktive Mitarbeit am Wiederaufbau der Verwaltung im Burgenland als Bezirkshauptmann von Mattersburg, ab 1. 10. 1945 Landesamtsdirektor des Burgenlandes, 1962 Versetzung in den Ruhestand.

Postranecky(-Altmann) Helene (* 12. 3. 1903 Wien, † 6. 1. 1995 Wien), Hilfsarbeiterin, ab 1930 Frauensekretärin der SDAP und ab 1932 Mitglied des Parteivorstandes Niederösterreich, 21. 2.—2. 2. 1934 Polizeihaft, 2. 3.—21. 9. 1934 Untersuchungshaft, 1938—1945 illegal für die KPÖ tätig, 27. 4.—20. 12. 1945 Unterstaatssekretär(in), 1946—1954 stellvertretende Vorsitzende der KPÖ, Mitglied des Politbüros und des Zentralkomitees der KPÖ, 1968 Austritt aus der KPÖ.

Raab, Ing. Julius (* 29. 11. 1891 St. Pölten, † 8. 1. 1964 Wien), 1927—1933 Gemeinderat für St. Pölten, CSP, 18. 5. 1927—2. 5. 1934 Nationalratsabgeordneter, 1. 11. 1934—16. 2. 1938 Mitglied des Bundeswirtschaftsrates, 28. 11. 1934—16. 2. 1938 Mitglied des Bundestages, 16. 2.—11. 3. 1938 Bundesminister für Handel und Verkehr, 1938 Enthebung von allen Ämtern, 1945 Mitbegründer der ÖVP, 1945 Gründer (und bis 1963 Präsident) des österreichischen Wirtschaftsbundes, 27. 4.—20. 12. 1945 Staatssekretär für öffentliche Bauten, Übergangswirtschaft und Wiederaufbau, 19. 12. 1945—8. 1. 1964 Nationalratsabgeordneter, 1945—1949 Klubvorsitzender der ÖVP, 1945—1952 stellvertretender Parteiobmann, 1952—1960 Bundesobmann der ÖVP, 1946—1953 Präsident der Bundeskammer der gewerblichen Wirtschaft, 2. 4. 1953—11. 4. 1961 Bundeskanzler.

Rainer, Hermann (* 13. 5. 1896 Saalbach, † 13. 10. 1983 Salzburg)), kaufmännischer Angestellter, ab 1919 Funktionär der der Arbeiterkammer und des Gemeinderates, ab 1920 Tätigkeit in der christlichen Arbeiterbewegung, Gemeindevertreter von Schwarzach, ab 1931 Mitglied des Salzburger Gemeinderates,1934—1938 Stadtrat der Stadt Salzburg, 1938 Inhaftierung, 1940 Entlassung aus dem KZ Buchenwald, bis 1945 in der Bauwirtschaft in Wien tätig, 1945 Mitarbeit am Aufbau der ÖVP Salzburg und von den US-Alliierten mit der Einsetzung der Bürgermeister im Pinzgau beauftragt,, 31. 5. 1945 Wahl zum ersten Landesparteiobmann der ÖVP Salzburg, nach bündischer Gliederung der Partei von Bauernbundobmann Hasenauer abgelöst, 1945—1955 Nationalratsabgeordneter, ÖVP, 10. 12. 1954—1959 Landesrat in Salzburg, ab 1959—1960 Mitglied des Bundesrates,4. 10. 1945—30. 5. 1953 Landesobmann des ÖAAB, 27. 10. 1945—9. 11. 1946 Geschäftsführender Landesparteiobmann der ÖVP.

Rehrl, Dr. Franz (* 4. 12. 1890 Salzburg, † 23. 1. 1947 Salzburg), 1918 und 1919 Mitglied der provisorischen Landesversammlung, CSP, 1919—1922 Stellvertretender Landeshauptmann, 1919 Landtagsabgeordneter, 1. 12. 1920—2. 5. 1934 Mitglied des Bundesrates, 4. 5. 1922—1938 Landeshauptmann von Salzburg, 1934—1938 Mitglied des Länderrates, Mai—Dezember 1938 und Juli 1944—1945 Gestapohaft, kehrte 1945 von der Haft gezeichnet und schwer krank nach Österreich zurück, lehnte das Amt des Landeshauptmannes von Salzburg ab.

Reither, Josef (* 26. 6. 1880 Langenrohr/Tulln, † 30. 4. 1950 Tulln), 1912—1924 Bürgermeister von Langenrohr, CSP, 1922—1925 Vizepräsident der niederösterreichischen Landwirtschaftskammer, ab 1925 Präsident, ab 17. 11. 1925 Mitglied der niederösterreichischen Landesregierung und Stellvertretender Landeshauptmann, 1. 7. 1931—21. 5. 1932 und 18. 5. 1933—29. 7. 1934 Landeshauptmann von Niederösterreich, 29. 7. 1934—17. 10. 1935 Bundesminister für Landwirtschaft, 17. 10. 1935—12. 3. 1938 Landeshauptmann von Niederösterreich, 24. 10. 1935—12. 3. 1938 Mitglied des Länderrates und des Bundestages, 13. 3. 1938 Verhaftung, 1. 4. 1938—26. 7. 1941 im KZ Dachau, 22. 7. 1944 bis Kriegsende im KZ Ravensbrück, 1945—1947 Präsident des österreichischen Bauernbundes, 12. 10. 1945—1949 Landeshauptmann von Niederösterreich, ÖVP, Jänner 1946—12. 8. 1949 Vorsitzender der Präsidentenkonferenz der Landwirtschaftskammern.

Renner, Dr. Karl (* 14. 12. 1870 Untertannowitz/Mähren, † 31. 12. 1950 Wien), 1907—1918 Reichsratsabgeordneter, 21. 10. 1918—16. 2. 1919 Mitglied der provisorischen Nationalversammlung, SDAP, 30. 10. 1918—7. 7. 1920 Staatskanzler, 1919 Leiter der österreichischen Delegation in St. Germain, 4. 3. 1919—9. 11. 1920 Mitglied der Konstituierenden Nationalversammlung, 15. 3.—9. 5. 1919 Staatssekretär für Inneres und Unterricht, 26. 7.—17. 10. 1919 Staatskanzler mit der Leitung des Staatsamtes für Äußeres betraut, 17. 10. 1919—22. 10. 1920 Staatssekretär für Äußeres, 10. 11. 1920—17. 2. 1934 Nationalratsabgeordneter, 1923 Gründer der Arbeiterbank, ab 1. 1. 1926 Präsident der Großeinkaufsgesellschaft österreichischer Konsumvereine, April 1931—4. 3. 1933 Präsident des Nationalrates, 1934 inhaftiert, 27. 4.—20. 12. 1945 Staatskanzler, SPÖ, 19.—20. 12. 1945 Nationalratsabgeordneter, 20. 12. 1945—31. 12. 1950 Bundespräsident.

Ronczay, Josef (* 9. 3. 1906 Wien, † 8. 11. 1957 Innsbruck), bis 1938 Redakteur der „Volkszeitung“, 1938—Jänner 1939 bei der „Deutschen Volkszeitung“, Mitglied einer Widerstandsgruppe in Tirol, Gestapohaft, 4. 5.—20. 10. 1945 Landesrat für Tirol, zuständig für den Wiederaufbau, KPÖ, Juli—Oktober 1945 bei der „Tiroler Tageszeitung", ab November 1945 Landesobmann der KPÖ-Tirol, Herausgeber und Chefredaktuer der satirischen Zeitschrift „Die Leuchtkugel", ab 1946 Obmann im provisorischen Landesvorstand der Journalistengewerkschaft.

Schärf, Dr. Adolf (* 20. 4. 1890 Nikolsburg/Mähren, † 28. 2. 1965 Wien), Rechtsanwalt, Mitglied des Bundesvorstandes der SDAP, 20. 6. 1933—17. 2. 1934 Mitglied des Bundesrates, 1934, 1938 und 1944 in Haft, 1945 Mitbegründer der SPÖ, 1945—1957 Bundesparteivorsitzender der SPÖ, 27. 4.—20. 12. 1945 Staatssekretär ohne Portefeuille, Mitglied des Politischen Kabinettsrates, 19. 12. 1945—20. 5. 1957 Nationalratsabgeordneter, 1945—1956 Obmann des Parlamentsklubs der SPÖ, 20. 12. 1945—16. 7. 1959 Vizekanzler, 22. 5. 1957—28. 2. 1965 Bundespräsident.

Scheffenegger, Dr. Max (* 13. 5. 1883 Kirchdorf, † ?), 1908 Eintritt in den Justizdienst beim Oberlandesgericht Graz, 1921—1928 Senatsvorsitzender in St. Pölten, 1929 Gemeindebeamter in Atzgersdorf, Februar 1934 in Haft, 1934—1936 Verteidiger in Strafsachen, 27. 4.—20. 12. 1945 Unterstaatssekretär, SPÖ, 1946—1954 Mitglied des Verfassungsgerichtshofes.

Schemel, Dr. Adolf (* 30. 6. 1880 Salzburg, † 27. 4. 1961 Salzburg), 1903 Eintritt in den Landesdienst, 1919—1931 Klubobmann der Christlichsozialen im Gemeinderat der Stadt Salzburg, 1931—1934 Landesschulrat von Salzburg, 19. 5. 1932 Einberufung zum Dienst bei der Landesregierung, Jänner 1934 Ernennung zum Landeshauptmannstellvertreter, 29. 11. 1934—12. 3. 1938 Landesrat für Salzburg und Mitglied des Länderrates, zuständig für das Finanzwesen, März 1938 Enthebung von seinen Funktionen, November 1938 Entlassung, 11. 6. 1938—16. 2. 1939 Gestapohaft, 23. 5.—12. 12. 1945 provisorischer Landeshauptmann von Salzburg, ÖVP, 12. 12. 1945—1. 12. 1949 Stellvertretender Landeshauptmann von Salzburg, Ende 1949 Versetzung in den dauernden Ruhestand.

Schneeberger, Josef (* 1908 Eggenberg, † ?), Spenglermeister, 20. 5.—28. 12. 1945 Landesrat für die Steiermark, zuständig für Gewerbe und Industrie, ÖVP.

Schneidmadl, Heinrich (* 20. 2. 1886 Gutenstein, † 31. 10. 1965 Wien), Redakteur, bis 1919 Stadtrat von Stattersdorf, SDAP, 4. 3. 1919—9. 11. 1920 Mitglied der Konstituierenden Natoinalversammlung, 10. 11. 1920—23. 5. 1927 Nationalratsabgeordneter, Vizebürgermeister und Gemeinderat von Stattersdorf, 20. 5. 1927—Februar 1934 Landesrat für Niederösterreich, ab 12. 2. 1934 im Anhaltelager Wöllersdorf interniert, August 1938 14 Tage Gestapohaft, August 1944 Gestapohaft, 27. 4.—20. 12. 1945 Unterstaatssekretär, SPÖ, 13. 12. 1945—6. 7. 1949 Landesrat für Niederösterreich, zuständig für das Fürsorgewesen, bis 1965 Vizepräsident der NEWAG.

Schumy, Ing. Vinzenz (* 28. 7. 1878 Saak im Gailtal/Kärnten, † 13. 12. 1962 Wien), 11. 11. 1918—5. 7. 1921 Landesausschußmitglied von Kärnten, CSP, 1919—1923 Präsident des Landeskulturrates, 1919—1923 Präsident der Landwirtschaftskammer von Kärnten, 5. 7. 1921—6. 11. 1923 Stellvertretender Landeshauptmann von Kärnten, 1922—1932 Obmann des österreichischen Landbundes, 6. 11. 1923—21. 5. 1927 Landeshauptmann von Kärnten, 21. 5. 1927—13. 12. 1930 Landesrat für Kärnten, zuständig für das Finanzwesen, 4. 5.—26. 9. 1929 Vizekanzler, 26. 9. 1929—30. 9. 1930 Bundesminister für die sachliche Leitung der inneren Angelegenheiten, 13. 12. 1930—7. 3. 1934 Stellvertretender Landeshauptmann von Kärnten, 10. 5.—21. 9. 1933 Bundesminister, mit der sachlichen Leitung der inneren Verwaltung und der wirtschaftspolitischen Angelegenheiten betraut, 1938—1945 in der Privatwirtschaft tätig, 26. 9.—20. 12. 1945 Staatsssekretär für Vermögenssicherung und Wirtschaftsplanung, ÖVP, 19. 12. 1945—8. 11. 1949 Nationalratsabgeordneter, 1947 Mitglied der österreichischen Friedensdelegation in London, bis 1962 Generalanwalt des Verbandes der landwirtschaftlichen Genossenschaften, 1945—1951 Vizepräsident des österreichischen Bauernbundes.

Sebinger, Hans (* 6. 8. 1898 Lebring/Steiermark, † 14. 7. 1981 Linz), Landesbeamter,—1934 Mitglied des Landbundes, 1937—1938 Sekretär der Vaterländischen Front, Gau Linz-Stadt, 1938 Verhaftung und 30monatige Internierung in den Konzentrationslagern Dachau und Flossenbürg, 1945—1955 Mitwirkung im politischen Ausschuß der Zivilverwaltung Mühlviertel und zweijährige Tätigkeit als Sicherheitsdirektor des Mühlviertels, ab 1945 Hauptbezirksparteiobmann der ÖVP im Mühlviertel und mit deren Aufbau betraut, Mitglied des Landesparteivorstandes und des Landesausschusses des Bauernbundes, 1949—1962 Nationalratsabgeordneter.

Sereinigg, Jakob (* 6. 6. 1887, † 3. 1. 1964), Tischler, nach Militärdienst Eintritt in den Dienst der k. u. k. Staatsbahn, 1934 Verhaftung und Versetzung in den dauernden Ruhestand, 1945 Reaktivierung, 10. 12. 1945—31. 12. 1962 1. Präsident des Kärntner Landtages, 1951—1956 Bürgermeister von Villach, SPÖ.

Slavik, Felix (* 3. 5. 1912, † 6. 10. 1980 Wien), Seidenweber, 1935/36 im Anhaltelager Wöllersdorf interniert, 1939—1943 Gestapohaft, 17. 4. 1945—14. 2. 1946 Amtsführender Stadtrat von Wien, zuständig für Wohn- und Siedlungswesen (SPÖ), ab 1948 Mitglied des Parteivorstandes der SPÖ, 19. 12. 1945—9. 10. 1949 Mitglied des Bundesrates, 8. 11. 1949—28. 9. 1957 Nationalratsabgeordneter, ab 1957 Wiener Finanzstadtrat und ab 1959 zusätzlich Vizebürgermeister, 21. 12. 1970—5. 7. 1973 Wiener Bürgermeister und Landeshauptmann.

Sommer, Dr. Josef (* 26. 7. 1888 Dux/Böhmen, † 22. 11. 1946 Wien), Beamter, nach Ende des Ersten Weltkrieges Eintritt in der Statthalterei Linz und später Übernahme in den Landesdienst, 1922—1927 Errichtung der landwirtschaftlichen Krankenkasse, 1923—

1934 Mitglied des Gemeinderates von Linz, CSP, 14. 3. 1938 Verhaftung durch die SS und sechswöchige Internierung, Entlassung aus dem Landesdienst ohne Pensionsanspruch, Ende Mai 1938 kurzfristige neuerliche Verhaftung und „Gauverbot“, bis Kriegsende Beschäftigung in Wien, ab 8. 8. 1945 wieder im oberösterreichischen Landesdienst tätig, Leitung des Amtes des Staatsbeauftragten für das Mühlviertel, Johann Blöchl, ab 26. 9. 1945—20. 12. 1945 Unterstaatssekretär in der Regierung Renner mit dem Auftrag, die Wahlen im November 1945 vorzubereiten, 10. 1. 1946—22. 11. 1946 Präsidialchef im Bundeskanzleramt.

Speiser, Paul (* 19. 7. 1877 St. Pölten, † 8. 11. 1947 Wien), Lehrer, 1918 Mitglied des provisorischen Gemeinderates von Wien, SDAP, 1919—1920 Stadtrat, 1920—1934 Amtsführender Stadtrat, zuständig für Personalangelegenheiten, 26. 11. 1920—20. 5. 1927 Mitglied des Bundesrates, Februar 1934 Verhaftung, 1944 Gestapohaft, 1945—1947 Vizebürgermeister und Amtsführender Stadtrat für Wien, zuständig für Städtische Unternehmungen, SPÖ, 9. 12. 1945—8. 11. 1947 Nationalratsabgeordneter, 1946—1948 Stellvertretender Parteiobmann der SPÖ.

Stampfl, Dr. (* 24. 12. 1884 Braunau/Inn, † 17. 5. 1962 Linz), Rechtsanwalt, 1918—1938 Mitglied des Linzer Gemeinderates, 1920—1961 Mitglied des Komitees des katholischen Preßvereins, CSP, 1919—1931 2. Bürgermeister, 1931—1934 3. Bürgermeister, 1934 und 1938 2. Bürgermeister, 1918/19 Mitglied der Provisorischen Landesversammlung, 1944 kurzfristige Verhaftung durch die Nationalsozialisten, ab September 1945 erster Landesparteiobmann der ÖVP bis November 1947, 19. 12. 1945—5. 11. 1949 Mitglied des Bundesrates, 1. 1. 1948 und 30. 6. 1948 Vorsitzender des Bundesrates.

Steinböck, Johann (* 12. 6. 1894 Frauenhofen/Horn, † 14. 1. 1962 Wien), Landwirt, ab 1928 Bürgermeister von Frauenhofen und Bezirksbauernkammerrat, 1932 Einzug in den niederösterreichischen Landtag, CSP, 1932—1938 Landesrat, zuständig für das Gemeindewesen, Mai 1945 Vertreter der ÖVP im provisorischen Landesausschuß und Mitglied des Präsidiums des Österreichischen Bauernbundes, an dessen Aufbau er mitarbeitete, Dezember 1945—5. 5. 1949 Landesrat, ÖVP, 5. 5. 1949—14. 1. 1962 Landeshauptmann.

Steinhardt, Karl (* 31. 7. 1875 Gyöngyös/Ungarn, † 21. 1. 1963 Wien), Buchdrucker, 1918 zweiwöchige Haft wegen Hochverrat, ab Februar 1919 Parteisekretär der KPÖ, 1919—1920 Haft in Rumänien, März 1938, Februar 1942 und 1943 Gestapohaft, 1945—1949 Gemeinderat von Wien, 1945/46 Vizebürgermeister und Amtsführender Stadtrat für Wien, zuständig für das Wohlfahrtswesen, 1946—1951 Mitglied des Zentralkomitees der KPÖ.

Stemberger, Dr.Karl 1. 5. 1945—31. 12. 1947 Landesamtsdirektor von Salzburg.

Strasser, Ing. (* 1908 Salzburg, † ?), seit Jugendjahren Mitglied in der SDAP und Gewerkschaft, seit 1929 Mitglied der KPÖ, 1934 Mitglied der illegalen Landesleitung der KPÖ-Salzburg, 1941 Einzihung zur Wehrmacht, in Belgien wegen Wehrkraftzersetzung vor Gericht und zu 1½ Jahren Kerker verurteilt, desertiert, ab 1945 Landesobmann der KPÖ-Salzburg, Landtagsabgeordneter, vom 13.—17. Parteitag Mitglied des Zentralkomitees der KPÖ.

Strommer, Josef (* 18. 2. 1903 Mold/Horn, † 29. 7. 1964 Mold), Landwirt, 1933—1938 Landtagsabgeordneter von Niederösterreich, CSP, 1945—1949 Bürgermeister von Mold, 1945—1950 Obmann der Bezirksbauernkammer Horn, 1945—1950 Vizepräsident der Landwirtschaftskammer Niederösterreich, ab 1950 Präsident derselben und Präsident der Präsidentenkonferenz der Landwirtschaftskammern Österreichs,1945—1960? Nationalratsabgeordneter, ÖVP, zahlreiche weitere Funktionen im landwirtschaftlichen Genossenschaftswesen.

Till, Ignaz (* 11. 12. 1891 Csorna/Ungarn), † 14. 10. 1945 Eisenstadt), Kellner, im Ersten Weltkrieg schwer verwundet, März 1919 mit Ausrufung der Räterepublik Mitglied des Komitatsrates von Wieselburg und Politischer Bezirkskommissar bzw. Bezirksbeauftragter in Neusiedl/See, danach Flucht nach Wien und Gründung des „Verbandes der westungarischen Kriegsteilnehmer und Kriegsbeschädigten“ als Sammelbecken der burgenländischen Emigranten und Hauptstützen der burgenländischen SDAP im Exil, 1921 Mitbegründer der SDAP-Burgenland in Wr. Neustadt, Herbst 1921 Entsendung in den „Ödenburger Heimatdienst“, 1922—1924 Landtagsabgeordneter, SDAP, 1923—1934 Landesrat, zuständig für Bauwesen und soziale Verwaltung, 12. 2. 1934 kurzfristige Verhaftung, während des „Ständestaates“ weitere Inhaftierungen, 11. 3. 1938 Verhaftung und Internierung bis Juni 1938, nach dem Attentat auf Hitler neuerliche Verhaftung und Deportation in das KZ Dachau, 5. 5. 1945 Befreiung durch US-Truppen, Juli 1945 provisorischer Landesparteiobmann der SPÖ und Mitglied des „Provisorischen Landesausschusses“, Landesrat bis 12. 9. 1945.

Tschofenig, Josef (* 3. 9. 1913 Pontafell/Kärnten (heute Italien), † ?), Maschinenbauer, in Jugendjahren Mitglied sozialdemokratischer Jugendorganisationen und Funktionär in der sozialdemokratischen Arbeiterjugend, seit 1932 Mitglied der KPÖ, im Austrofaschismus Inhaftierung in Wöllersorf, 1938 Emigration, 1940 Verhaftung in Frankreich und bis 1945 in Dachau interniert, wo er in der Röntgenstation vielen Häftlingen das Leben rettete, ab 1945 Obmann der KPÖ-Kärnten und Landtagsabgeordneter, vom 13.—22.(?) Parteitag Mitglied des Zentralkomitees der KPÖ.

Vanura, Dr. Johann (* 28. 6. 1899 Wien, † 21. 2. 1985 Klosterneuburg), Beamter der Bezirkshauptmannschaft Krems, ab 1934 Stellvertretender Bezirkshauptmann, 1938 seine Amtes enthoben, sechs Tage Gestapohaft, 16. 6. 1939 in den Ruhestand versetzt, während des Weltkrieges in der Wirtschaft tätig, 1944 inhaftiert, 11. 4. 1945 mit dem Wiederaufbau der Landesverwaltung beauftragt, 12. 6. 1945—1964 niederösterreichischer Landesamtsdirektor.

Vögel, Adolf (* 15. 2. 1891 Doren im Bregenzerwald, † 11. 9. 1972 Doren), Landwirt, 1924—1938 Gemeinderat von Doren, CSP, ab März 1929 Obmann der Landwirtschaftskrankenkasse, ab 1932 Bürgermeister von Doren, 22. 11. 1932—13. 3. 1938 Landesrat für Vorarlberg, zuständig für die Landwirtschaft, 29. 11. 1934—12. 3. 1938 Mitglied des Länderrates, März 1938 aller Funktionen enthoben, 24. 5.—10. 12. 1945 Mitglied des Vorarlberger Landesausschusses, zuständig für das Finanzwesen, ÖVP, 11. 12. 1945—28. 10. 1964 Landesrat für Vorarlberg, Mitglied der Landesparteileitung der ÖVP, 20. 2. 1947—9. 3. 1962 Mitglied des Bundesrates, 1. 1.—30. 6. 1950, 1. 7.—31. 12. 1954 und 1. 1.—30. 6. 1959 Vorsitzender des Bundesrates, 28. 10. 1964 aus der Landesregierung ausgeschieden.

Waldbrunner, Ing. Karl (* 25. 11. 1906 Wien, † 5. 6. 1980 Wien), Beamter, ab 1931 bei der Gemeinde Wien tätig, 1932—1937 Ingenieur für Kraftwerksbau und Betriebe von Energieversorgungsanlagen in Rußland, ab 1938 bei der Fa. Siemens-Schuckert, ab 1938 bei Schöller-Bleckmann-Stahlwerke tätig, 27. 4. 1945—20. 12. 1945 Unterstaatssekretär, SPÖ, 19. 12. 1945—24. 6. 1970 und 19. 10. 1970—4. 11. 1971 Nationalratsabgeordneter, 20. 12. 1945—28. 3. 1946 Staatssekretär für Vermögenssicherung und Wirtschaftsplanung, 1946 a. o. Gesandter und bev. Minister in Moskau, 1946—1956 Zentralsekretär der SPÖ, 8. 11. 1949—29. 6. 1956 Bundesminister für Verkehr und verstaatlichte Betriebe, 29. 6. 1956—14. 12. 1962 Bundesminister für Verkehr und Elektrizitäswirtschaft, 14. 12. 1962—31. 3. 1970 2. Nationalratspräsident, 31. 3.—24. 6. 1970 und 20. 10. 1970—4. 11. 1971 1. Nationalratspräsident, 1972—1980 Vizepräsident der Österreichischen Nationalbank, Präsident des Bundes Sozialistischer Akademiker.

Wedenig, Ferdinand (* 10. 5. 1896 Gurnitz/Klagenfurt. † ?), Kaufmann, Soldatenrat und Vertrauensmann der SDAP im „Kärntner Abwehrkampf", Mitglied des Klagenfurter Gemeinderates, 1938 Verurteilung zu 6 Jahren Kerker und 2 Jahren Polizeihaft, von denen er 2 ½ Jahre verbüßte, Sommer 1944 Inhaftierung im KZ Dachau, 1945 Mitglied der provisorischen Landesregierung in Kärnten, ab Dezember 1945 Nationalratsabgeordneter, SPÖ, April 1945 bis ?? Landeshauptmann von Kärnten.

Weidinger, Anton (* 30. 10. 1894 Neukirchen am Walde, † 19. 3. 1949 Linz), Trafikant, seit Ende des Ersten Weltkriegs Mitglied der SDAP, Vizebürgermeister von Bad Schallerbach, , 1932—1934 und nach 1945 Landesobmann des Kriegsopferverbandes, 1931—1934 Landtagsabgeordneter, SDAP, 26. 10.—25. 11. 1945 Mitglied der von den Amerikanern ernannten provisorischen (politischen) Landesregierung, 1945—1949 Landtagsabgeordneter, SPÖ, 13. 12. 1945—19. 3. 1949 Mitglied der Landesregierung, zuständig für das Gesundheitswesen, Mitglied des Landesparteivorstandes.

Weinberger, Alois (* 22. 6. 1902 Markt Eisenstein/Böhmen, † 17. 3. 1961 Wien), ab 1929 Sekretär des Zentralverbandes christlicher Angestellter, ab 1934 Obmann in der Einheitsgewerkschaft der

Angestellten im Geld-, Kredit- und Versicherungswesen, 19. 2. 1935—12. 3. 1939 Mitglied des Bundeswirtschaftsrates, 1938 seiner Funktionen enthoben, 1939 Außenbeamter der Ostmarkversicherungs-AG, 1944 Gestapohaft im KZ Mauthausen und 1945 im Landesgericht Wien, April 1945 Mitbegründer der ÖVP, 27. 4.—20. 12. 1945 Unterstaatssekretär, 1945—April 1946 Vizepräsident des Österreichischen Gewerkschaftsbundes, 19. 12. 1945—18. 3. 1953 Nationalratsabgeordneter, 20. 12. 1945—11. 1. 1947 Bundesminister im Bundeskanzleramt, 1945—1960 Bundesobmann des ÖAAB und Bundesparteiobmann-Stellvertreter der ÖVP, 15. 2. 1946—11. 12. 1959 Stellvertretender Landeshauptmann und Vizebürgermeister von Wien, ab 1948 Stellvertretender Vorsitzender des Aufsichtsrates der Creditanstalt-Bankverein.

Wessely, Alois (* 15. 6. 1895 Kleinpetersdorf, † 22. 4. 1970 Opatija), Maurer, 1919 bei Ausrufung der Räterepublik in Ungarn Eintritt in die „Rote Armee" und Grenzwachdienst in Bruckneudorf, anschließend Flucht in die Steiermark, Beitritt zur SDAP in Bruck/Mur, nach der Rückkehr ab 1924 Sekretär der Bauarbeitergewerkschaft für die Bezirke Güssing und Oberwart, 1926 Bezirksparteiobmann von Oberwart, Aufbau der burgenländischen Arbeiterkammer, 1931 Vizepräsident der Industriellen Bezirkskommission, 1934 Entlassung aus der Arbeiterkammer, Mai/Juni 1945 Wiederaufbau der SPÖ und Gewerkschaft im Burgenland, 1. 10. 1945 Mitglied des „Provisorischen Landesausschusses", 4. 1. 1946—6. 11. 1946 Landesrat, ab 28. 3. 1946 Landesparteiobmann der SPÖ, 6. 11. 1946—2. 12. 1946, 28. 4. 1953—22. 6. 1956 und 22. 6. 1956—27. 7. 1960 Landeshauptmannstellvertreter, ab 1946 Vorsitzender der Landesexekutive des ÖGB, 1960 Rücktritt von sämtlichen Ämtern.

Widmayer, Heinrich (* 5. 4. 1891 Wiener Neustadt, † 17. 5. 1977), Metalldecker, 1917 Beginn der politischen Tätigkeit unter den Landarbeitern, die er in der Gewerkschaft des österreichischen Land- und Forstarbeiterverbandes zusammenfaßte, dessen Mitbegründer er war, 1929—1934 Sekretär des Landarbeiterverbandes, Beteiligung am Ausbau der Landwirtsschaftlichen Krankenkasse, deren geschäftsführender Obmann er war, Vorstandsmitglied der Landarbeiterversicherungsanstalt für Wien, Niederösterreich und Burgenland, bis Februar 1934 Bürgermeister von Deutsch-Wagram und Landtagsabgeordneter, SDAP, Februar 1934 Verhaftung und kurzfristige Internierung im Anhaltelager Wöllersdorf, zwischen 1938 und 1944 mehrere Gefängnisaufenthalte nach Gestapoverhaftung, September 1944 Überstellung in das Gefängnis nach Prag und anschließend in das KZ Theresienstadt, 29. 5. 1945 Rückkehr nach Wien, ab 5. 6. 1945 Mitglied des provisorischen Landesausschusses von Niederösterreich, SPÖ, zuständig für das Finanzreferat.

Wimberger, Max, 7. 5. 1945—12. 5. 1945 Sekretär der „christlich-sozialen Volkspartei, bis Herbst 1945 Mitarbeiter im ÖVP-Sekretariat.

Winterer, Franz (* 11. 1. 1892 Wien, † 8. 11. 1971 Wien), Generalmajor, 1918 Mitglied des Reichssoldatenrates, 1920 Eintritt in das österreichische Bundesheer, Lehrer der Telegraphenschule, 1. 1. 1938 Ernennung zum Major, 1. 9. 1942 Ernennung zum Oberstleutnant, bis 8. 4. 1945 im Reichsluftfahrtministerium tätig, 27. 4.—20. 12. 1945 Unterstaatssekretär für Heerwesen, SPÖ, 19. 12. 1945—8. 11. 1949 Nationalratsabgeordneter, 1945—1967 Präsident des ASKÖ und der Naturfreunde, bis 1971 Vizepräsident des Österreichischen Olympischen Komitees.

Zimmermann, Dr. Georg (* 18. 11. 1887 Capodistria, † 18. 12. 1958 Wien), 1912 Eintritt in den Staatsdienst, 1918 Einberufung in das Finanzministerium, 1938 beurlaubt und 1939 in den Ruhestand versetzt, 27. 4.—20. 12. 1945 Staatssekretär für Finanzen, 20. 12. 1945—8. 11. 1949 Bundesminister für Finanzen, ab 1950 Präsident des Österreichischen Statistischen Zentralamtes, 1957—1959 Aufsichtsratsvorsitzender der Creditanstalt-Bankverein.

Verzeichnis der Mitarbeiter:

Ernst ***Bezemek***, Dr. phil., Wiss. Oberrat am NÖ Institut für Landeskunde, Sachbearbeiter für Zeitgeschichte. Arbeiten zur niederösterreichischen Zeitgeschichte.

Leopold ***Kammerhofer***, Archivar am Österreichischen Staatsarchiv, Abteilung Haus-, Hof- und Staatsarchiv. Veröffentlichungen zur österreichischen Geschichte des 19. Jahrhunderts und zur Zeitgeschichte Niederösterreichs.

Klaus-Dieter ***Mulley***, Dr. phil, Arbeiterkammer Wien. Publikationen zur niederösterreichischen Zeitgeschichte; Mitarbeit an zahlreichen Ausstellungen.

Josef ***Prinz***, Mag. phil., AHS-Lehrer. Leiter des Oral History–Projekts „Niederösterreich 1945“ am NÖ Institut für Landeskunde.

Willibald ***Rosner***, Mag. phil., Oberarchivrat am NÖ Institut für Landeskunde. Generalsekretär des Vereins für Landeskunde von Niederösterreich. Hauptarbeitsgebiete: Niederösterreichische Geschichte der Neuzeit; Militärgeschichte.

Wolfgang ***Weber***, Dr. phil., M.A., Historiker am Vorarlberger Landesarchiv. Publikationen zur Vorarlberger Zeitgeschichte.